論理サバイバル
議論力を鍛える108問

三浦 俊彦［著］　　　　　　　　　　　　　　　　二見書房

付録：運勢占い

まえがき

　この本は、『論理パラドクス——論証力を磨く99問』の姉妹編です。問題のダブりはありません（根っこの共有はたくさんありますが）。姉だけ、妹だけとお付き合いくださるのでも十分ですけれど、2冊あわせると《パラドクス百科全書》最強版になったのではないかと自負しています。
　オリジナル問題は少数で、9割以上は、哲学・論理学・社会科学で物議をかもした血統書つきの問題です。難易度は『論理パラドクス』と同じくらいですが、『論理パラドクス』と本書が違っている点を3つ挙げておきましょう。
　まず第一に、問題の傾向がかなり異なります。本書では、ゼノンのパラドクスをはじめ、『論理パラドクス』が敬遠していた「無限」に関する問題をちりばめました。
　第二に、今回は、パラドクス発症の原因にこだわりました。「論証」や「合理性」が窮地に陥ったときの治療レシピを示すという、体系志向をあえて隠さなかったのです。その結果、問題文や解答の中で、他の問題に言及する関連付けの記述が増えました。とりわけ、パラドクス界の王道「嘘つき」の親戚を改めておおぜい紹介してあります。
　第三に、人間の直観に反することではパラドクス界の裏王道とも言える「確率」を再びクローズアップしましたが、目からウロコ的確率パズルを重視した『論理パラドクス』に対し、本書では確率パラドクス・確率ジレンマを多く扱ってみました。
　パズル、パラドクス、ジレンマの違いはこうです。正解がただ1つに決まるパズル。正解らしきものが1つも見当たらないパラドクス。互いに両立しない正解らしきものが複数あるジレンマ。本書の確率問題には、見かけは中学校レベルなのに専門家のあいだで定説のない難問がいくつか入っているというわけです。
　アカデミックな論理を、ビジネスや日常生活や試験や運勢占いへ応用できるかどうか、どうぞ試してみてください。

C O N T

▼この目次に並ぶ108の問題名のほとんどは、学界における通称であり、「〜のパラドクス」と称されていても実はジレンマ、

評価軸について……006

運勢占いのやりかた……007

序章
ウォーミングアップ編……008
必殺開運モードへようこそ！

- 001　1+1＝2……008
- 002　南向きの謎……009
- 003　無理数＋無理数……010
- 004　ド・モルガンのパラドクス……012

第1章
ゼノンから無限へ……014
詭弁から思弁へ、思弁からハイへ

- 005　アキレスと亀……014
- 006　分割のパラドクス……017
- 007　飛ぶ矢……019
- 008　動くブロックのパラドクス……020
- 009　トムソンのランプ……022
- 010　オースチンの犬……023
- 011　円周率は2である……025
- 012　デモクリトスのジレンマ……026
- 013　マクタガートの時間のパラドクス……027
- 014　ナーゲルの「超難問」……029

第2章
嘘つきと循環……032
トラブルメーカーとの賢い付き合いかた

- 015　クレタ人／プライアーのパラドクス……032
- 016　世界最小の電子頭脳「ミニアック」……034
- 017　偶然的パラドクス……037
- 018　自己反例的パラドクス……039
- 019　この本の名は？……040
- 020　ザルクマンのパラドクス……042
- 021　語用論的パラドクス……043
- 022　相互言及のパラドクス……044
- 023　循環問答……046
- 024　やぎさんゆうびん……048

- 025　嘘つき連鎖のパラドクス……050
- 026　ワニはジレンマに悩むべきか？……051
- 027　真実のジレンマ……053

第3章
論証のアポリア……055
獰猛なリクツの飼いならしかた

- 028　プロタゴラスの契約……055
- 029　真理の人間尺度説……062
- 030　例外のパラドクス……067
- 031　枠の中のパラドクス……072
- 032　確率的嘘つきのパラドクス……075
- 033　妥当な演繹のパラドクス……078
- 034　両義的な証拠のパラドクス……079
- 035　大統領は人間にあらず？……081
- 036　推移律のパズル……084
- 037　NOBODYのパラドクス……085
- 038　もうひとつの対偶……087
- 039　いくらでも対偶……089

第4章
合理的な判断とは？(その1)……093
正しく考えれば考えるほど楽しくなってくる

- 040　驚くべき出来事……093
- 041　デイヴィドソンのパラドクス……094
- 042　ビュリダンのロバ……096
- 043　2つの封筒のパラドクス……097
- 044　明けの明星と宵の明星……099
- 045　クリプキの信念のパズル……100
- 046　「特別な数」のパラドクス……103
- 047　ポーンの昇格……105
- 048　ムーアのパラドクス……107
- 049　ソクラテスの無知のパラドクス……109

第5章
情緒、芸術、宗教、倫理……112
真と善と美と聖と快と愛は使いよう

- 050　自己欺瞞のパラドクス……112
- 051　サスペンスのパラドクス……115
- 052　フィクションを怖れる……116

ＥＮＴＳ

「〜のジレンマ」という名でも実はパズル、といった問題が少なくありません。名称にとらわれずに楽しく解いてください。

- 053 エッシャーの不可能絵画……119
- 054 芸術の「について」性……120
- 055 反芸術のパラドクス……122
- 056 無為自然のパラドクス……123
- 057 ニルヴァーナのパラドクス……124
- 058 懐疑論／独我論のパラドクス……125
- 059 デリダのパラドクス……127
- 060 石のパラドクス……129
- 061 悪のパラドクス……130
- 062 慈悲深い殺人のパラドクス……132

第 6 章
無限からアンチノミーへ……135
悪循環を泳ぎきるために

- 063 トリストラム・シャンディの自叙伝……135
- 064 ヒルベルトのホテル……136
- 065 ペンキ塗りのパラドクス……137
- 066 一般対角線論法……139
- 067 カントールのパラドクス……142
- 068 ラッセルのパラドクス：関係バージョン……144
- 069 ポアンカレ-ラッセルの悪循環原理……145
- 070 鏡像文……149
- 071 カリーのパラドクス……150
- 072 カリーのパラドクス／応用編……153
- 073 定項のパラドクス……156

第 7 章
合理的な判断とは？（その2）……160
楽しく考えれば考えるほど深くなってゆく

- 074 宿命論のパラドクス……160
- 075 予知能力バトル……163
- 076 韓非子の矛と盾……164
- 077 チェーン店のパラドクス……166
- 078 チキン！……170
- 079 コンドルセのパラドクス……171
- 080 アロウの定理……172
- 081 色のパラドクス……173
- 082 禿頭のパラドクス……177
- 083 ゼノンのタネのパラドクス……179
- 084 ビゼー-ヴェルディのジレンマ……180
- 085 ジレンマをパズルに変える方法……182
- 086 ラムジー・テスト……183
- 087 デュエム-クワインテーゼ……186
- 088 解釈学的循環のパラドクス……188

第 8 章
確率のミステリー……190
コインとサイコロから始める超トリップ術

- 089 マーフィーの法則……190
- 090 車線問題……192
- 091 デルタ t 論法……194
- 092 ベルトランのパラドクス……196
- 093 ワインと水のパラドクス……199
- 094 無限列のパラドクス……200
- 095 ドクター・サイコ・パラドクス……203
- 096 悪魔の提案……207
- 097 射撃室のパラドクス……209
- 098 眠り姫問題……213
- 099 分離脳……215
- 100 多数派と少数派のパラドクス……218
- 101 森の射手……225
- 102 多世界説の経験的証拠……226
- 103 アダムとイブの思考実験……228

第 9 章
形而上学と社会……231
現世と天空を一望のもとに

- 104 定常宇宙論の矛盾……231
- 105 胡蝶の夢……232
- 106 単純追加のパラドクス……234
- 107 クローン人間……237
- 108 輪廻転生を証明する……239

★「矛盾」について……242

付　録……243
　レディメイド運勢占い……244
　フリー占い……245
　最終問題……246

評 価 軸 に つ い て

以下の**A〜Z**は、各問題を評価する基準26ファクターです。
このうち、◆付きの4ファクター**A, I, T, Z**が、各問題タイトルに表示されています。

3 2 1 3 たとえば左図のように記されている問題は、難易度**3**, 知名度**2**, マニア度**1**, メンタル度**3**であることを表わします。(各**3**段階評価, **3**が最高)
この**4**桁数字が巻末の〈**レディメイド運勢占い**〉に使われます。
A, I, T, Z 以外のファクターを使った〈**フリー占い**〉も巻末で説明いたします。

本 質 の 軸

【 内 容 的 座 標 】
- ◆ **A** 難易度 ……………… 答えにくさ
- **B** 純　度 ……………… 現実世界でたまたま成り立つ偶然からの独立度

【 論 理 的 座 標 】
- **C** 必然度 ……………… 正解の限定性
- **D** 攻略度 ……………… 解き方の多彩さ

【 形 式 的 座 標 】
- **E** 蒸留度 ……………… 改善の余地のなさ。審美度。完結度
- **F** 透明度 ……………… 言語表現からの独立度
- **G** 解像度 ……………… 下位問題含有の複合性

制 度 の 軸

【 歴 史 的 座 標 】
- **H** 鮮　度 ……………… 問題の歴史的新しさ
- ◆ **I** 知名度 ……………… 一般的な知られ方

【 業 界 的 座 標 】
- **J** 認知度 ……………… 学術的な文献数、ポピュラリティ
- **K** 天然度 ……………… 自然発生的パラドクスか、作為的なものか。「詭弁度」に反比例
- **L** 基本度 ……………… 他パラドクスへの応用度、派生パラドクス数
- **M** 膨張度 ……………… 専門家間での意見相違の度合
- **N** 深刻度 ……………… 未解決のままでは学問的に悪影響の及ぶ度合。「趣味度」に反比例
- **O** 温　度 ……………… 将来の専門的議論の発展性。ホット度

精 神 の 軸

【 盤 上 的 座 標 】
- **P** 霊感度 ……………… 閃きに頼る度合。「計算度」に反比例
- **Q** 挑発度 ……………… 心理的インパクト。別名「衝撃度」
- **R** 飽和度 ……………… 正解への納得度
- **S** 吸湿度 ……………… 問いと答えの感覚的落差

【 盤 外 的 座 標 】
- ◆ **T** マニア度 ……………… 同類問題創作への誘惑度
- **U** 繊細度 ……………… 誤解のされやすさ

機 能 の 軸

【 啓 発 的 座 標 】
- **V** 頭脳度 ……………… IQ鍛錬の教材としての価値
- **W** 教訓度 ……………… 生活、ビジネス、詐欺・屁理屈対策への利用価値
- **X** 緊急度 ……………… 倫理、政治、法律上の課題性

【 道 具 的 座 標 】
- **Y** 娯楽度 ……………… コンパクトさ、座興としての使い勝手
- ◆ **Z** メンタル度 ……………… 性格判断への応用

論理サバイバル
議論力を鍛える108問

◆
運勢占いのやりかた
◆

A 〈レディメイド運勢占い〉インスタントコース

　忙しくて全問解いてる暇がない、という人のための〈運勢占いだけコース〉。
　本編の全問題（108題）をざっと読まずに眺め、タイトルや雰囲気から「脳にいいパズル」「脳に悪いパズル」の2つに直感的に分類します。そのうち「脳にいいパズル」の表題に付いている4桁数字を全部足し合わせましょう。得られた答えの、頭から2桁目の数字は**0～9**のどれでしょうか。それであなたの1年間の運勢が占えます（呪文は巻末）。

B 〈レディメイド運勢占い〉クラシックコース

　まず、本編の各問題（108題）をじっくり解いてください。答え合わせの上、自己採点します。
　採点の仕方は自由に。難しすぎると思われた問題は甘く、易しすぎると思われた問題は辛くなどなど。また、正解が複数ありうる問題や、枝問が5個も10個も含まれる問題は、採点困難な場合もあるでしょう。そんな場合もとにかくすべて、○か×かに決定してください。あなたのその決め方自体が運勢の素材となりますので。
　108問のうち正解した問題の4桁数字を全部足し合わせましょう。得られた答えの、頭から2桁目の数字は**0～9**のどれでしょうか。それであなたの1年間の運勢が占えます（呪文は巻末）。

序章
ウォーミングアップ編
必殺開運モードへようこそ！

001
1＋1＝2
1+1=2

　1＋1が2になるのはなぜだろうか。20字以内で的確に述べてください。

答え◎（解答例）　1＋1と2は同じ数だと決められたから。

　もう少し長く述べていいなら、こうなるだろうか。「1の後続数は2と名づけられ、＋1という操作は後続数を示す操作だと決められたから。」
　いずれにせよ、単に「言葉の決まりだから」というのが正解。これは、数学的真理についての「規約主義」と呼ばれる立場である。
　真理には、大まかに言って2種類ある。事実と照らし合わせて確証される**経験的**真理（「昨日は東京に雨が降った」「地球は丸い」「100対以上の脚をもつムカデがいる」……）と、言葉の意味によって決められた**規約的**真理（「1＋1＝2」「きのう私が雨に遭ったならば、きのう雨が降った」「二等辺三角形は等しい辺を持つ」「独身者は結婚していない」……）である。数学

LEVEL……**A**[難易度] **I**[知名度] **T**[マニア度] **Z**[メンタル度]

的な真理は、だいたいが、規約的真理であると言えるだろう。
　ユークリッドの平行線公理のように、数学を使う文脈によって適切な数学の種類が左右される場合には「どのような規約が正しいとされるべきか」を経験的に決めねばならないこともある。しかしその場合も依然として、「経験（言語と世界との照合）」と「規約（言語内部の照合）」の相対的区別は保たれるべきである。

002 南向きの謎
peninsula puzzle

　世界地図を思い浮かべてください。できれば、手もとに持ってきて眺めてください。
　アフリカや南アメリカやグリーンランドの先端……。イタリア、ギリシア、イベリア、スカンジナビア、インド、アラビア、インドシナ、マレー、朝鮮、カムチャツカ、アラスカ、フロリダ、カリフォルニア……。
　「なぜ、世界の主要な半島は、ほとんどすべて南向きなのか？」
　けっこう広く議論されている問題だといいます。3通り以上の答えを考えてください。正確な答えはもちろん難しいので、「こんな種類の答え方」といった感じでお願いします。

答え◎5通りの解答法を挙げておこう。あなたはナニ派？
1．科学派／正統的説明（機械論的還元）。地球の自転や、プレートテクトニクスによる大陸移動のメカニズム、海流、気象などなどによって、因果的な説明を行なう。
2．実感派／理由づけ（浅い還元）。地球の陸地の大部分が北半球にあるので、陸の北側より南側の方が海岸線が一般に長く（地球が球であることを思い出そう）、半島が北を向くより南に向く確率が高くなっている。
3．統計派／心理的説明。人間の多くが北半球に住んでいるので、心理的偏向によって、南向きの地形が「半島」として定義される率が高くなっている。
4．保守派／脱説明。単なる偶然であり、説明は必要ない。かりに北向きの

半島が多かったら、「なぜほとんどが北向きか」と問うだろう。半々ぐらいだったら、「なぜバランスがとれているのか」と問うだろう。川がほとんど東西向きだったらそれも「なぜ」と問うだろう。何らかの著しい偏りや一致はどこかに必ず見つけ出せるものだ。たまたま見つかった特徴に意義深い法則的原因があるとは限らない。事後に任意の特徴をクローズアップして実際以上に不思議感をあおることはいくらでもできる。

5．懐疑派／前提の否定。世界の主要な半島がほとんど南向きというのは正しくない。北向きの半島もたくさんあるが、辺境地域にあるため無視されているだけだ。たとえば、南極大陸の半島はすべて北向きではないか。南向き問題はあくまで「世界地図の謎」にすぎず、「地球の謎」ではない。

　以上5種類の対応は、どれも有効な説明である。どれもが単独では部分的な説明にすぎないが、文脈や目的に応じて併用することができるだろう。

📖 クリフォードA．ピックオーバー『無限へチャレンジしよう』（森北出版）

---

003 無理数＋無理数
irrational numbers

1　無理数とは、循環しない無限小数である、ということをまず思い出してください。

　いま、次の命題Sが正しいかどうか、判定したいと思った。

　S「正の無理数と正の無理数を足し合わせると、必ず無理数となる」

　さて、Sは真だろうか偽だろうか。うまい解き方を工夫しましょう。

答え◎正解が「偽」なら、反例（無理数＋無理数＝有理数）を挙げれば解決する。

　正解が「真」なら、反例はないので、背理法で解くしかない。つまり、無理数＋無理数＝有理数と仮定すると矛盾が生ずる、ということを示すのだ。しかし、もし反例があるなら背理法でうまくいくはずがない。まずはなんとか直観で、反例があるのかどうか当たりをつけるのが賢明だろう。しかし直観はやみくもに働かせようとしてもダメなので……。

そこで基本的な策として、問題文をよく読んでみよう。「無理数と無理数を足し合わせると……」ではなくて、「正の無理数」と但書きが付いていた。この但書きはもちろん、π＋（－π）＝0 のように＋－でゼロ（これはもちろん有理数）になるといった簡単な反例を排除するためだ。ということは……、π＋（－π）＝0 のような簡単な反例が現に存在する以上、正の無理数に限った場合でも、無理数＋無理数＝有理数 となることがあるのでは、と推測されるではないか？

というわけで、とりあえず反例はないか探ってみるべきでしょう。どうせならありきたりな有理数、そう、自然数をひとつ適当にピックアップしてみよう。たとえば5。無理数と無理数を足して5になるということがあれば万歳なのだが、さて……。

2 **1**のヒント。1＝0.999999…… であることを証明しよう。

答え◎ 1÷3を紙の上で律儀に計算してみよう。1/3＝0.3333333……となる。その両辺を3倍しよう。1＝0.999999……に間違いありませんね。

3 さて、**2**を使って**1**を解きましょう。

5という有理数は、4＋1なので、4＋0.999999……となり、5＝4.999999……。

さあて、無理数＋無理数＝4.999999…… ということが可能だろうか？ 大いに可能だ。たとえば、馴染み深い無理数、円周率π＝3.1415926535……を持ってきて、3.1415926535……＋x＝4.99999999……となるxが無理数だったりしたらラッキーだな、と考えてみよう。

そう。x＝4.99999999……－3.1415926535…… となり、πの小数部分1415926535……は循環しないから、それを一定数の羅列99999999……から引くと、やはり循環しない数列になるではないか。そう、xは循環しない無限小数、つまり無理数だ。

案外簡単に見つかった。任意の自然数から任意の無理数を引けば必ず無理数だから、無理数＋無理数＝自然数 となる場合が無数にあり、よって、無理数＋無理数＝有理数 となりうる。Sは、偽である。

これは試行錯誤でやっていく解き方だった。一般に数学の問題は、論理計算（アルゴリズム）よりも、補助線を引いてみたり特定の公式をふと選んで当てはめたりと、直観（ヒューリスティクス）に負うところが大きいようだ。実際、あらゆる問題を解く機械的手続き（アルゴリズム）というものは存在しないことが証明されている。

📖 マーチン・ガードナー『アリストテレスの輪と確率の錯覚』（日経サイエンス社）

004 ド・モルガンのパラドクス
De Morgan's paradox

1 $X=1$ とする。
すると、$X^2=X$ である。両辺から1を引くと、$X^2-1=X-1$
左辺を因数分解すると、$(X+1)(X-1)=X-1$
両辺を $(X-1)$ で割ると、$(X+1)=1$
移項して、$X=1-1=0$
仮定により $X=1$ なので、$X=1=0$。すなわち、$1=0$

へんてこな結論だ。$1=0$ が正しいはずはない。
ということは、途中のどこかが変だったのだ。どこが変だったのか？

答え◎ 考え込んでしまった人は、同じような次の計算を考えてみましょう。

2 $X=1$ とする。
すると、$X^2=1$ である。両辺から1を引くと、$X^2-1=0$
左辺を因数分解すると、$(X+1)(X-1)=0$
両辺を $(X-1)$ で割ると、$(X+1)=0$　　移項して、$X=-1$
仮定により $X=1$ なので、$1=-1$
1では $1=0$ だったが、今度は $1=-1$。次の中からあなたの考えを選んでください。

A 1＝0、1＝－1 が証明できたことを素直に認めます。
B 結論が矛盾したのだから、背理法により仮定が間違い。つまり、X＝1とすることはできないことが証明できたと思う。
C $X^2-1=(X+1)(X-1)$ という因数分解の公式が誤りであることが証明できたと思う。
D 「移項」という操作は必ずしも可能でないことが証明できたと思う。
E その他

答え◎A，Bは0点、Cは7点、Dは5点。Eが正解で70点。だが、100点を取るためには具体的な理由を述べなければならない。では？
　……そう、両辺を（X－1）で割ると……が間違いなのだ。
　普通は、A＝Bのとき、両辺を同じ数Cで割るとA／C＝B／Cが成り立つ。しかし例外があって、C＝0であってはならない。この問題では等式の両辺を（X－1）で割っているが、X＝1だから（X－1）は0。
　右辺はもともと0なので、0÷0ということになって、これは「不定」である。つまり、解が定まらない。0÷0＝X とすると、0＝0×X となり、Xが何であっても等式が成り立ってしまうからだ。
　0を0で割るという操作は禁じ手であり、それをさりげなく含んでいるところがこの証明のトリックだった。

3 両辺を0で割るという規則違反を使うと、いくらでも好きな「証明」ができてしまう。2＝1を「証明」してみよう。

答え◎X＝1 とすると、$X^2=X$。両辺から1を引くと、$X^2-1=X-1$。左辺を因数分解すると、$(X+1)(X-1)=X-1$。両辺を（X－1）で割ると、$(X+1)=1$。Xは1だから、2＝1

4 同じ手で、「任意の数が互いに等しい」ことを一挙に「証明」してみよう。

答え◎任意の2つの数N、Mそれぞれに0をかけよう。するとN×0＝M×0＝0。両辺を0で割ると、N＝M＝0／0。したがって、任意の数どうしは等しい。

第 1 章

ゼノンから無限へ
詭弁から思弁へ、思弁からハイへ

005
アキレスと亀
Achilles and the tortoise

「ゼノンのパラドクス」と呼ばれるものはたくさんあるが、アリストテレスが『自然学』で紹介した４つの議論が特に有名だ。それぞれの議論のオモテ向きの結論とウラの目的は、次の命題を証明することだと考えられる。

■アキレスと亀……オモテ「最も速い者は最も遅い者に追いつけない」
　　　　　　　　　ウラ「時空間を無限に分割することはできない」
■分　　割　　……オモテ「移動する物体は、動き始めることができない」
　　　　　　　　　ウラ「時空間を無限に分割することはできない」
■飛ぶ矢　　　……オモテ「飛行中の矢は移動できない」
　　　　　　　　　ウラ「時空間は有限の単位から成り立っているこ

LEVEL……A[難易度]　I[知名度]　T[マニア度]　Z[メンタル度]

とはありえない」
■動くブロック……オモテ「物体の移動する速度を決めることができない」
　　　　　　　　ウラ「時空間は有限の単位から成り立っていることはありえない」

　ウラの目的に注目しよう。この時空間が無限小の点・瞬間の連続体ではないことを示し（はじめの２つ）、有限の原子・時間単位の集合体ではないことも示して（あとの２つ）、「この世界は分割不可能なただひとつの全体である」ことを証明しようという両面作戦である。運動とか複数のものとか時空点などといったものは実在しない、少なくとも互いに両立しない矛盾した概念である、ということを証明して、師パルメニデスの説「すべては永遠不変の一者である」を裏づけようとしたのである。
　さあそこで始めに、アキレスと亀のパラドクスだ。
　アキレスと亀が競走をすることになった。アキレスの方が速く走るので、ハンディをつけて亀より後ろからスタートする。さて、ここからお馴染みの推論が始まる（実際に走ることは決してせずに推論だけすることが肝心なわけですが）。アキレスはまず亀のスタート地点に到達せねばならない。そのとき亀はちょっと先の地点a_1にいる。アキレスは次に地点a_1に到達する。そのとき亀はちょっと先の地点a_2にいる。アキレスは次に地点a_2に到達する。そのとき亀はちょっと先の地点a_3にいる。……、これが無限に続くはずである。なぜなら、アキレスが地点a_nに着いたときには亀は必ずそれより先のa_{n+1}に進んでいるからだ。
　こうして、アキレスは亀に追いつくためには無限の仕事をせねばならない。これは不可能なので、アキレスは亀に追いつけない……。

1　この推論のどこが非常識なのかを説明したいわけですが、まずは常識の確認が先。アキレスのスタート地点からどれだけ離れたところでアキレスは亀に追いつくだろうか。その距離Sを求めましょう。アキレスが亀のＮ倍の速度で走る（１＜Ｎ）とし、始めのハンディの距離をＸメートルとして、ＮとＸを使った式でSを表わしてください。

答え◎始めのXメートルの差をアキレスが埋めたときには亀はX／Nメートル先のa_1にいる。アキレスがa_1に達したときは亀はX／N^2メートル先のa_2にいる。等々。亀は常にアキレスが走った距離の１／Nだけ先にいるから、このプロセスが無限回なされた後ふたりはどこにいるかというと、アキレスのスタート地点から見て次の距離Ｓメートルだけ離れたところにいる。

$$S = X + X／N + X／N^2 + X／N^3 + X／N^4 + ……$$

Ｓはいくらだろう？　よくある技法で、次のようにすれば簡単だ。

$$NS = NX + X + X／N + X／N^2 + X／N^3 + X／N^4 + ……$$
$$-\quad\quad S = \quad\quad X + X／N + X／N^2 + X／N^3 + X／N^4 + ……$$
$$(N-1)S = NX$$

したがって、Ｓ＝ＮＸ／（Ｎ－１）メートル。
　たとえば、アキレスが亀の２倍の速さならば、Ｓ＝２Ｘ。100倍の速さならば、Ｓ＝$^{100X}／_{99}$。亀よりほんの１％だけ早い、つまりＮ＝$^{101}／_{100}$ならば、Ｓ＝101Ｘ。アキレスが亀より速いならば、始めにどれほどのハンディＸを負っていても、どこかで確実に亀に追いつく。

❷　それでは、「アキレスは亀に追いつけない」という先ほどの推論はどこが変だったのでしょう？　明確に説明してください。

答え◎ゼノンは、もちろん本気で「アキレスは亀に追いつけない」と主張したのではない。このような推論をするとこんな変な結論が出てくるでしょ、だからこの推論の前提が間違ってるんですよ、という背理法としてこのパラドクスが示されたと考えられる。ゼノンが否定しようとした「前提」とは、「この世は無限小の時空点から成る」という前提だ。
　しかし背理法で前提の誤りを導くためには、**推論そのものが正しくなければならない**。間違った推論で矛盾を導いてみても、それは**推論の誤り**ゆえであって、**前提が間違っていた**からとは言えないかもしれないからである。さて、それではゼノンの推論は正しいのだろうか。
　❶で見たように、アキレスの走る距離をゼノンはＳ＝Ｘ＋Ｘ／Ｎ＋Ｘ／

$N^2+X/N^3+X/N^4+……$として記述している。これは、アキレスの走距離を制限した記述である。つまり、$S＝NX/(N－1)$という有限の距離までしか書き表せない記述である。はじめに自分で勝手に制限した記述を選んでおいて、何かを「証明」したと称しても、その制限が無条件に妥当することは証明できない。たとえば、次の論証が何も証明できていないことは一目でおわかりだろう。「私と指相撲をしたすべての女と私はしゃべったことがある。したがって私はすべての女としゃべったことがある」。同じようにゼノンの背理法は、「Sまでの時空点でアキレスは亀に追いつけない。したがって、いかなる時空点でもアキレスは亀に追いつけない」というものだ。これは推論として正しくない。よって、背理法になっていないのである。

「すべての時空点でアキレスは亀に追いつけない」という結論ではなく、次のような結論を導いたのであれば、ゼノンの推論は正しい。すなわち、「アキレスの走距離を$S＝X＋X/N＋X/N^2＋X/N^3＋……$と記述できる範囲Sの時空点では、アキレスは亀に追いつけない」。

この結論を導く推論は全く正しいが、しかしこちらはパラドクスでも何でもないだろう。「アキレスの走行距離を$S＝X＋X/N＋X/N^2＋X/N^3＋……$という形で記述できない範囲においては、アキレスは亀をすでに追い越している」という常識的命題と両立するからである。したがってここでも背理法は成り立たず、ゼノンはパルメニデス説の証明に失敗しているのである。

006 分割のパラドクス
bisection paradox

　前問【アキレスと亀】を単純化して1人の走者だけで考えてみよう。
　アキレスが走る。ゴールまで半分のところまで来たら、残りの中間点まで辿り着かねばならない。そこに着いたら、残りの中間点まで着かねばならない。そこに着いたら……というふうに、無限の地点を通過しなければならないので、アキレスがゴールに着くことは不可能である。
　これの解決については【アキレスと亀】の解答がそのまま転用できる

> ので、今見た「前進バージョン」の反転形である「後退バージョン」を考えよう。
>
> 　アキレスが走る。ゴールに着くには、まず中間地点a_1に辿り着かねばならない。a_1に着くには、そこまでの中間点a_2に辿り着かねばならない。a_2に着くには、そこまでの中間点に……というふうに、無限の地点をまず通過し終えなければならないので、アキレスがそもそもスタート地点から走り始めることは不可能である。
>
> 　この推論はどこがおかしかったのだろう。

答え◎この問題が成立する前提として、「時空間は無限に小さく分割できる」という命題がある。こんな矛盾が生じたんだから、やっぱり無限の分割はできないってことでしょ、という背理法がこのパラドクスなのだ。

　これに対しては、前問【アキレスと亀】と同じ答え方ができないので、厄介である。だから、前問に対しても同時に通用するもっと抜本的な解答が必要となる。

　「アキレスは走り始めることができない」というこの論法は、アキレスの走行路についてだけ数学的記述をあてはめ、運動については物理的記述を当てはめているところからくる、曖昧性のパラドクスではないだろうか。つまり、アキレスの克服すべき環境としては無限分割可能（連続的）な数学的対象を据え、アキレスの行為としては無限分割不可能（離散的）な物理的現象をあてがっている。そのうえで、無限と有限との間に一対一対応を強制した。これはダブルスタンダードであり、矛盾が生じるのは当然である。

　無限かつ連続の時空間を有限で不連続な行為で走破できないという記述ができるからといって、べつに不思議なことはない。アキレスも外的環境の一部であり、走行路とアキレスを含んだ全体は同質の実在だと考えれば、走行路の時空間とアキレスの行為に対して同種の記述を当てはめなければならないのだ。そして、推論のときには比較対象を**同種**の記述で統一せねばならないという教訓は、実在そのものが**数的に**多を含まず、パルメニデス的な一者であるなどということを意味してはいないのである。

第1章◎ゼノンから無限へ

007
飛ぶ矢
arrow

　ゼノンは、【アキレスと亀】【分割】の2つで「時空間は無限小への無限分割はできない」と証明するかたわら、「飛ぶ矢」のパラドクスで「時空間は有限の最小単位に分割することはできない」という証明を試みた。この両方が合わさって、「時空間は分割不能である」というパルメニデス流一者の説が証明できたことになる。
　ただし、「飛ぶ矢」については逆の解釈もある。【アキレスの亀】【分割】と同じく、無限小の点として瞬間があることの不可能性を示したものとする見方だ。よって、この両面から考察しなければならない。2つの解釈が成立するそれぞれの書き方をしてみよう。

　解釈1。矢が飛んでいる。矢は、最小単位の時間において、それ自身が占める空間に位置していなければならない。たしかにある空間に位置しているからには、その時間には、矢はそこに静止しているはずである。静止した矢はいつまでたっても静止したままであるはずだ。したがって、飛んでいる矢は動かない。
　解釈2。矢が飛んでいる。矢は、長さのない瞬間に移動することはできない。時間というものが長さのない瞬間から構成されているならば、飛んでいる矢は、いつまでたっても移動することができない。

　2つとも一見して屁理屈だが、そのおかしなところをハッキリと指摘してください。

答え◎解釈1……映画フィルムのコマ送りのように、単位時間の1コマごとに矢が別々の空間に次々現われれば運動らしきものが現象するだろう。しかしそれが実現するためには、1コマ1コマが移ってゆくための外部の広い時空間（映画観賞者を含む時空間）が必要だ。ここでは、「現実に飛ぶ矢」が問題なので、いってみれば、映画の1コマの中にいっしょに閉じ込められた人

と矢のあいだに、どうやって運動の観察がなされうるのか、ということが謎なのだ。よってコマ送り方式で解決することはできそうにない。

　むしろ問題は、どの単位時間においても、矢は一通りの空間の中に位置していなければならない、という独断的前提ではないだろうか。単位時間と単位空間がピッタリ一致していなければならないという根拠はない。静止している矢と違って、飛んでいる矢の先端は、単位時間において複数の単位空間にまたがった範囲を占めているかもしれないだろう。動く矢は安定などしていないかもしれないのだ。したがって、「解釈１」が否定したい前提「最小の単位時空間がある」を認めても、結論として矛盾が出てくるとは限らない。

　解釈２……「瞬間**の中で**動くことはできない」というのが本当でも、「瞬間**において**動いていない」ということは導き出せない。この２つは別のことである。前者は、時間幅ゼロにおいては移動距離ゼロである、と言っているにすぎず、これは、一定時間あたりどのくらいの距離を移動できるかについて何も述べていない。０距離／０時間は不定なのだから（004【ド・モルガンのパラドクス】参照）、矢は任意の速度を持ちうる。

　任意の速度を持ちうる不定状態を語ることで、あたかも０／０＝０であるかのような錯覚を起こさせたのがこの解釈２である。【アキレスと亀】と同様の、記述のトリックだ。「瞬間の中で動くことはできない（速度０／０である）」から導き出せるのは、「瞬間において矢は動いていない（速度０である）」ではなく、「瞬間の矢の動きについては何も推測できない（０／０は不定）」ということなのである。

008 動くブロックのパラドクス
moving blocks

　前問【飛ぶ矢】の「解釈１」への答えに納得できない人もいるかもしれない。最小の単位時間と単位空間の関係はどうなっているのか？「時空間には最小単位はない」というゼノンの主張はそれ自体で興味深い。原子論への反論となりうるからだ。そこで、「飛ぶ矢」では曖昧になっていた最小単位の論点をより明確にした、第４のパラドクスを考え

てみよう。

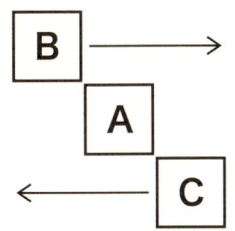

　ブロックA，B，Cの長さはすべて1単位。つまり最小の空間的長さ。ブロックAは静止しており，その両側を，ブロックBとブロックCが反対方向に移動する。Bは，Aの全長を通過するのに1単位時間（つまり最小時間）かかる。Cも同じである。

　さてそうすると，ブロックBがブロックCの全長を通過するのにどのくらいの時間かかったのだろう？　AとB，AとCのときに比べてBとCのペアは相対速度が2倍になるのだから，当然，$1/2$単位時間である。しかし，仮定により，単位時間は最短時間なのだから半分に分割できるはずがない。しかし現に，BとCがすれ違い終える時間（$1/2$単位時間）というものは存在するはずだ。これは矛盾である。したがって，単位時間などというものは存在しない。または，単位長さなどというものは存在しない。

　――さてこれで，原子論的な最小単位時間・空間の存在は否定できたのだろうか？

答え◎ゼノンがブロックA，B，Cを単位長さと単位速度を持つ最小物体として設定したという文献的証拠はないらしい。字義的には「BはA、Cという同じ長さを異なる時間で通過した。矛盾だ！」とのみ伝えられているという。その場合，「ゼノンは単に静止座標上の速度と相対速度とを混同しただけだ」という平板な解釈に落ち着いてしまい，それですませている解説書もある。しかしそれではつまらないので，ここで提示したように，各ブロックを単位長さ・単位速度の物体と解釈するのが本筋である。

　さてしかし，このパラドクスは，私はどうも苦手である。設定に無理が多すぎて，考察の焦点が定めにくい気がするのだ。この「パラドクス」を支え

る前提のうち、もっともらしくないと思われるものを列挙してみよう。

　1，単位空間の長さを持つ「物質」が存在できるということ。(空間と物質の単位が一致していなければならない理由は……？)

　2，単位時間ですれ違う「物質」のペアがありうるということ。(時間と物質の単位が一致していなければならない理由は……？)

　3，単位空間と単位時間は運命をともにしなければならないということ。(片方だけを否定することも選択肢として可能なのでは……？)

　4，相対速度は静止座標上の速度の単純な和でなければならないということ。(相対性理論によって否定されていますが……？)

　5，単位時間や単位空間をより細かく分割した結果は、すべて同一の大きさだという想定は不合理だということ。(「無限」どうしを足し合わせたり掛け合わせたりしても増えないのと同様に、「最小」は分割しても減らないということでよいのでは……？)

　これらのうちどれか1つでもコケたら、このパラドクスは背理法としては無効になってしまう。「原子的な最小時間・空間がある」の方をとくに否定する必要がないからだ。

　前提1〜5は、物質や時空のかわりに数学的モデルを考えれば確保できるだろうが、「時空に最小単位がある」という物理的・自然的な前提から背理法を使おうとしている以上、ただの数学的構成物に依拠することはできない。

　というわけでこのパラドクスは、原子論への有効な反論になっていそうもない。

009
トムソンのランプ
Thompson's lamp

　このランプは、まず1分間は点灯している。次の$\frac{1}{2}$分間は消えている。次の$\frac{1}{4}$分間は点いており、次の$\frac{1}{8}$分間は消えている。……と、常に直前の状態の半分の間隔で反対の状態が続く。005【アキレスと亀】で見たように、$1+\frac{1}{2}+\frac{1}{4}+\frac{1}{8}+\cdots=2$なので、2分後にすべての点滅が完了している。さて、その2分経った瞬間にはこのランプは

> 点いているのか消えているのか、どちらなのだろう？

答え◎有限時間内に無限の仕事を達成することにかかわるパラドクスは「超課題」と総称されている。

 $1+\frac{1}{2}+\frac{1}{4}+\frac{1}{8}+\cdots\cdots$ は2に収束するが、ランプの状態は不連続なのでどこにも収束しない。つまり収束先が定義されていない。ここが元凶なのだ。

 $1+\frac{1}{2}+\frac{1}{4}+\frac{1}{8}+\cdots\cdots$ という数列に「最後のひとつの数」というものはないので、このランプの「2分後の最後の状態」というものは問題文に記述されていない。つまり、2分後の定まった状態というものは与えられていない。しかし、2分後は必ず訪れるのだから、そのとき、このランプの何らかの定まった状態があるはずである。

 この難局は、005【アキレスと亀】と同じように解決できるだろう。このランプの仕組みとして、2分後の状態を直接述べない記述（2分後に限りなく近づくという記述）のみが与えられているので、2分後の状態は任意である。点いていても消えていてもよい。あるいは、ランプそのものが消滅していてもよい。まったくどうでもよいのである。

 この問題への正解として「このようなランプは作ることができない」と述べているパズル本もあるようだ。しかしその答えは誤りである。物理的に作れるかどうかは重要ではない。数学的に理想化されたランプとして考えれば、数学モデルとして現に存在する以上、「作れない」は的外れの答えだろう。「2分後のランプはどうなっていてもよい」が真の正解なのだ。

Thompson, F. "Tasks and Super-Tasks" Gale,R.M. *The Philosophy of Time* （Macmillan,1968）

---

010 オースチンの犬
Austin's dog

 男の子と女の子と犬が、まっすぐな道の同じ場所にいる。男の子と女の子が同じ方向に歩き出した。男の子は時速4キロ、女の子は3キロで進む。犬は時速10キロで、男の子と女の子の間を行ったり来たりする。（計算上、男の子・女の子・犬は身体の大きさゼロの点であり、犬は瞬

> 間的に向きを変えるものとします)
> 　三者が出発してから1時間後に、犬はどこにおり、どちらを向いているだろうか。

答え◎1時間後の状況というのを思い浮かべよう。男の子と女の子の間の適当な地点に、犬を適当な向きに置いて、風景を思い浮かべてみよう。そこから時間を逆転させる。すると、男の子と女の子と犬の三者は、出発点に一致して戻る。辻褄が合っている。よって、1時間後の犬は、どこにでもいてよい。男の子と女の子の間の任意の地点に、どちら向きにでもいることができるのだ。

マーチン・ガードナーがこの問題を『サイエンティフィック・アメリカン』に書いたところ、答えが掲載される前に、読者からの抗議や反論がたくさん舞い込んだという。その中に、「三者は動き出すことができない」という反論があった。「三者が動き出す瞬間に、犬が男の子と女の子の間から飛び出してしまうから、問題の条件に反する」というわけである。犬は2人よりも速度が速いから、動き出す瞬間には、犬は2人の間にとどまるという条件では動きようがない、と。

三者が動き出すことは数学的には可能である。犬が向きを変えずに進むゼロでない距離がはじめの瞬間から存在するなら、たしかに出発直後に犬は2人の外に飛び出してしまうが、当初から向きを絶えず(無限回!)変えつづけているならば、その心配はない。

この問題の初期条件は、006【分割のパラドクス】の走り出せないアキレスに似ている。しかも、一方向にひたすら進むアキレスではなく、無限回向きを変える犬だから、問題はいっそう複雑だ。「アキレスが亀に追いつくまで、そして追い越したあとも両者の間を飛びつづけるハエ」というバリエーションもある。アキレスが亀に追いついた瞬間には、ハエが瞬間的に向きを変える無限大の加速度がゼロ点に無限回集中する「特異点」が出現する。そして、先ほど見たように、アキレスが亀を追い越したあとは、ハエが二者の間でどのような軌跡を描くかは無限通りの自由な可能性があるのである(追いつくまでの飛び方がどうであったかに関わりなく!)。宇宙が収縮して特異点に達し、ビッグバンで再び始まるとき、宇宙は前世の記憶を喪失して初

期条件がランダムに組み替えられる。そんな振動宇宙論の発想に似かよっているではないか。

マーチン・ガードナー『アリストテレスの輪と確率の錯覚』(日経サイエンス社)

011
円周率は2である
π＝2

　図を見ていただきたい。n 分割された n 個の半円周の総和は、どの n についても一様に、π である。このように無限に小さく多くなってゆく半円周の総和は、n→∞ の極限で直径に一致し、そのときも長さは相変わらず π である。

　ここから、半円周は直径に等しい、つまり π は 2 に等しい、ということが導かれる。

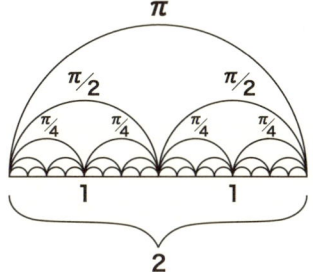

　もちろん π＝2 であるはずはない。論証のどこが間違いだったのだろう？

　(※〈半円〉を〈一辺が 1 の正三角形〉に置き換えれば、同じやり方で 2＝1 が「証明」できます。やってみてください)

答え◎ 0.99999……の極限が 1 になるように (003【無理数＋無理数】)、そして、直線を無限に分割して長さゼロの点になると見なせるように、数量の極限値は、そこへ至る途中とは全く性質を異にすることがある。しかし、そうした数量とは違って、形というものは「大きさ」とは無関係に定まる質的な性質であるため、いくら小さくしていっても変質しない。009【トムソン

のランプ】の交替状態と同じく、極限へと収束していかない。（というより、この場合は一定値（一定形）としてその同じ値に収束する）

したがって、無限に小さく多くなってゆく半円周の集まりは、n→∞の極限でも依然として半円周の集まりであり、直線である直径とは一致しない。

（※正三角形バージョンの2＝1も、全く同じように解決されます。）

---

012 デモクリトスのジレンマ
Democritus' dilemma

円錐を、底面に平行な一平面に沿って切断しよう。円錐は2つの部分に分かれ、それぞれが断面を持つ。さて、この2つの断面の面積は、同じだろうか、違うだろうか。

1．面積が違うとすれば、円錐は、階段状のギザギザした輪郭を持つ立体でなければならない。しかし定義により円錐にはそんな段々などないはずだ。

2．面積が同じだとすれば、円錐は、断面積が変化することがありえず、どこを切っても同じ面積となり、全体が円筒形のようにまっすぐの立体でなければならないはずだ。

いずれにしても円錐の実相とは食い違っている。はて……？

答え◎この問題を提示したと言われるデモクリトスは、アルキメデスによって「円錐の体積が底面・高さを共有する円筒の$\frac{1}{3}$ということを証明した人物」と名指されている。この円錐問題にもさぞ面白い解答を持っていたことだろうが、デモクリトス自身の解答は遺されていない。

はっきり言えることは、問題の条件文1．2．が真かどうか疑わしいということだろう。とくに、円錐としてどのような円錐を考えているのか——A．物理的な円錐か、B．数学的な円錐か——について曖昧だということである。場合分けで考えよう。

1．「2つの断面積が違うならば、円錐にギザギザがなければならない」

A．物理的円錐を物理的に切断したとすれば、2つの断面積はたぶん微小

第1章◎ゼノンから無限へ

に異なるだろうが、それは微小な厚みを持つ物理的平面によって隔てられているからであって、断面と断面の中間は破壊され消滅している。よって、切断後から復元すればズレの断層が残ることになるだろうが、切断前の円錐にギザギザがあったという証明にはならない。
　B．数学的な円錐を数学的平面で切断したならば、２つの断面積に違いはないだろう。
　2.「２つの断面積が同じならば、円錐は円筒でなければならない」
　A．物理的な円錐の場合、２つの断面積は同じにはならない。
　B．数学的円錐の切断を考えると、数学的平面の厚みゼロの間に断面の変化がゼロであるのは当然で、これは円筒だろうが円錐だろうが球だろうが同じなので、断面が同じということからは何の結論も出てこない。断面積変化率０／０というのはイコール０ではなく、単に不定ということだから（007【飛ぶ矢】を参照）。円錐の切断平面においては２つの断面は全く等しいが、少しでも異なる平面においては断面の大きさは異なりうるのだ。
　デモクリトスは古代原子論の代名詞のような人だから、原子とこの円錐問題（微分の発想？）との関係をどう考えていたのか、好奇心が湧くところである。

 Hearth, Thomas L. *A History of Greek Mathematics*（Clarendon, 1921）

013 マクタガートの時間のパラドクス
McTaggart's paradox

LEVEL A:3 B:3 T:1 Z:2

「時間は実在しない」ということを証明するために20世紀初頭に唱えられた、ゼノンのパラドクスの現代版とも言うべき議論である。
　時間には、A系列・B系列の２種類の系列がある。A系列とは、過去から現在、未来へと流れてゆく順序系列。B系列とは、前から後へと続いてゆく順序系列である。
　A系列は、B系列に還元することはできない。なぜなら、A系列は「過去」「現在」「未来」という絶対的区別の原点となる視点を含んでいるが、B系列の中には前後という相対的な区別しかないからである。一

方、B系列は、前の時刻は後の時刻の過去である、などというふうに、A系列によって定義されるので、A系列なしでは存在できない。こうして、時間の存在にとって根源的なのは、A系列の方である。

　さてしかし、A系列は矛盾を含んでいる。なぜなら、A系列の中にあるすべての時点が、未来でもあり、現在でもあり、過去でもあるからである（未来、現在、過去のすべてにならない時点などあるだろうか？）。そして、未来、現在、過去という性質は両立しないはずだ。両立しないはずの性質をすべての時点が持っているということは、A系列が矛盾を含んでいることを示している。こうして、A系列は存在しえない。したがって、A系列に依存するB系列も存在しえない。結局、時間というものはありえないのである。

　この議論、どこがおかしいのでしょうか。列挙してください。

答え◎「時間」には興味のある私だが、このパラドクスは苦手である。というのも、008【動くブロック】と同じように、あまりにもあやふやな前提が多すぎるため、論駁の隙がありすぎてかえって時間の本質が見えにくくされているような気がするからだ。このパラドクスの成立のために必要とされる、実のところ疑わしい前提をいくつか列挙してみよう。

　1，A系列・B系列以外の時間系列はない。（矛盾を起こさないような、Y系列やZ系列などの時間記述法はないと証明できるのだろうか？）

　2，B系列はA系列で定義される。（「過去」「未来」という概念がB系列に本当に必要だろうか？）

　3，「B系列はA系列で定義される」ならば「B系列はA系列なしでは存在できない」。（なぜ？　たとえば「電子は数で定義される」からといって「数なしでは電子は存在できない」と言えるのか？　「数」は単に便宜的な方便かもしれないだろう？）

　4，未来、現在、過去という性質は両立しない。（なぜ？　現に両立しているではないか？　矛盾を導くためにのみ「両立しない」と前提しているように思われるのだが？）

　5，A系列のような「流れ」がなければ時間は存在するとは言えない。（たとえばアインシュタインの宇宙は過去も未来も一挙に含む静的な全体だ

が、「時空」という形で時間を含んでいるのだし……)

　論点4との関わりでマクタガートが当初から自ら用意していた再反論である「無限後退」の議論が有名だが、ここではそれは論じないことにします。そのかわりに、A系列の「現在（今）」とよく似た「私」という概念をめぐって、全く同じ「無限後退」論を繰り広げている別のパズルを、次の問題で吟味してみましょう。

　　　　　　　　　　入不二基義『時間は実在するか』（講談社現代新書）

---

014 ナーゲルの「超難問」
Nagel's "harder problem"

　心理学者の渡辺恒夫らの調査によると、思春期や幼少期の「自我体験」の1つとして、次のような問いにこだわる青少年が意外に多く見られるという。

　「なぜ私は〇〇なのか、なぜ他の誰でもないのか」（〇〇には自分自身の名が入る）

　この問いは、おとなになるにつれて忘れられるのが通例だというが、後々までこだわりを持つ人々もいるようだ。哲学者の中には、この問いを重視する人の比率は、一般の人々よりもむしろ少ない。たとえば人格同一性問題の大家デレク・パーフィットは、この問いは「悪い問い」だ、と明言している。

　しかし、少数ながら、この問いがきわめて重要な問いであると主張する哲学者もいることは事実だ。「ハーダー・プロブレム」という名前までついているのだから。

1　はて、この「超難問」は重要な問いなのか、それとも取るに足らぬ錯覚なのか。どちらだと思いますか？

答え◎論理学的観点からすると、「超難問」が重要でないことは一目瞭然である。自我体験期の少年少女が成長してこの問いにこだわらなくなってゆくのは、哲学的感性が鈍ったためではなく、論理的感性が発達したためなのである。

2 なぜ「超難問」が論理的に重要な問いではないのか、理由を示してください。

答え◎よくあるのは、「『なぜ私は○○なのか』という問いは、○○の視点から問えることであって、○○でない人にとっては意味がない」という指摘である。それに対しては、「ではなぜ『なぜ私は○○なのか』という問いは現に意味を持っているのか」と問い直されてしまう。それに対しては「あなたが○○の視点にいるからだ」と答え、「ではなぜ私は○○の視点にいるのか」「その問いは○○の視点にいない人にとっては意味がない」「ではなぜ『なぜ私は○○の視点にいるのか』という問いは現に意味を持っているのか」……議論が延々と無限後退し、反復されてゆく。こうした惰性的な擬似論理は思考停止の隠れ蓑にしかならないので、直接に「超難問」の空虚さを論証した方がよい。いくつもの論証法があるが、ここでは「超難問論者」に向かって2つだけ示しておこう。

　1．「あなた＝○○」という等式は、あなたが存在する前には指定されておらず、あなたが自意識を持って誕生した**後**で問題化されたことである。したがって、あなたが自意識を持つという条件のもとで「あなた＝○○」が成立する**確率は1である**。つまり、あなたが自意識を持つという条件の方さえ問えば、「あなた＝○○」への問いはすべて含まれている。（後の040【驚くべき出来事】を参照）

　2．「あなた＝○○」が成立する確率は**1である**という意味を、あなたの生後の観点から言うとこうなる。あなた＝○○という等式が成り立つことは確かか？　夢を見ていはしないか？　あなたは本当は△△ではないのか？もしあなたが○○でなく△△だと判明したとしたら、あなたはもとの問いを「なぜ私は△△なのか」と言い換えることだろう。つまり○○は実は固有名ではなく、変数である。「超難問」は、あなたが特定の具体的人物であるこ

とには依存せず、誰であってもよいのだ。すると最終的に、「なぜ私は**任意の**自意識なのか」という一般的問いに落ち着く。

こうして、「なぜ私は○○なのか」は「なぜ私には心があるのか」という問いに還元される。答えは単に、心がなければ「私」でいられないでしょ、ということに他ならない。

❸ それでは、なぜ「超難問」にこだわる人々がいるのだろう。「超難問」が重要そうに見える**論理的**な理由を挙げてください。

答え◎「超難問」に「目覚めた」ときの幼児体験の鮮明な印象が、成長してからも心を条件反射的に束縛するということ、「自己」についての問いは最も身近で実感を伴うがゆえに深遠だと錯覚されがちだということ、等々の「因果的」説明はいくらでもできるが、では「論理的」な説明は？

これは、❷の答えにすでに示されている。「超難問」は、本当に重要な問いを隠しているから、重要な問いだと思われるということだ。その重要な問いとは？　それは、「なぜ私には心があるのか？」→（心がなければ「私」であることは不可能なので）→「なぜ心というものが存在するのか」→「心が存在すれば、必ず「私」はいることになるのか？」

最後の２つの問いが、「超難問」の本当に問いたかったことなのだろう。「なぜ心というものが存在するのか」は現代の心の哲学の中心問題で、「難問 hard problem」と（「超」抜きで控え目に）呼ばれている。最後の問い「心が存在すれば、必ず「私」はいるのか」も、認知度は低いが論理的にみて重要な問いだ（この問いには108【輪廻転生を証明する】で答えることにします）。したがって、「なぜ私は○○なのか」と真剣にあるいは苛々と問うている人は、問い方を誤っており、言語的混乱のために核心を摑みそこねている。苛立ちや切実感は深い哲学的思索の証明にはならない。言語を明晰にし真の問題を選り分けるためにも、悩める青少年は論理学を学ぶべきなのである。

三浦俊彦「「意識の超難問」の論理分析」（『科学哲学』35巻2号，2002年）

第 2 章
嘘つきと循環
トラブルメーカーとの賢い付き合いかた

015
クレタ人／プライアーのパラドクス
Prior's family of Cretans paradoxes

1 1人のクレタ人が言った次の文はホントかどうか、判定してください。

　クレタ人は決してホントのことを言わない

答え◎問題の文について、ときどき、次のような解説を見かける。「この文はホントと仮定してもウソと仮定しても矛盾するので、ホントともウソともいえない」。これは間違った解説である。

　「クレタ人は決してホントのことを言わない」がホントと仮定してみよう。すると、この発言自体がクレタ人の発言だから発言内容どおりこの文はホントでない。矛盾するので、仮定が誤り。では他方、「クレタ人は決してホントのことを言わない」がウソならばどうか。「クレタ人は決してホントのこ

とを言わない」わけではない、ということになる。つまり、クレタ人の中にはホントのことを言う者もいる、ということだ。話者のクレタ人はホントでないことを言っているのだが、他にホントのことを言うクレタ人もいる、ということになる（あるいは、この人自身、他の機会にホントのことを発言することがあるのかもしれない）。これは辻褄が合っている。したがって、この文は、「ウソ」なのである。

しかし、これでめでたく辻褄が合っているのだろうか？ もう少し深く考えてみよう。

2 **1**によると、S「クレタ人は決してホントのことを言わない」というクレタ人の発言は、ウソであることが証明されたようだ。つまり、クレタ人がどこかで少なくとも一度、ホントのことを発言していれば、Sが偽ということで辻褄が合うからだ。しかしである。これは、「クレタ人は少なくとも一度真なることを言う」ということが証明された、という意味なのか？

それは変だろう。発言Sがクレタ人によってなされたというそれだけのことが「クレタ人は少なくとも一度真なることを言う」ことの証拠になっている、などということがあるだろうか。そんなバカな。クレタ人がホントのことを言うかどうかは、経験的に確かめねばならないことであるはずだ。

はて……？ Sはパラドクスではなくて「ウソである」だけだ、と安心している場合ではなくなった。Sはやはり、ホントでもウソでもない矛盾なのか？

答え◎ S「クレタ人は決してホントのことを言わない」は、ホントであることはありえない。そして、ウソであることは**ありうる**。クレタ人が少なくとも一度ホントのことを言っている場合だ。もしそういう事実がないならば、たとえばクレタ人はSを発言した人ひとりしかおらず、しかもその人は生涯にSしか発言しないならば、Sは次の発言と同じ意味になる。

T「私のこの発言はホントではない」

これは、ホントだとすると、「ホントではない」というのがホントなのだ

から、ホントでなくなる。ホントでないとすると、「ホントではない」という正しいことを述べているので、ホントということになる。

つまり、ホントでもないし、ホントでないのでもない。パラドクスである。Sは、こうして、「**場合によってはパラドクスとなる文**」であった。Tそのもののように、必然的にパラドクスになる文ではない。外界の状況次第で偽なる文にもなればパラドクスにもなる、いわゆる「偶然的パラドクス」と言うべき文であった（後の017【偶然的パラドクス】参照）。Sが述べられただけで「クレタ人は少なくとも一度ホントのことを言う」ことの証拠になっている、などという変なことが起きているわけではない。

📖 Prior, A.N. "On a Family of Paradoxes" *Nortre Dame Journal of Formal Logic* 2（1961）

016 世界最小の電子頭脳「ミニアック」
miniac, the world's smallest electronic brain

1 世界で一番単純な電子頭脳「ミニアック」の作り方をお教えしましょう。イエス・ノーで答えられる質問ならば、どんな質問に対しても正解を示してくれる電子頭脳です。作り方は全く簡単。10円玉の両面にそれぞれ、「イエス」「ノー」と書いた紙を貼ればよい。それでミニアックの完成。え？　これがなぜすべてのイエス・ノークエスチョンに答えられるのかって？　こうすればよろしい。まず何でもいい、イエス・ノークエスチョンをして、ミニアックを投げてください。表になった方がさしあたりミニアックの答えですが、それを書きとめておく。そして、ふたたびミニアックを投げるのですが、そのときこう質問します。「これからおまえの出す答えは、第1回目におまえが出した答えと、真理値が一致するか？」（「真理値」とは、客観的に真か偽か、という性質のことです）。つまり質問を言い変えると、長たらしくなりますがこうなります、「これからおまえの出す答えは、第1回目におまえが出した答えがホントならば今度もホント、ウソだったならば今度もウソというふうに、真偽が一致するか？」

こうして第2回目に投げた時にミニアックが出す答えが何であるかに

よって、第1回目のもともとの質問への「正しい答え」が何であるかがわかるのですよ。なぜか？ ご説明するよりは、考えていただいた方がよいでしょう。次の場合分けの表の中の（　）を埋めてみてください。1段目から3段目までは、単に機械的に可能な場合を列挙した8通りの組み合わせです。それをもとに、2段目と3段目から4段目の各（　）を計算し、1段目と4段目を比較することで5段目の各（　）を計算してみてください。

第1の質問にミニアックが出す答え	イエス				ノー			
第2の質問にミニアックが出す答え	イエス		ノー		イエス		ノー	
第2の答えの真理値	真	偽	真	偽	真	偽	真	偽
第1の答えの真理値	(a)	(b)	(c)	(d)	(e)	(f)	(g)	(h)
第1の質問へのほんとうの正解	(i)		(j)		(k)		(l)	

答え◎左から順に見ていこう。まずa。第1の答えと真偽が一致するか、と問われて一致する、と答え、それが真なのだから、第1の答えaも真。つまり本当の正解iはイエス。b。第1の答えと真偽が一致するか、と問われて一致する、と答え、それが偽なのだから、第1の答えbはその逆で真。つまり本当の正解iはイエス。c。第1の答えと真偽が一致するか、と問われて一致しない、と答え、それが真なのだから、第1の答えcはその逆で偽。つまり本当の正解jはノー。d。第1の答えと真偽が一致するか、と問われて一致しない、と答え、それが偽なのだから、第1の答えdは第2の答えと一致して偽。つまり本当の正解jはノー。e。第1の答えと真偽が一致するか、と問われて一致する、と答え、それが真なのだから、第1の答えeも真。つまり本当の正解kはノー。f。第1の答えと真偽が一致するか、と問われて一致する、と答え、それが偽なのだから、第1の答えfはその逆で真。つま

り本当の正解kはノー。g。第1の答えと真偽が一致するか、と問われて一致しない、と答え、それが真なのだから、第1の答えgは偽。つまり本当の正解lはイエス。h。第1の答えと真偽が一致するか、と問われて一致しない、と答え、それが偽なのだから、第1の答えhは第2の答えと一致して偽。つまり本当の正解lはイエス。

第1の質問にミニアックが出す答え	イエス				ノー			
第2の質問にミニアックが出す答え	イエス		ノー		イエス		ノー	
第2の答えの真理値	真	偽	真	偽	真	偽	真	偽
第1の答えの真理値	真	真	偽	偽	真	真	偽	偽
第1の答えへのほんとうの正解	イエス		ノー		ノー		イエス	

　……というわけで、第1回目と第2回目の答えの組み合わせが、(イエス、イエス)か(ノー、ノー)ならば第1の質問への正解はイエス、(イエス、ノー)か(ノー、イエス)ならば第1の質問への正解はノー。なんと、こんな簡単な装置によって、イエス・ノーで答えられるありとあらゆる問題への正解を知ることができるのである！

　(ところでこれがなぜ「世界最小の**電子頭脳**」かって？　そりゃもちろん、10円玉(銅95％、亜鉛3～4％、スズ1～2％の合金)の主成分である銅の原子はすべて、外殻に2個の自由電子を持っているからです——ミニアックの考案者T．ストラの説明)

　さあしかし、所詮はただの10円玉にすぎない「ミニアック」でありとあらゆる二択問題が解けるなどとはとうていありえないことだ。ためしに私はさっき、ミニアックに「韓国の首都はソウルですか？」と質問してみた。2度投げた結果は(ノー、イエス)となった。つまり正解はノーだというのだが……、ほれみろ、間違ってるじゃないか！

2 ミニアックの論理の、どこがおかしかったのだろう？

答え◎私が「韓国の首都はソウルですか？」と1回目の質問をしたときミニアックが出した答え「ノー」は、偽である。第2の質問「これからおまえの出す答えは、第1回目におまえが出した答えと、真理値が一致するか？」に対しての答え「イエス」は真だろうか偽だろうか。真だとすると、第1回目の答えの真偽と一致するのだから、偽でなければならない。偽だとすると、第1回目の答えの真偽と一致するというのは間違いだから、真でなければならない。真ならば偽、偽ならば真。これは端的な矛盾である。ああやっぱりミニアックはインチキ機械だった。どうしてそうなってしまったのか？

　表の4段目「第1の答えの真理値」がどうやって計算されたかを改めて考えてみると、第2段目と第3段目、すなわち第2の質問をめぐる情報だけから4段目が引き出されていたことがわかる。そして第2の質問は他ならぬ第1の質問に関する質問だったのである。つまるところ、第2の質問と第1の質問とが相互に言及しあって自己言及状態になっているわけで、典型的なクレタ人状態といえる。自己言及の結果を論理的に辻褄合わせすることにより、「外界に関する任意の事柄について真なる情報を得られてしまう」かのような錯覚を生じさせるメカニズムについては、015【クレタ人／プライアーのパラドクス】を参照。ミニアックにおいても同様に、「単に論理的辻褄合わせをするだけでは、外界の様子を知ることはできない」という、当り前といえば当り前の教訓を読み取ることができるだろう。

　　　　　　　　　Mackie, J. L. *Truth, Probability and Paradoxes*（Clarendon, 1973）

017
偶然的パラドクス
contingent paradoxes

LEVEL 2 2 3 3

　S「2003年1月16日に私が書いた文はどれも真でない」

　この文Sは別に問題ないように見える。その語っている内容は、矛盾でも不合理でもない。たとえば、2003年1月16日に私が書いた文が

「無理数と無理数を足すと必ず無理数になる」「円周率は2に等しい」「飛んでいる矢は止まっている」の3つだとすれば、どれも偽であり、したがって、Sの述べているとおりであり、Sは真になる。

1 さてしかし、Sそのものを私が2003年1月16日に書いたのだとすればどうだろう。Sは、真だろうか、偽だろうか。

答え◎場合分けをして考えねばならない。

　場合1. 　私が2003年1月16日に書いた文はSだけでなく、他にもたくさんあるとしよう。すると、

　　場合1-a 　2003年1月16日に私が書いたS以外の文の中に真なる文が1つでもあるならば、Sは偽である（015【クレタ人／プライアーのパラドクス】参照）。

　　場合1-b 　2003年1月16日に私が書いたS以外の文の中に真なる文が1つもないならば、Sが真か偽かは、Sが真かどうかによって決まる。Sが真ならば、Sを真でないと言っているSは偽。Sが真でないならば、Sの内容は否定され、Sが真でなければならなくなる（同日の他の文はすべて真でないのだから）。矛盾である。Sは真とも偽ともいえない。

　場合2. 　私が2003年1月16日に書いた文はSだけだとしよう。この場合は、「2003年1月16日に私が書いた文はどれも」という句はSひとつだけを指すので、Sは「この文は真でない」という意味になる。これは嘘つきのパラドクスだ。真ならば真でないし、真でないなら真である。結局、真でもなく偽でもない。

　どの場合も、Sは、真ではない。偽か、真偽なし（パラドクス）か、どちらかである。

2 　実は、Sを含めこの017【偶然的パラドクス】の項目の全文を、私は2003年1月16日に書いている。さて、Sは偽だろうか、パラドクスだろうか。

答え◎この【偶然的パラドクス】の項目には、私は真なる文をいくつも書い

ているはずである（具体例は改めて挙げませんが）。よって、**1**の解答の「場合1-a」に該当するので、Sは、偽である。パラドクスではない。

Sのように、語っている内容そのものは矛盾でも何でもないが、現実世界の偶然的なあり方によって（Sはたまたま2003年1月16日に書かれ、その日に他に真なる文が1つも書かれなかったという事情が成り立てば）パラドクスになってしまう文を、「偶然的パラドクス」と呼ぶことができる（015【クレタ人／プライアーのパラドクス】参照）。それに対して、「この文は真でない」のような文は、外の世界がどうであれパラドクスに陥るので、「必然的パラドクス」と呼んでよいだろう。

---

018 自己反例的パラドクス
self-counterexemplifying paradoxes

LEVEL A3 I2 T3 Z3

A「この本は、英語で書かれている」
B「このページには何も書かれていない」
C「この文は何も断定していない」
D「この本にはこの本自身を指す単語は出てこない」
E「誰もこの文を目にしたことがない」
F「この世には何もない」
G「決して、という言葉はこの本では絶対に表記されません」
H「決して、という言葉はこの本では決して使われません」
I「決して、という言葉はこの本では絶対に使われません」

これらは、自分が述べている事柄にあてはまらない具体例の1つとして、自分自身が提示されてしまっている点で、「自己反例」となっている。

A～Hはそれぞれ、「パラドクス」ではない。自分の存在が自分の主張を裏切っている点で、単に偽なる主張である。さてそれでは、A～Hを、「偶然に偽」（真であることもありえた）と、「必然的に偽」（真ではありえない）とに区別してください。

答え◎偶然に偽なる文……A，E，I
必然的に偽なる文……B，C，D，F，G，H

解説：A……日本語であるA自身は、英語で書かれたこの本の中に引用された文にすぎなかったかもしれない。この本が英語の本でないのは偶然である。

B……「ここがページであり、かつここには何も書かれていない」という標準の解釈では、必然的に偽。「ここがページであるならば、ここには何も書かれていない」という変則的な解釈（ここがページではなく紙切れや砂の上や石碑である可能性も考慮している場合）も可能だが、普通は考えなくてよいだろう。

C……Cが断定文であることは必然的である。

D……Bと同じ理由で曖昧だが、通常の解釈では、必然的に偽。

E……たとえEが誰にも読まれなくとも、書いた人は必然的に目にしているはず、とも思える。しかしEは猫がキーボードの上を歩いてたまたまできた文かもしれないし、雨漏りでできた模様かもしれない。つまり、Eの述べていることは真でもありえた。

F……Fが現に存在する限り、Fは必ず偽である。

G，H……自己反例であることは明らかなので、必然的に偽。

さて、Iは？　これは、Hとほとんど同じなので「必然的に偽」と分類したくなる。しかし哲学者はここで慎重になる。Iに現われている「決して」は、いわば引用符の中に入ったも同然の用法だから、**使用されているのではなく、言及されているだけだ**、という解釈が可能なのである（可能どころか、実は言語哲学の通説である）。その見方に従うと、Iだけ見ても偽かどうか定かでない。「この本」という場において他に「決して」という語が**使用されていること**が確かめられて初めて、Iが偽だとわかることになるだろう。

019
この本の名は？
what is the name of this book ?

LEVEL **A 3 1 3 2**

1　前問【自己反例的パラドクス】の逆として、「自己例示文」という

のを考えることができる。「この頁には日本語の文がある」「あなたは日本語を読んだことがある」「私は文字を書いたことがある」「私はあなたに語りかけたことがある」……など、いくらでも作れるだろう。自分の述べていることの一例に自分がなっているような文である。さてそれでは、この調子で、「自己回答文」とでもいう文を作ってみてください。つまり、自分自身が自分の答えになっているような質問です。

答え◎例：自己例示文を疑問形にすればよい。ただしイエス・ノーで答える質問にしてはいけない。「この頁には日本語の文がありますか？」「あなたは日本語を読んだことがありますか？」等々は、自分自身が解答になっていないからダメなのだ。むしろこうすべきである。「この頁に書いてある日本語にはどういうものがありますか？」「あなたはどんな日本語を読んだことがありますか？」等々。

その他に、「質問とはどういう文のことですか？」「あなたが今考えているのはどんなことですか？」「私はあなたに今何を問いかけていますか？」等々。

むろん、大多数の普通の質問は、自分の答えになる質問ではない。「空はなぜ青いの？」「あなたはけさ何を食べた？」「明日うかがう予定になっていましたっけ？」「最小の素数とは何？」……質問というものは、普通は、自分自身の存在が自分の答えになることはない。そういう普通の質問を「標準的質問」と呼ぼう。標準的でない、自己回答する質問を「変則的質問」と呼ぼう。

さて、そこで本題だが……、

2 レイモンド・スマリヤンの著書に、『この本の名は？』というタイトルの本がある（邦訳：TBS出版会）。いま、スマリヤンのその本を指して、「この本の名は？」と尋ねた人がいる。彼のその質問は、標準的質問でしょうか、それとも変則的質問でしょうか。

答え◎普通に考えると、「変則的質問」と答えたくなるのではないだろうか。なぜって、質問である「この本の名は？」という言葉自体がスマリヤンの本

の名であり、つまりは正解になっているから。

　しかし、『この本の名は？』について問われた「この本の名は？」という質問は、自己回答していない。なぜかというと、質問がタイトルになることはできないからだ。「この本の名は？」という問いに、「まさにその問いです」と答えるのは的外れである。タイトルは、質問とは異なる機能を果たす言語であり、一個の名詞である。スマリヤン著『この本の名は？』について問われた質問「この本の名は？」は、同音異義語のようなもので、名詞ではなく、だからタイトルではなく、したがって自分の答えにはならない。同じ質問をたまたま「この本のタイトルは？」という形で尋ねていたとしたら、自己回答できないことは明らかだろうが、事情は全く同じである。

　「この本の名は？」という質問は、標準的質問である。本や映画のタイトルは、表記するときに二重カギ括弧『　』で囲んでナマの表現とは異なることを示す慣習があるが、「この本の名は？」という質問とタイトルとは同一でないことをこの慣習が物語っている。

020 ザルクマンのパラドクス
Zalcman's paradox

LEVEL A3 I1 T3 Z2

　019【この本の名は？】の続き。
　今回は、あなた自身でパラドクスを作成していただきましょう。
　あらゆる質問は標準的質問か変則的質問かどちらかである、と言えそうなものですよね。しかし、どうもそうではないらしい。標準的質問とも変則的質問ともいえない質問というものがあるのです。そういう「超・変則的な質問」を挙げてください。

答え◎次のQが正解である。いろいろ言い表し方はあるが、正解はどれもQを言い換えたり修飾したりした質問になるはずである。
　Q「標準的質問の具体例としてはどんなものがありますか？」
　……Qが標準的質問だとすると、Q自身が解答として使える。しかしそうすると変則的質問ということになる。しかし一方、Qが変則的質問だとする

と、やはりQ自身が解答として使える。そうすると、Qは標準的質問の具体例でなければならなくなってしまう。どちらと仮定しても矛盾が生じるのだ。

後で出てくる068【ラッセルのパラドクス】、071【カリーのパラドクス】などに通じる系統のパラドクスである。

　　Zalcman, Lawrence. "I'm Glad You Asked Me That Question" *Analysis* 48.3（1988）

021 語用論的パラドクス
pragmatic paradoxes

A「このページに書かれた文を、見たことがありますか？」
B「このページに書かれた文は、読まないようにしてください」
C「何か質問をしていいですか？」
D「誰もいませんね？」
E「聞こえてませんよね？」
F「私の命令にはしたがわないように」
G「私の言葉の意味がわかりますか？」

　言葉の内容そのものには問題がないのに、言葉の発せられる原因や理由、意図、効果などが、内容との間に奇妙な緊張状態を示している発言というものがある。言語使用者と言語との関係を探る研究分野は「語用論」と呼ばれるので、その種の一連の言説を「語用論的パラドクス」として位置づけることができるだろう。

　語用論的パラドクスは、自分の述べていることを自ら偽としているという018【自己反例的パラドクス】ではなく、「同意」「不同意」のどちらかまたは両方の応答が不適切になるような、異常な文である。本来、コミュニケーションは、同意、不同意のいずれの可能性にもオープンであってこそ健全と言えるのだが、語用論的パラドクスは、そうした正常なコミュニケーションを決して成立させることがない。

　上に挙げたA〜Gは、「はい」「いいえ」のいずれかまたは両方ともが無意味になってしまうような質問ならびに命令である。それぞれ、正常

なコミュニケーションになるよう、言い換えてください（ただしもとの文と同じ情報を相手から引き出せるように）。

答え◎例：A「このページに書かれた文を見た人は、手を挙げてください」（手を挙げる、挙げない、いずれも適切な反応となる）
　B「このページに書かれた文を読んでしまった人は、連絡ください」（連絡する、しない、いずれも適切な反応となる）
　C「質問をさせてください」（質問としての自己矛盾を、命令に変換して解消）
　D「誰かいたら返事してください」（イエス・ノーという不適切な要求を返事の有無という適切な反応の要求に変換）
　E「聞こえていたら返事してください」（イエス・ノーという不適切な要求を返事の有無という適切な反応の要求に変換）
　F「私の命令にしたがわないでくれますか？」（命令としての自己矛盾を、質問に変換して解消）
　G「私の言葉の意味がわかったら手を挙げてください」（手を挙げる、挙げない、いずれも適切な反応となる）

022 相互言及のパラドクス
paradoxes of cross-reference

LEVEL A1 I3 T3 Z2

　　ソクラテス「次にプラトンが述べることは、偽である」
　　プラトン「いまソクラテスの述べたことは、真である」

　この２つの発言は真か偽か？
　この二文システムは、「この文は偽である」という一文で構成された「嘘つきのパラドクス」の変種であることは見て取れるだろう。ソクラテスの発言が真であれば、プラトンの発言は偽となり、プラトンの発言が偽ならば、ソクラテスの発言は偽となり、ソクラテスの発言が偽ならば、プラトンの発言は真であり、プラトンの発言が真ならば、ソクラテ

スの発言は真となり……、とぐるぐる循環して、定位置に落ち着かない。2つの文の「真、偽」の4通りの組み合わせのどれもが、安定した事実に対応できないのである。

さて、2つの文によるこの「相互言及のパラドクス」は、原理的には、3つでも4つでもいくらでも文の数を増やして作ることができる。基本的には同じものだ。しかし、文が1つだけから成る「標準バージョン」と、2つ以上から成る「相互言及バージョン」とでは、パラドクスの意味が異なっている。

いうなれば、相互言及バージョンは、それ自体では、「不完全なパラドクス」なのである。さて、

１ どこが不完全なのだろうか？
２ 完全なパラドクスにするにはどんな条件をつけるべきだろうか？
（「どこが不完全」などと漠然とした問いで申し訳ないが、017【偶然的パラドクス】を参照しつつお答えください……というのがヒントとなるでしょうか。）

答え◎１ 2つの発言、

　　　ソクラテス「次にプラトンが述べることは、偽である」
　　　プラトン「いまソクラテスの述べたことは、真である」

は、ともに「偶然的パラドクス」である。自分自身の語る内容だけでなく、外部がどうであるかによって（ここでは、もう1人が何を語っているかによって）、初めて矛盾を構成するからである。

たとえば、こうであったらパラドクスは生じない。

　　　ソクラテス「次にプラトンが述べることは、偽である」
　　　プラトン「いまソクラテスの述べたことは、偽である」

上の文と下の文のどちらか一方が真で他方が偽であれば、矛盾は生じない。あるいはもっと普通に、

ソクラテス「次にプラトンが述べることは、偽である」
プラトン「世界で２番目に大きな島はニューギニアである」

　これも矛盾は生じない。ソクラテスの発言が偽であるだけのことである。
　上の文が同じものでありながら、下の文が入れ替わることによって、矛盾が生じたり生じなかったりする。つまり、外部世界のあり方によってたまたまパラドクスが生ずるのであり、「偶然的パラドクス」の一種に他ならない。つまり、単独ではパラドクスでない文がたまたま２つ合わさってパラドクスとなったのである。
　さて❷、問題の２人の発言を完全なパラドクスにするための条件は？　そう、ソクラテスの発言「次にプラトンが述べることは、偽である」と、プラトンの発言「いまソクラテスの述べたことは、真である」とが、それぞれ独立に自由に発言されたのではなく、１つの意思によって１つのまとまりとして発言された、つまり相互に参照し合うことを意図して（司会者か誰かがソクラテスとプラトンに頼んで）発言された、というような条件である。たとえば、016【世界最小の電子頭脳「ミニアック」】の第１の質問と第２の質問の相互言及は、ミニアックの使用法によって相互言及となるべく定まっていたので、必然的にして完全なパラドクスと言っていいだろう。

023
循環問答
self-involving exchange

LEVEL A2 I1 T3 Z3

　　問い１「この質問は適切だろうか？」
　　答え１「この答えが適切ならばね」

❶　この問いと答えは、適切だろうか。（「適切」の意味は、適切に理解してください）

答え◎答え１の「ならばね」というのは、この応答形式からすると通常の「ならば」（十分条件）にとどまらず、「のとき、しかもそのときにかぎり」

（必要十分条件）の意味に解すべきものだろう。つまり、問い1が適切であるためには答え1が適切でなければならず、答え1が適切であるためには問い1が適切でなければならない、ということだ。これで打ち切りならば、問い1も答え1も何も語っておらず、適切なコミュニケーションになっていない。

このあと、問い2「で、その答えは適切なのかい？」答え2「その質問が適切ならばね」問い3「で、その答えは……」と延々つづけるパターンも予想されるが、問うべき具体的な内容がどこまでも先送りされるので、適切な問いと答えになっていないことは明らかだ。

もちろん、「適切」の意味にもよるだろう。「適切」が、「文法にかなった発話になっている」という最低限の意味ならば、問い1も答え1も適切である。しかし、問いと答えの本質は文法ではなく内容（意味、機能）にあるはずなので、問い1と答え1は、言葉としては適切でも、問い・答えとしては不適切なのである。

2　しかし待てよ……。

問い1に関して、適切でない、という答えが**1**でちゃんと出たのだな……。

明確な答えが出たのだから、問い1について適切かどうかを問うているこの問い1自身は、正解の確定した問いを問うていたのであり、すなわち「適切な問い」だったのではなかろうか？　確かに私たちの正解は「ノー」だったが、否定的にはっきり正解できる問いというのは、意味があったということ、すなわち適切だったということではないか？

すると……？　自分は適切でない、という答えが正しいような適切な問い、ということになる。適切でない適切な問い。矛盾だ。そんなものは問いとして不適切だ！

しかしそうするとやはり、「不適切」というハッキリした答えの出る問いなのだから、問い1は適切であったことになるのではないか？　いや、だからそうすると矛盾が……、

いったいどうなってるんだ？

答え◎「適切」という概念が曖昧に、2つの意味で使われている。1つの意

味は、「問い１＋答え１の問答現場において問い１が意義を持つかどうか」、もう１つの意味は「問答現場の外から意味づけ作業をした場合に問い１が改めて意義を持てるかどうか」である。第一の意味では、**1**で見たとおり、問い１は「適切」ではない。しかし第二の意味では、現に本書でこのパズルの**ネタになり****この解答**を喚起するという形で意義を持ったので、問いとしての役割を果たした、つまり「適切」だったことになる。２つの「適切」のレベルが異なるので、問い１が「適切でない」かつ「適切である」というのは矛盾ではない。

Rescher, Nicholas. *Paradoxes: Their Roots, Range, and Resolution*（Open Court, 2001）

024
やぎさんゆうびん
discommunication

LEVEL A[2] I[3] T[3] Z[3]

　　しろやぎさんから　おてがみついた
　　くろやぎさんたら　よまずにたべた
　　しかたがないので　おてがみかいた
　　「さっきのてがみの　ごようじなあに」

　　くろやぎさんから　おてがみついた
　　しろやぎさんたら　よまずにたべた
　　しかたがないので　おてがみかいた
　　「さっきのてがみの　ごようじなあに」

　２つの「　」内の質問は、前問【循環問答】と違って、両方とも質問になっている。これも延々と続きそうだ。
　やぎさんどうしのこの「循環問問」に似ているのは次のうちどれだろう？　論理的に（コミュニケーションの構造として）似ている順に並べてみよう。

　　a．「その質問の意味はなんですか？」「その質問の意味はなんです

　　　　か?」……
　b．「どうしてそんな質問をするんですか?」「どうしてそんな質問を
　　　するんですか?」……
　c．「どうしてそんな大声を出すんですか?」「どうしてそんな大声を
　　　出すんですか?」……
　d．「その質問は私にしたんですか?」「その質問は私にしたんです
　　　か?」……
　e．「それって質問ですか?」「それって質問ですか?」……
　f．「それで質問のつもりですか?」「それで質問のつもりですか?」
　　　……
　g．「もう少し大きな声で言ってくれませんか?」「もう少し大きな声
　　　で言ってくれませんか?」……

答え◎【循環問答】が無意味なコミュニケーションだったのに対して、やぎさんゆうびんの問いかけあいは、そもそもコミュニケーションが成り立っていない状況である。2人が対面した状態でやぎさんゆうびんをやると、こうなるだろう。「いまなんて言ったんですか?」「いまなんて言ったんですか?」互いに質問を（質問であることすら）聞き取れていない状況である。

　そうすると、一番似ているのはg．だ。次に似ているのはe．かc．だが、コミュニケーションが成立していない程度が高いほどやぎさんゆうびんに似ているので、相手の質問の具体的内容はおろか内容の**種類すら**理解できていないe．、内容が理解できたかどうか不明のまま相手の質問の物理的存在そのものに反応しているc．の順になるだろう。

　4位以降は、互いの発言の意味内容との関連が薄い順に並べて、d．b．a．f．。

　e．とf．は酷似しているが、順位で大きな開きがある。f．を「それが質問として適切だと思うのですか?」と言い換えてみれば、発言内容が互いに最低限理解されていることは明白であり、e．との違いがはっきりするだろう（ただし、文字通りにでなく皮肉でe．が発言される場合、f．と同じ意味になりうることに注意)。

　　　　　　　　　　　　まどみちお『やぎさんゆうびん』(さ・え・ら書房)

025
嘘つき連鎖のパラドクス
liar chain paradox

　池袋「目白氏の言はウソである」→目白「馬場氏の言はウソである」→馬場「大久保氏の言はウソである」→大久保「新宿氏の言はウソである」→新宿「代々木氏の言はウソである」→代々木「原宿氏の言はウソである」→原宿「渋谷氏の言はウソである」→渋谷「恵比寿氏の言はウソである」→恵比寿「目黒氏の言はウソである」→……→田町「浜松氏の言はウソである」→……→巣鴨「大塚氏の言はウソである」→大塚「池袋氏の言はウソである」
　各人は、一度しか言葉を発していない。そして全員が隣人の言の真偽を判定するコメントを述べて、円環を作っている。

1 全員が、隣人の発言をウソだと言っていることがわかった。パラドクスが生ずる（全員の言がウソともホントとも決められない）のは、どういう場合だろうか。

答え◎特定の人の発言を真と仮定して、順繰りに真偽を決めていったとき、はじめに真と仮定した発言が偽となってしまうような場合がパラドクスである。つまり、この円環が奇数人から成っている場合だ。$-1 \times -1 \times -1 \times …… \times -1 = -1$になる条件と同じと考えてよい。

2 全員の発言内容はわからないが、この円環が偶数人から成っていることがわかった。パラドクスが生ずるのは、どういう場合だろうか。

答え◎-1（ウソ）と1（ホント）を適当に掛け合わせて答えが-1になる場合。つまり、隣人の発言をウソだとコメントしている人が奇数人いる場合である。
　これの特殊な例が、022【相互言及のパラドクス】であったことを確かめてください。

026
ワニはジレンマに悩むべきか？
crocodile's dilemma ?

　ワニが子どもをさらって、食おうとしている。子どもを返してと懇願する母親に向かって、ワニが言った。
　「俺様がこれから何をするか、当てたらこの子を無事返してやろう。当たらなかったら食っちまうからな」
　母親は言った。「あなたはその子を無事返さないでしょう」
　ワニは子どもを食おうと口を開いたが、（ン……、食ったら、この母親の予言が当ったことになるから、食わずに返さなきゃならんのだな）
　そこで食うのをやめて口を閉じかけたが、（ン……、食わずに返しちまうと、予言が外れたことになるから、食わにゃならんな）
　再び食おうとしたが、（ン……、食ったら、予言が当ったことになるから……）
　食おうとしてはやめやめては食おうとし、ワニは永久にパクパクと口を開け閉めして、とまらなくなるのです。
　……というのが、古くからある「ワニのジレンマ」の一般的説明。

1　しかし……、本当にワニは子どもを食うこともできず返すこともできずこわれてしまうしか道はないのだろうか？

答え◎ワニはパクパクとこわれてしまう必要はない。ワニは、論理的に言って、子どもを食っても無事返してもどちらをしてもかまわないのである。

2　なぜでしょう？

答え◎ワニが母親との間に交わした「約束」は、こういうメカニズムになっている。
　「俺様がこの子を無事返さないという予言が真であれば、俺様はこの子を無事返す。偽であれば、この子を食う」

つまりこうである。「この子を返さないならば、返す。返すならば、返さない」

これははっきりと矛盾である。矛盾した約束。つまり約束とは名ばかりで、実は約束とは言えないだろう。ということは、**約束はもともとなされていない**ということだ。

約束がなされていないのだから、ワニは、自分の言葉を守る必要はなく、子どもを好きにしてかまわない。食ってもいいし、返してもいいのだ。

3 ワニの約束の矛盾が母親によって暴かれた。そうした矛盾の余地のあるあまりに一般的な「約束もどき」をしたワニには責任があると言えるだろう。となると、やっぱりワニは母親に子どもを返すべきではないだろうか？

答え◎ワニに責任があることは確かである。ワニは咎められるべきである。しかし、問題の約束もどきに関しては何も義務が発生していないので（だって履行不可能な約束なのだから義務の成立しようがない）、その約束もどきが述べている「子どもを食うか食わないか」については、ワニにどうせねばならないという制約はない。

むしろワニは、約束を破ったかどうかではなく、「実行不可能でありうる約束」をした罪Aという、別のレベルで裁かれるべきなのである。

しかし考えてみると……、「場合によっては実行できなくなる約束」がいけないというのであれば、事実上すべての約束がいかんということになってしまう。「あすハチ公前で4時に」という平凡な約束にしても、あす急に電車がストップしたり、急病になったりして、果たせなくなる可能性はある。そういう約束をした当人は責められるべきなのか？　そんなことはあるまい。ワニの約束も、母親が提示する予言しだいで実行可能にも実行不能にもなる、とは当然予想されることで、これは約束の宿命のようなものだ。約束に関してはワニは悪くない。むしろ、約束を無効化する予言をして相手の契約意思を破壊した母親の方に責任があったのであり、論理的にはワニの罪Aという罪状すら成立しないと見るべきだろう。

三浦俊彦『論理パラドクス』（二見書房）⇒ 008【外れない予言】、047【約束のパラドクス】

027
真実のジレンマ
truth-teller paradox

1 ある人が述べた次の文は真だろうか偽だろうか。

「私が今言っていることはホントである」

答え◎真だとする。すると、言っているとおりのことが成り立つのだから、「私が今言っていることはホントである」。矛盾しない。

次に、偽だとする。すると、ホントであるという主張が偽なのだから、ウソなのだ。矛盾しない。

真だとしても偽だとしても矛盾はない。つまり問題ないということだ。しかし……、この文には何か具合の悪いところがあると考える哲学者は多い。真であっても偽であってもかまわないなどというこの文は、結局、何も述べておらず、無意味だと思われるのだ。支離滅裂な言葉のような無意味さではなく、矛盾していて真偽の評価を許さないという無意味さでもなく、肯定的でありすぎるがゆえに何も限定しない空虚さである。

「私は昨夜新宿にいた」のような普通の発言は、昨夜の発言者の行動や新宿の様子を徹底調査することによって、つまり発言の外部の情報に頼って、真か偽かに決めることが原理的には可能だ。しかし「私が今言っていることはホントである」には外部への参照がまったく含まれていないので、何事も原理的に決まらない。

2 ところで、「私が今言っていることはホントである」という文が偽だとした場合、矛盾が生じないというのは正しいだろうか？ 次のように言う人がいた。

「この文が偽だということは、その文を発言した人がもしも『私が今言っていることはホントではない』と述べていたとしたら、それは真だったことになるはずだ。しかし、「私が今言っていることはホントではない」は、嘘つきのパラドクスであり、正真正銘の矛盾だから、真であるはずがない。そ

うすると、「私が今言っていることはホントである」が偽である（ホントではない）という仮定は不合理ではないか。つまりそれは、真でしかありえないのだ！」
　しかしこういう内容のない文が絶対に真だなどということがあるだろうか。推論がどこか変だったのでは？

答え◎現実の発言Ｓ「私が今言っていることはホントである」を偽だと仮定するとその否定文が真となるはず。その通りだ。しかしそこから矛盾は出てこない。
　もしも「私が今言っていることはホントではない」と述べたとして、その文をＴと名づけよう。Ｔは、Ｓの否定ではない。つまり、現実の「私が今言っていることはホントである」を否定した文ではない。反実仮想の中の、全く別の文である。「私が今言っていること」という句が指し示す対象が、Ｓの場合はＳの内容を持ったＳ自身だし、Ｔの場合はＴの内容を持ったＴ自身だ。ＳとＴは主語が別々のものを指しているので、相互否定の関係にはない。Ｔが矛盾した文だというのは、Ｓとは無関係の事柄である。

　　　　　📖 三浦俊彦『論理パラドクス』（二見書房）⇒ 002【文の否定】

第3章
論証のアポリア
獰猛なリクツの飼いならしかた

028 プロタゴラスの契約
contract of Protagoras

1 弁護士に弁論術を教える教師プロタゴラスが、生徒を集めるため、募集広告に次のような契約を書いた。

「当方、弁論術の教え方に絶対の自信あり。わが弁論術を身につければ裁判で負けることは絶対ありません。1年間のコース終了後、生徒が最初に経験する裁判でもし負けるようなことがあったならば、授業料は全額お返しいたします」

弁論教室は繁盛した。1年間の授業が終了したところで、生徒の中で最も優秀なユーアトルスが、裁判を起こした。訴えた相手は師のプロタゴラス。今までの授業料を全額返還することを要求したのである。

ユーアトルスの申し立てはこうだ。「この裁判でもし私が勝てば、判決により、授業料は返還されねばなりません。もし私が負ければ、契約により、授業料は返還されねばなりません。いずれにしても、授業料は

返還されるべきです」
　授業料を返したくないプロタゴラスは言い返した。「もし彼が負ければ、判決により、私は授業料を返還しなくてよい。もし彼が勝てば、契約により、私は授業料を返還しなくてよい。いずれにしても、授業料は返還しなくてよいのだ」
　裁判所はどのような判決を下すべきだろうか。

答え◎ユーアトルスの申し立ても、プロタゴラスの言い分もどちらも正しい。しかし両立させることは不可能である——少なくとも不可能のように見える。両立可能にする手立てがあるならば、それに従うのがよいだろう。

　契約はこう述べている。「生徒が今後最初の裁判で負けたならば、授業料は全額お返しします」——そう、負けた**ならば**、である。負けない場合のことは何も言っていない。ということは、負けない場合、つまりユーアトルスが勝った場合には、授業料に関してどうなろうとかまわないということである。つまりプロタゴラスの自由である。論理的にはそれが契約の内容だ。

　さて他方、判決としてはどうか。ユーアトルスが勝った場合には、授業料返還が求められる。負けたならば、授業料は返還されなくてよい。もっと具体的に言うと、どうでもいい。プロタゴラスの自由ということだ。

判決	ユーアトルスの勝敗	契約
返還せよ	勝ち	プロタゴラスの自由
プロタゴラスの自由	負け	返還する

　これで、判決がどうあるべきかがわかる。そう、「返還せよ」とすると、つまりユーアトルスの勝訴とすると、契約上プロタゴラスの自由となるわけだから、返還したくないプロタゴラスの立場と衝突する。一方、判決を「プロタゴラスの自由」とすると、つまりユーアトルスの敗訴とすると、プロタゴラス自身が決めた契約（自由に決めた契約）により、授業料は返還されることになるだろう。ここに矛盾はない。

　ユーアトルスの敗訴というのは「返還しなくてよい」という判決であって、「返還してはならない」というものではないことに注意しよう。「返還しなく

てよい（プロタゴラスの自由）」という判決は、プロタゴラスが契約にもとづいて授業料を返還することを禁じてはいない。

　こうして、裁判所は、ユーアトルスの申し立てを却下すべきである。ただしその結果、契約によって（判決によってではなく）プロタゴラスは授業料を返還しなければならない。

2　プロタゴラスの契約が次のようなものだったとしよう。

　「当方、弁論術とその教え方に絶対の自信あり。授業料は無料。正確には後払い。1年間のコース終了後、生徒が最初に経験する裁判で勝てたならば、授業料を支払っていただきます」

　弁論教室は繁盛した。1年間の授業が終了し、生徒がみな訴訟に勝つという大好評。しかしその中で、最も優秀な生徒だったユーアトルスはいっこうに裁判に携わろうとしない。さては弁論術だけ学んで弁護士の仕事をする気がないのかと、プロタゴラスはユーアトルスを相手取って授業料支払いの訴訟を起こした。

　プロタゴラスの申し立てはこうだ。「この裁判でもし彼が負ければ、判決により、授業料は支払われねばならない。もし彼が勝てば、契約により、授業料は支払われねばならない。いずれにしても、授業料は支払われるべきなのだ」

　授業料を払いたくないユーアトルスは言い返した。「もし私が勝てば、判決により、授業料は支払わなくてよいのです。もし私が負ければ、契約により、授業料は支払わなくてよいのです。いずれにしても、授業料は支払わなくてよいのです」

　裁判所はどのような判決を下すべきだろうか。

答え◎プロタゴラスの申し立ても、ユーアトルスの言い分もどちらも正しい。しかし両立させることは不可能である──少なくとも不可能のように見える。両立可能にする手立てがあるなら、それに従うのがよいだろう。

　契約はこう述べている。「生徒が今後最初の裁判で勝てたならば、授業料をいただきます」──そう、勝った**ならば**、である。勝たない場合のことは何も言っていない。ということは、勝たない場合、つまりユーアトルスが負

けた場合には、授業料に関してどうなろうとかまわないということである。つまりユーアトルスの自由。論理的にはそれが契約の内容だ。

さて他方、判決としてはどうか。ユーアトルスが負けた場合には、授業料支払いが求められる。勝ったならば、授業料は支払わなくてよい。もっと具体的に言うと、どうでもいい。ユーアトルスの自由ということだ。

判決	ユーアトルスの勝敗	契約
支払え	負け	ユーアトルスの自由
ユーアトルスの自由	勝ち	支払う

これで、判決がどうあるべきかがわかる。そう、「支払え」とすると、つまりユーアトルスの敗訴とすると、契約上ユーアトルスの自由となるわけだから、支払いたくないユーアトルスの立場と衝突する。一方、判決を「ユーアトルスの自由」とすると、つまりユーアトルスの勝訴とすると、ユーアトルス自身の納得した契約（自由な契約）により、授業料は支払われることになるだろう。ここに矛盾はない。

ユーアトルスの勝訴というのは「支払わなくてよい」という判決であって、「支払ってはならない」というものではないことに注意しよう。「支払わなくてよい（ユーアトルスの自由）」という判決は、ユーアトルスが契約にもとづいて授業料を支払うことを禁じてはいない。

こうして、裁判所は、プロタゴラスの申し立てを却下すべきである。ただしその結果、契約によって（判決によってではなく）ユーアトルスは授業料を支払わなければならない。

3 契約が次のようなものだったとしよう。

「当方、弁論術とその教え方に絶対の自信あり。1年間のコース終了後、生徒が最初に経験する裁判で負けたならば、そしてその場合にかぎり、授業料を返還いたします」

裁判所はどのような判決を下すべきだろうか。

答え◎1の契約に、「そしてその場合にかぎり」という一句が付いている※。

この但書きにより、**1**の答えの表は次のように変更されることになる。

判決	ユーアトルスの勝敗	契約
返還せよ	勝ち	返還しない
プロタゴラスの自由	負け	返還する

　これで、判決がどうあるべきかがわかる。そう、「返還せよ」とすると、つまりユーアトルスの勝訴とすると、契約上返還しない定めだったわけだから、矛盾する。一方、判決を「プロタゴラスの自由」とすると、つまりユーアトルスの敗訴とすると、プロタゴラス自身の決めた契約により、授業料は返還されることになるだろう。ここに矛盾はない。
　重要な但書きが付加されたが、結果は**1**と同じ。裁判所は、ユーアトルスの申し立てを却下すべきである。ただしその結果、契約によって（判決によってではなく）プロタゴラスは授業料を返還しなければならない。

　　※「ならば」が十分条件であるのに対し、「ならば、そしてその場合にかぎり」は必要十分条件である。023【循環問答】で見たように、文脈（発話の流れ）によっては、この必要十分条件を単に「ならば」と言い表わすこともある。

4　契約が次のようなものだったとしよう。
　「1年間のコース終了後、生徒が最初に経験する裁判で勝ったならば、そしてその場合にかぎり、授業料を支払っていただきます」
　裁判所はどのような判決を下すべきだろうか。

答え◎2の契約に、「そしてその場合にかぎり」という一句が付いている。この但書きにより、**2**の答えの表は次のように変わることになる。

判決	ユーアトルスの勝敗	契約
支払え	負け	支払わない
ユーアトルスの自由	勝ち	支払う

これで、判決がどうあるべきかがわかる。そう、「支払え」とすると、つまりユーアトルスの敗訴とすると、契約上支払わない定めだったのだから、矛盾する。一方、判決を「ユーアトルスの自由」とすると、つまりユーアトルスの勝訴とすると、ユーアトルス自身の納得した契約により、授業料は支払われることになるだろう。ここに矛盾はない。
　重要な但書きが付加されたが、結果は❷と同じ。裁判所は、プロタゴラスの申し立てを却下すべきである。ただしその結果、契約によって（判決によってではなく）ユーアトルスは授業料を支払わなければならない。

❺　プロタゴラスのこの授業料の逸話は、判決がどちらに転んでも矛盾が生ずる「パラドクス」の代表例としてしばしば紹介される有名な問題だが、❶〜❹で見たように、実はどのバージョンをとっても１つの答えが定まる。つまり「プロタゴラスの契約」は、純然たるパズルであって、決してパラドクスではないのである。
　それでは、裁判が双方から申し立てられていたとしたらどうだろう。授業料は全額第三者に預けられていて、それをどちらが取るかを争っているのである。そして契約はもともとこうなっていた。
　「１年間のコース終了後、生徒が最初に経験する裁判でもし勝ったならば、授業料は師のもの、もし負けたならば、授業料は生徒のものとします」
　裁判所は授業料の帰属をどちらかに決定しなければならない。❶〜❹のような「当事者の自由」という判決の余地はないのである。

判決	ユーアトルスの勝敗	契約
ユーアトルスに帰属	勝ち	プロタゴラスに帰属
プロタゴラスに帰属	負け	ユーアトルスに帰属

　第三の判決、つまり「引き分け」という可能性は許されていないものとしましょう。するともはやパズルではなく、本当のパラドクスに陥っていそうに見えるが——、はて、何か解決があるだろうか？

答え◎この状況ではたしかに、判決がどちらに下されても、契約とは矛盾す

る。ただし、この矛盾が深刻なものであるためには、次の前提Ｓが必要であることに注意しよう。

　Ｓ　「契約は、守られなければならない（判決は、契約を尊重しなければならない）」

　この前提Ｓには疑問の余地がある。世の中にはいろんな「契約」がある。あまりにバカげた契約は尊重する必要はないのではなかろうか。たとえば、「隅田川の河童と結婚できなかった場合は逆立ちして火星を一周します」と契約したとしても、そんな契約は尊重するに値しないだろう。
　そう考えるとプロタゴラスの授業料に関する契約も、ある状況では守りようのない契約だったことがわかる。法律との間で矛盾を生じさせる可能性を持っていたプロタゴラスの契約はもともと不合理な契約であり、不合理な契約は法律的に言って無効であり、守られる必要はないからである（そもそも「契約」であるとすら認められまい。026【ワニはジレンマに悩むべきか？】を参照）。
　すると正解はさしあたり、「どちらの判決も正しい（判決は契約と矛盾していてよい）」ということになろう。つまり裁判官は、契約を気にすることはない。授業料がどちらに帰属するものと裁定しても、論理的にいって間違いではないのである。
　ただし、そうであるならば、実際に授業が１年間行なわれたという事実に鑑みると、授業料は支払われるべし、とするのが妥当だろう。どちらに転んでもよい中で選ぶなら、これしか判断材料がないからだ。この判断は論理による判断ではなく、常識あるいは倫理による判断である。したがって、法律は単なる論理ではなく倫理的な考慮も重要だとするならば、判決はこうであるべきだ。
　「授業料は、プロタゴラスに帰属するものとする」

📖 Mackie, J. L. *Truth, Probability and Paradoxes*（Clarendon, 1973）

029
真理の人間尺度説
anthropocentrism of truth

　前問【プロタゴラスの契約】に引き続いて、プロタゴラスの言葉とされる有名な、そう、哲学史上最も有名な言葉の一つ「人間は万物の尺度である」を検討してみましょう。
　まず次の論証をジックリ見てください。

前提1　真と偽は、文だけが持つ性質である。
前提2　文は、人間の言語で作られている。
前提3　人間が存在しなければ、人間の言語は存在しない。
　　中間帰結　　　人間が存在しなければ、真も偽もない。
　　　　　　　　　　　　　　　　　　　　（前提1，2，3により）
結論　　人間がいなければ、真理はない。（中間帰結により）

1　この結論は、いわゆる「真理の人間中心主義」とか「真理の人間尺度説」とか呼ばれるものである。たいていの人は次のように考えるのではないだろうか。「人間がいなければ真理はない……？　でも本当は、人間がいようがいまいが真理はあるよな。生物が人間まで進化してない時代だって地球は回っていたわけで、人間が言語で述べようが述べまいが地球が回ることは事実であり真理だよな」
　このような真理の客観主義、「真理の実在論」の方を前提して生活するのが私たちにとって普通である。科学の基盤もそれだ。
　けれども上の論証は、結論として、真理の人間尺度説が正しいことを導き出している。すると、論証のどこかに欠陥というか、少なくとも説明を要するところがあるはずだ。私たちの常識とこの論証の結論との衝突を解決するにあたって、この論証を見直すためのチェックポイントがいくつあるか、可能なかぎり全部書き出してみてください。

答え◎まず真っ先に考えられるのは、前提のどれかが間違っているのではな

いか、ということだろう。こうして、次のようなチェックポイントが列挙できる。

　チェックポイント1「前提1は偽ではないか」
　　　　　　　　2「前提2は偽ではないか」
　　　　　　　　3「前提3は偽ではないか」

　しかしこれだけではない。推論のステップに間違いがあるのかもしれない。こうして、次のチェックポイントが登録される。

　チェックポイント4「前提1〜3から中間帰結は導けないのではないか」
　　　　　　　　5「中間帰結から結論は導けないのではないか」

　さらには、次の可能性を忘れてはならない。

　チェックポイント6「結論は真なのではないか」

　6は、チェックされるべきはこの論証ではなくむしろ私たちの常識の方ではないか、「真理は客観的である」という思い込みが間違っているからこそこの論証がパラドクスに**見えるだけ**ではないかという反省である。

2　これでチェックポイントが揃った。容疑者は6人。複数犯ということもありうる。さあ、どれが犯人ですか？

答え◎この例は、📖から（少し変えて）とってきたものだが、そこではなぜかチェックポイント1、2、3しか論じられていない。論証が間違っていたり結論が実は真だったりするのは単なる「錯覚」や「誤解」にすぎず「パラドクス」とは言えない、とも明言されている。しかしそれは不適切な見方だろう。予め問題点のありかを制限するオーディションが開かれたわけではないからだ。パラドクスの多くは自然現象であり、人間の論理的思考という自然界における異常気象である。その性質を前もって規定できるはずがない

(現に本書の中でここまで、論証そのものに欠陥のあるパラドクスがいくつ出てきたかを思い出してみよう)。

ただし本問に限って言えば、論証に欠陥はない。論理学用語で言うと、チェックポイント4は「定言三段論法」、5は「連言除去規則」という正しい規則にのっとっている。したがって4，5は容疑者リストから早々に除外しておこう。

さて、チェックポイント1は有力容疑者だ。「真と偽は、文だけが持つ性質である」という前提1は、言い過ぎに感じられる。真、偽というのは、文だけではなく、思考とか通信とか記号とか、いわゆる「情報」一般が持つ性質ではないだろうか。

そこでこの論証の「文」を「情報」と書き換えてみよう。前提1「真と偽は、情報だけが持つ性質である」——これはいまや真だろう。しかし今度は前提2「情報は、人間の言語で作られている」というのが怪しくなる。ミツバチのダンスや、蜜の存在を示す花の色なども、れっきとした情報だからだ。

そこで今度は、人間のみならずアリやミツバチのような、目的らしきものを抱いて信号をやりとりする生物まで話を広げてみよう。「人間」→「生物」、「言語」→「信号」とさらに書き換えを増やしてみるのだ。すると論証はこうなる。

前提1　真と偽は、情報だけが持つ性質である。
前提2　情報は、生物の信号で作られている。
前提3　生物が存在しなければ、生物の信号は存在しない。
　　　中間帰結　　　生物が存在しなければ、真も偽もない。
結論　　生物がいなければ、真理はない。

ここまで修正すると、「真理の生物尺度説」ができる。「人間尺度説」よりも慎ましくなっているが、まだ疑わしい説には違いない。生物が誕生する前の宇宙には、真理はなかったというわけだが、生物のいない宇宙においても「地球は太陽のまわりを回っている」という真理はやはり成り立っていたのではないだろうか。

3 それでは論証（改訂版）のどこがまだ問題なのでしょう？

答え◎前提２「情報は、生物の信号で作られている」というのが一番怪しいかもしれない。生物でなくても、重力でも光でも、因果関係で何か運動が伝われば、情報が伝わったといえるのではないか。そこで次のように書き直したらどうだろう。

 前提１ 真と偽は、情報だけが持つ性質である。
 前提２ 情報は、物質の因果関係で作られている。
 前提３ 物質が存在しなければ、物質の因果関係は存在しない。
  中間帰結 物質が存在しなければ、真も偽もない。
 結論 物質がなければ、真理はない。

　これは「真理の物質尺度説」である。ここまでくると認めてもよいのではないだろうか。いや、それでも問題は残りそうだ。かりに物質が１つもなくたって、「１たす１は２」は真理ではないだろうか？　「物質が存在しない」は真理ではないだろうか？　「物質は存在する」は虚偽ではないだろうか？　つまり、「物質がなければ真理はない」という結論は依然として疑わしいというか、間違っているように感じられるでないか。
　そう——もともとの論証の問題点は、前提１、２、３のどれかが偽だから語句を修正することで真なる結論を回復できる、というようなものではなかったことがこれで判明する。

4 ということは、前提１、２、３には欠陥はないのだろうか？

答え◎前提１は「真と偽」をセットにして述べていた。そう、そもそも「真」が成立するためには、その対立物である「偽」が必要だろう。真理の成立のために必要なのは「生物」や「物質」というよりも、むしろ「虚偽の可能性」の方なのだ。
　「虚偽」というものが成立するためには、記号の意味と実在の有様がそれぞれ**別個**に成立して、その両者が一致しているかどうか照合できなければならない。するとやはり、「言語」があって初めて、真と偽が成立する。そし

てミツバチのダンスを単なる「反応」ではなく「意味を持つ言語」と捉える見方が一種の擬人法であるとすれば、「人間の言語」を基準とするもともとの前提1、2、3は、案外正しかったということがわかる。(なお、「人間」の存在のためには「生物」「物質」の存在が必要だろうから、当然、「生物尺度説」「物質尺度説」の前提1、2、3も真だ。「人間尺度説」より控えめなことを述べているのだから当然である。)

5 サテそれでは、「真理の人間尺度説」の論証の本当の問題点はどこだったのか？

答え◎問題はない。前提も結論も真なのである。
　「真理」は、人間（または同等の知性的存在）がいなければ成立しない。「真理の人間尺度説」は正しい。つまり、チェックポイント6「結論は真なのではないか」が正解である。
　納得できない人も多いだろう。そういう人は、結論を、次のような命題として読んでしまっているのではないだろうか。
　「人間がいなければ、事実はない」
　これは明らかに誤りである。「事実」は「真理」とは違って、成り立っている出来事すべてを指す概念である。人間がいなくても、「地球は回っている」「1たす1は2」「物質はある」等々の事柄は事実であり、「地球は静止している」「1＋1は5」等々は事実でない。人間が言語によって事実を意味していればその言語表現は真に、事実でないことを意味していれば偽になるわけだ。
　「人間がいなければ、真理はない」と言われて過剰反応するのは、**真理と事実を混同しているから**である。「人間がいなければ、事実はない」とはとてつもない人間中心主義であり大問題だが、「人間がいなければ、真理はない」には別段何の不都合もない。真と偽の成立のためには、言語の意味と事実との一致・不一致が必要である。言語に先立って成立している「事実」を素材として、言語とともに初めて「真理」が成立するのである。

　　　　Rescher, Nicholas. *Paradoxes: Their Roots, Range, and Resolution*（Open Court, 2001）

030
例外のパラドクス
exception paradox

S「いかなる一般命題にも例外がある」

　一般命題とは、「いかなる△△も◎◎」という形の命題だから、Sそのものが一般命題である。すると、Sにも例外があるということか？　しかし例外があったんじゃSの言い分はそもそも……、なんとなくパラドクスめいた匂いがするではないか。
　（「いかなる規則にも例外がある」という表現の方が馴染み深いでしょうが、「いかなる規則にも例外がある」という文自身は、厳密には「規則」や「法則」を表現しているとは言いがたいので、パラドクス臭を出すには不適格です。そこで、馴染みの薄い表現で申し訳ありませんが、「一般命題」というコトバを使わせていただきます。）
　さて、落ち着いてやってみよう。省略せずに書くと、次のような論証を構成できるだろう。

仮定（S）　　　「いかなる一般命題にも例外がある」
　中間帰結１　　Sは真である。（仮定が主張していることの言い換え）
前提１　　　　Sは一般命題である。
　中間帰結２　　Sには例外がある。（仮定，前提１より）
　中間帰結３　　Sは例外がある一般命題である。
　　　　　　　　　　　　　　　　　（前提１，中間帰結２より）
前提２　　　　例外がある一般命題は真ではない。
　中間帰結４　　Sは真ではない。（中間帰結３，前提２より）
結論　　　　　Sは真であり、かつ真でない。（中間帰結１，４より）

　こうして、矛盾が生じてしまった。どこがおかしかったのだろう。

１　この論証に欠陥があるとしてその候補をまず数え上げてみよう。チ

ェックポイントがいくつあるかをすべて書き出してください。（前問【真理の人間尺度説】の**1**の要領で）

答え◎チェックポイントは8個ある。
1　「仮定から中間帰結1は出てこないのでは？」
2　「前提1は偽なのでは？」
3　「仮定、前提1から中間帰結2は出てこないのでは？」
4　「前提1、中間帰結2から中間帰結3は出てこないのでは？」
5　「前提2は偽なのでは？」
6　「中間帰結3、前提2から中間帰結4は出てこないのでは？」
7　「中間帰結1、4から結論は出てこないのでは？」
8　「結論は真なのでは？」

2　チェックポイント1〜8のうち、問題なさそうなものから消去してゆこう。残ったものがパラドクスを作った犯人である。

答え◎最初に、ポイント8は消していいだろう。「いかなる一般命題にも例外がある」というのが「真でありかつ真でない」などというのは考えられない。そもそもいかなる命題も「真でありかつ真でない」ことはありえない。結論ははっきり矛盾であり、このような結論をそのまま認めてよいはずがない。

次に、ポイント2と5も、消してよいと思われる。前提1「Sは一般命題である」はまぎれもなくその通りだし、前提2「例外がある一般命題は真ではない」も文句のつけようがない。「すべての犬は吠える」と述べておいて、吠えない犬を紹介されてもなお「私の言い分は真だ」と言い張っても通用しないだろう。例外が見つかったら、一般命題ははっきり偽である。

ポイント4も消すべきだろう。前提1と中間帰結2から中間帰結3が出てこないはずはない。「aはFである」と「aはGである」から、「aはFでありかつGである」が導かれるというのは、論理学で「連言導入規則」と呼ばれる基本法則である。中間帰結3「Sは例外がある一般命題である」は、「Sは一般命題でありかつSには例外がある」を縮めたものだから、前提1と中間帰結2を「かつ」で結んだだけと認められる。

同じ理由で、ポイント７もＯＫ。こちらは露骨な「連言導入規則」にすぎない。
　さて、ポイント３もどうやら無罪だ。仮定と前提１から中間帰結２が出てくることは間違いなかろう。「いかなるＦもＧである」と「ａはＦである」から「ａはＧである」が導かれるというのは、論理学で「定言三段論法」と呼ばれる基本法則である。
　同じ理由で、ポイント６もクリア。中間帰結３、前提２から中間帰結４が出てくるのは、ポイント３と同じ「定言三段論法」によることをご確認いただきたい。

3　こうして残ったのは……ふむ、ポイント１か！　ポイント１が犯人？　そうなのか？

答え◎ポイント１はこうなっている。

　　仮定（Ｓ）　　　いかなる一般命題にも例外がある
　　中間帰結１　　　Ｓは真である（仮定が主張していることの言い換え）

　これは実は、マズくない。仮定Ｓを仮定として認めた以上、そこから導かれる結論は前提に加えてよい。そしていかなる文も、暗に「自分は真である」と主張しているはずで、中間帰結１はその主張をＳから抽出しただけである。つまりポイント１もシロなのだ。

4　はて、そうするといったい何だったんだろう、パラドクスの原因は。

答え◎チェックポイント０というべきものとして、実は次のようなチェックポイントが潜んでいた。

　　０　「仮定Ｓは偽なのでは？」

　　Ｓ　「いかなる一般命題にも例外がある」という仮定が偽ならば、すべて辻

褄が合う。

　この仮定Ｓも結論を導くために用いられているのだから、Ｓが偽ならば、他の真なる前提と合わさって、矛盾が導き出されてしまうのも当然のことだろう。正解は「仮定Ｓが偽である」ということなのだ。これでパラドクスは解決する。めでたしめでたし。

　しかし……、次のように抗議する人がいるでしょうね。

　「なんだぁ？　**1**で『チェックポイントは８個』て言ったじゃないか。なのに実はチェックポイント０が隠れてましたぁ？　８個じゃなくて９個かい、フザケルナ、後から問題を変えるなんて。インチキじゃないか」

　お怒りはごもっともですが、**1**の問題文をもう一度読み返していただきたいのです。

　「この論証に欠陥があるとしてその候補をまず数え上げてみよう。チェックポイントがいくつあるかをすべて書き出してください」

　「この論証に欠陥があるとして」という条件にご注目。つまりこの論証に欠陥が**としたら**どこがチェックポイントになりますか、という問題だったわけですね、さっきまでのは。チェックポイント０は、この論証に**欠陥がない場合**の新たなチェックポイントなのですよ。

　仮定Ｓは、あくまで仮定ですから、真であっても偽であっても、論証の健全性には関わりありません。ちゃんと「仮定」とことわってありますからね。これがもし「前提」と銘打ってあってしかも偽であったら、真なる前提から真なる結論を導くという論証の趣旨を妨げることになり、立派なチェックポイントになる。しかし実際はＳは謙虚にも「仮定」と名乗っていましたからね。論証の「欠陥」の原因にはならないのです。

　というわけで、この「例外のパラドクス」は本当はどういう論証だったのかを見るために、**この論証以外**の部分の欠陥をあぶり出す〈メタ論証〉を構成してみよう。

「例外のパラドクス」のメタ論証

　「Ｓを真だと仮定せよ。すると、真なる前提１、２から結論が導かれる。そして結論は矛盾している。この矛盾をなくすためには、Ｓが真という仮定を誤りとすべきである」

この種のメタ論証を「背理法」と呼ぶ。Ｓの否定が証明されたわけだから、もともとの見かけ上の結論とは別のものが証明できたことになり、論証が一段階別のレベルに移行している。メタ論証であるゆえんである。

こうして正解は、「いかなる一般命題にも例外がある」という一般命題Ｓが偽である、ということだ。これで矛盾は解消された。「例外のパラドクス」は存在しないのである。このミステリーの結末は、「事件は起きていないのだから犯人はいない」でした。

5 **1**で、「この論証に欠陥があるとしてその候補をまず数え上げてみよう」という問いに８個のチェックポイントが列挙されたが、実はそのうち、挙げられる必要のなかったものが１つ含まれている。つまり、チェックポイント０と同じく、論証の欠陥を示す証拠とはならないチェックポイントだ。それは１〜８のうちどれだろうか。

答え◎チェックポイント８。もしこれが犯人ならば、論証には実は欠陥がなかった、ということになる。だから、「欠陥があるとして」という条件にあてはまらない。ポイント８は（**2**で真っ先に除外されたが）考慮する必要がなかったポイントである。ただし、不必要なものまで考慮したからといって、間違いを犯したことにはならない。

6 Ｓ「いかなる一般命題にも例外がある」が単に偽だとすると、Ｓという一般命題そのものには例外があることになるだろうか、ないことになるだろうか。

答え◎Ｓに例外がないとすると、例外がないということは一般命題として真だということに他ならないから、Ｓが偽である以上、例外があるのでなければならない。

こうして、Ｓには例外があることになる。

つまり、「いかなる一般命題にも例外がある」という一般化が及ばない例外的な一般命題がある。つまり、「例外のない一般命題」というものがあるのである。

実際に、Sの例外はいくらでも思いつくことができるではないか。たとえば、「いかなる物質も素粒子でできている」「いかなる素数も5で割り切れない」「18世紀生まれのいかなる人間も死んだ」等々。これらは全く例外のない一般命題だろう。例外がない一般命題がある以上、Sの述べていることは端的に偽なのである。ここに全く矛盾はない。

Rescher, Nicholas. *Paradoxes: Their Roots, Range, and Resolution* (Open Court, 2001)

031 枠の中のパラドクス
box paradox

前問【例外のパラドクス】や015【クレタ人/プライアーのパラドクス】の教訓はこういうものだろう。これを原理Pと呼ぼう。

原理P 「〜〜であるようなすべての文は偽である」という文は、〜〜がこの文自身にあてはまる場合には、偽である。

具体例を見よう。
A 「クレタ人が語ったすべての文は偽である」という文は、それをクレタ人が語ったならば、必然的に偽である。
B 「私が述べたすべての文は偽である」という文は、私が述べた文であるから、必然的に偽である。
C 「いかなる一般命題にも例外がある」つまり「一般命題であるようなすべての文は偽である」という文は、一般命題であるから、必然的に偽である。
D 「この本に書かれたすべての文は偽である」という文は、この本に書かれた文であるから、偽である。
……

これら「〜〜であるようなすべての文は偽である」と述べていてしかも自ら〜〜である文は、自己否定しているがゆえに、真と仮定すると矛盾してしまう。が一方、偽と仮定するとべつに矛盾しない。Aの場合は、

クレタ人の言葉のうち1つでも真なる文があればOKだし、Bは、当人がどこかで真なる文を1つでも述べていればOK。Cは、実際に真である一般命題（例外のない一般命題）があるのでOKだし、Dは、この本に1つでも真なる文が書かれていればOKである。A〜Dは、単に偽なる文ということで矛盾はない。したがってパラドクスではない。ふむ、原理Pは正しそうだ。

　しかしちょっと待っていただきたい。なにか変だな？
　実際に「真なる一般命題」の例（「どのネズミも心臓を持つ」のように）が見つかっているCの場合はともかくとして、A, B, Dは、あくまで仮定に支えられている。実際にクレタ人はウソしか言わなかったら？　私が生涯に発した言葉がもしBだけだったら？　この本に書かれた言葉がDのみならず全部ウソだらけだったらどうなのか？
　そう、A〜Dが偽であることが「論理で証明できた」のだとすると、「クレタ人は真実を言うことがある」「この本は少なくとも1つの真なる文を含んでいる」ことも論理で証明できたことになる（015【クレタ人／プライアーのパラドクス】参照）。それは変だろう。Dの箇所を垣間見ただけで、そう、D以外には1行も読んでいないのに、この本にはホントのことが書いてあるはずだとわかってしまうなんて！
　原理Pの不合理を劇的にするために、次の枠の中を見ていただきたい。

> a．この枠の中のすべての文は偽である
> b．2003年中に火星人の公式な地球訪問がある

　a．は、原理Pにより、偽であるはずである。ということは、この枠の中の少なくとも1つの文は真である。a．は真ではありえない。したがって、残るb．が真でなければならない。なんと、2003年に火星人と会えることが証明されてしまいました。
　むろんこれはばかげている。この調子でどんな文でもb．の代わりに使えるのだから、任意の事柄が真実であると証明できてしまう。「人間は爬虫類である」「12は素数である」だって証明できてしまう。
　ちょっとひねって、b．として「この枠の中のすべての文は真である」

なんてのを持ってきたらどうなのか。a．も真ということか？　偽であってしかも真？

1　こうして、原理Pは正しくないのだ。それでは、どう修正したらいいだろう。次の原理P'を完成させてください。

> P'　「～～であるようなすべての文は偽である」という文は、～～がこの文自身にあてはまる場合には、（　　　　）。

答え◎Cのように、偽であるとはっきり言える場合もあれば、Aのように、常識的にまず間違いなく偽だと言える場合もある（歴史上クレタ人の全員がウソだけを言って通した、ということはまずなさそうだから）。Dのように、偽だと言えない疑いが残る場合もあれば、枠の中のa．のように、偽とすると明らかに不合理である場合もある。つまるところ、正しい原理P'を述べるとしたら、こういうことになる。

> P'　「～～であるようなすべての文は偽である」という文は、～～がこの文自身にあてはまる場合には、真ではない。

真にはなりえない、ということだけが断定できるのである。たいていの場合は「偽だ」と推定できるが、特殊な場合は「真でも偽でもない」つまりパラドクスになるのである。

2　枠の中のb．に適当な文を入れて、パラドクスが生じない例（つまりa．がはっきりと偽になる例）を作ってみてください。

> a．この枠の中のすべての文は偽である
> b．

答え◎枠の中のパラドクスは、022【相互言及のパラドクス】の一般形であり、017【偶然的パラドクス】の特殊形である。パートナーによってパラドクスになったりならなかったりするのだ。パラドクスが生じない例として、次の2通りがある。

> a．この枠の中のすべての文は偽である
> b．ウルトラマンシリーズの放映は1966年に始まった

この場合、a．は偽ということで矛盾なし。b．が真だからである。

> a．この枠の中のすべての文は偽である
> b．売る虎マンフリーズの宝永は1966念に縮まった

この場合もa．は偽ということで矛盾なし。b．が無意味で、偽とすら言えないからである。偽ではない文が枠の中にあるので、a．の述べていることは偽であり、矛盾なく収まっている。

いずれにせよ、a．以外に「偽でない文」がありさえすればよいのだ。

032　確率的嘘つきのパラドクス
probable liar paradox

1　次の命題Sが、正しそうか正しくなさそうかをまず考えてください。

　　S「日本語で述べられた命題のうち、大多数は偽である」

いうまでもなく、Sそのものが日本語で述べられた命題である。さて、Sが正しいと仮定した場合、その仮定のもとでは、命題Sが真である確率は$1/2$より小さい。なぜならば、それこそがSの述べている事柄だからである。S「日本語で述べられた命題のうち大多数（＝半数より多く）が偽である」と**仮定された**以上、**本当は真か偽かまだわからない**命題Sが真である見込みは、五分五分より小さいことになるからだ。

こうして、Sが真であるという仮定のもとでは、Sが実際に真である条件付き確率$< 1/2$。

しかし、確率論の基本公理によれば、いかなる命題も、それ自身を仮

定した場合の条件付き確率は１でなければならない。たとえば、明日東京全域に震度８の大地震があると仮定すると、その仮定のもとでは、東京タワーが倒壊する確率、１万人以上死ぬ確率、などなどが０〜１の範囲でさまざまに評定されるだろうが、「明日、東京全域に震度８の大地震がある」ことそれ自体の確率は、１である。なぜなら、そのことが起こった場合しか考えに入れないのが、目下の条件だからだ。いかなる命題も、**それ自身を仮定した場合の条件付き確率は、１なのである**。このことはＳという命題にもあてはまるはずだ。

　はてしかし、Ｓの場合は、Ｓ自身を仮定した場合の条件付き確率が$1/2$未満でしかありえないことを先ほど見た。Ｓ自身を仮定した場合のＳの条件付き確率＝１＜$1/2$だというのか？　この矛盾の原因はどこにあるのだろう。

答え◎Ｓを「日本語で述べられた命題が真である確率は０である」と変えてみると、015【クレタ人／プライアーのパラドクス】に似てくる。「あるクレタ人は語った、クレタ人の言葉が真である確率は０であると」。この「クレタ人」を「日本語」に変えただけである。Ｓのような「確率的嘘つき」は、確率を０と限定せずに$1/2$以下とか$1/100$とかあらゆる可能性に柔軟に対応できるので、【クレタ人／プライアーのパラドクス】の一般形と言っていいだろう。

　「日本語で述べられた命題が真である確率は０である」は、それ自身を仮定した場合の条件付き確率が０であり、同時に、自分自身を仮定しているから条件付き確率は１である。こうして矛盾が生ずる（ように見える）。ただしもちろん、日本語の真なる命題が１つもないなどということはないので、「確率は０」というＳの言い分はそもそも偽だったのだ、と悟れば、矛盾は消えてしまう。

　しかしここで実際にはＳは、「確率は０」ではなく、「確率は$1/2$未満」と言っている。ここから矛盾が出たからといって、単に「Ｓは偽である」と片づけることはできまい。なぜなら、Ｓは偽としてしまうと「日本語で述べられた命題のうち、$1/2$**以上は真である**」ことが証明されたことになる。しかし、こんな言葉遊びのようなパラドクス１つ説明したことによって「半数以

上の日本語の命題が真である」などという大それたことが証明できてしまうのだろうか。これはいかにも変だろう。「日本語で述べられた命題が真である確率は 0」というのは、反例（真なる日本語命題）を1つでも挙げれば偽だと証明できるが、S「日本語で述べられた命題が真である確率は $1/2$ 未満」が偽だという証明となると、そんな簡単にできるはずがない。

❷ それではどう考えたらよいのだろう。Sという条件のもとでSが真である確率は、$1/2$ 未満なのか、1なのか、どっちなの？

答え◎これは、「条件付き確率」の2つの段階を区別すれば解決するだろう。1つは、与えられた仮定以外には最低限の情報しかない場合の条件付き確率。もう1つは、そこからひとつ情報が加わった段階での条件付き確率である。

はじめの段階では、確率を評価されるべきSについて、「日本語で述べられた命題である」という情報しか自覚されていない。そこに、仮定「日本語で述べられた命題が真である確率は $1/2$ 未満である」が条件として加わると、単に日本語で述べられた命題であるとしか認知されていないSは、真である確率が $1/2$ 未満としか評価しようがない。

しかし第2段階として、Sそのものの内容を振り返ってみると、仮定「日本語で述べられた命題が真である確率は $1/2$ 未満である」と同一の内容であることがわかる。情報が1つ増えるのだ。その情報をも組み込んだ条件付き確率を計算すると、「命題が真である確率は、自分自身を仮定した条件のもとでは、1」という原則があてはまるので、当然、Sが真である確率は1である。

第1段階の条件付き確率は $1/2$ 未満、第2段階の条件付き確率は1。そして、情報が多い段階での条件付き確率の方が尊重されるのが当然だから、「Sという仮定のもとで、Sが真である条件付き確率は $1/2$ 未満ではなく、1」というのが正解となる。

条件付き確率が変化する場合として、自己言及的でない例も考えておこう。R「日本人について述べられた大多数の命題は偽である」という仮定のもとで、T「すべての日本人は血液型A型である」U「すべての日本人は哺乳類である」がそれぞれ真である確率は？　「T，Uは日本人について述べた命

題だな……」程度の漠然とした認識のもとでは、T，Uが真である確率はともに$1/2$未満、としか言えない。しかし次の段階、T，Uの具体的内容を考えて事実と照らし合わせたとき、その条件付き確率はそれぞれ0，1となる。この場合、Rという条件は空虚となり、経験的事実のみが確率を決めるのである。

Lycan, William G. "Most Generalizations are False" *Pacific Philosophical Quarterly* 65（1984）

033 妥当な演繹のパラドクス
valid argumentation paradox

論証R　前提　この論証Rの前提が真ならば、結論も真である
　　　　結論　神は存在する

1 論証Rの前提と結論は、真だろうか偽だろうか。その理由は？

答え◎Rの前提は真だと仮定しよう。すると、前提の述べていること「Rの前提が真ならば結論も真」が成り立つのだから、結論は真となる。つまり、「Rの前提が真だと仮定したら、結論も真」ということになる。ということは、実際にRの前提の言うとおりであり、Rの前提は真なのだ。

他方、Rの前提は偽だと仮定してみよう。すると、前提の述べていること「Rの前提が真ならば結論も真」が成り立たない、つまり「Rの前提が真なのに結論は真でないこともありうる」ことになる。しかしRの前提は偽だと仮定したのに「Rの前提が真なのに……」とは矛盾である。したがって、Rの前提は偽ではありえない。

こうして、《Rの前提は真》であることがわかる。つまり《Rの前提が真ならば結論も真》なのだ。《　》内の2つの事柄が認められた以上、2つ合わせると、「Rの結論は真」ということになる。神は存在する、ということがこれで証明されました。

しかし……？

❷ この議論は、結論に「神は存在しない」を置いても同様に成り立つはずである。いや、どんな文でもかまわないはずだ。好きなことを証明できてしまう。変だ。この論証のどこがおかしかったのだろう。

答え◎論証の前提とは、もともと仮定的な真実を述べたものだ。それがたまたま事実に一致すれば本当の真、事実に一致しない場合は単に仮定的な真ということになる。この「本当の真」「仮定的な真」という２種類の真を区別してみよう。

　Ｒの前提が「本当の真」なら（→が成立するなら）、Ｒの前提から結論が本当に導き出される（↓は妥当である）。Ｒの前提が「仮定的な真」なら、Ｒの前提から結論が本当に導き出される（↓が妥当）とは限らない。この問題が与えられた時点では、Ｒの前提が「本当の真」かどうか（→が本当かどうか）はまだわからないので、確実に言えるのはせいぜい、Ｒの前提は「仮定的に真」ということだ。いくら→を仮定してみても、↓が現実に妥当であることにはならないのである。

　よく見ると、Ｒの前提は、Ｒの構造そのものの「描写」であることがわかるだろう。→が、↓を描写している。その描写が真実どおりかどうか（→が↓と同じ意味であるかどうか）は保証されておらず、Ｒの前提の中の「ならば（→）」はあくまで↓の描写にすぎないので、現実の↓は論証として「仮定的に妥当」とされているに過ぎないのだ。

　論証Ｒの前提でＲ自身が指示されるという「自己言及」があるせいで、「本当の真」「仮定的な真」の２つのレベルの混同が生じたのである。

　　　　　三浦俊彦『論理パラドクス』（二見書房）⇒ 025【ギーチのパラドクス】

---

034 両義的な証拠のパラドクス
equivocal evidence paradox

LEVEL A2 I2 T2 Z3

　あなたは電子掲示板で知り合ったメル友と初めて会うことになった。メールでの自己紹介によると彼は、趣味が囲碁と競馬だという。あなたは知人のネットワークが広く、何千人ものデータがある。その統計によ

れば、囲碁を趣味とする男というのは80％以上は背が低く眼鏡をかけた、オタク的風貌の粘着質である。一方、競馬を趣味とする男というのは80％以上が痩せ型で背が高く、楽天家である。つまりこれまで、囲碁、競馬を含む趣味によって人間を推測し、当たっていた確率が80％以上だったのだ。

あなたは背が高い男が好きなので、今度会うメル友も背の高い男だったらいいなと思っている。あいにく、囲碁と競馬をともに趣味とする男はデータの母集団に１人も含まれていない。というわけで、さしあたり次の２つの推論しか手掛りはないことになる。

推論A　前提１　囲碁を趣味とする男の80％以上は背が低い。
　　　　前提２　彼は囲碁を趣味とする。
　　　　結論　　彼が背が低い確率は80％以上である
　　　　　　　　（背が高い確率は20％以下である）
推論B　前提１　競馬を趣味とする男の80％以上は背が高い。
　　　　前提２　彼は競馬を趣味とする。
　　　　結論　　彼が背が高い確率は80％以上である。

ここから、彼が背が高い確率は80％以上であるとともに20％以下である、という矛盾が生ずる。次のうちどこに問題があるのだろうか。

1．推論A，Bは正しくない。
2．前提１の根拠がない。
3．２つの結論は矛盾していない。
4．その他

答え◎帰納法の原理として、推論A，Bはそれ自体として正しい。また、これまで80％以上当たってきた経験により、前提１の根拠もある。そして、２つの結論ははっきり矛盾している。こうして、正解は４。

「この彼の場合には推論A，Bが適用できない」というのが正解。彼の身長を導き出すのに関連する情報として前提１と前提２しか判明していない、

というのが推論A，Bを正しく適用する条件である。すなわち、推論Aを適用する場合は前提1と「彼は囲碁を趣味とする」だけが関連情報のすべてであること、推論Bを適用する場合は前提1と「彼は競馬を趣味とする」だけが関連情報のすべてであることが必要条件だ。ここでは、その条件が満たされていない。「彼は囲碁を趣味とする」「彼は競馬を趣味とする」の両方ともが関連情報としてわかっている以上、両方を一度に考慮に入れなくてはならない。そして、囲碁と競馬をともに趣味とする男の過去データがない以上、彼の身長については何も導き出せない、というのが現状なのである。

Rescher,Nicholas. *Paradoxes: Their Roots, Range, and Resolution* （Open Court, 2001）

035 大統領は人間にあらず？
probability paradoxes

LEVEL A 3 T 1 1 Z 2

現在の地球上の約60億人の人間のうち、アメリカの大統領はただ1人だけである。つまり、ランダムに選ばれたある個人がアメリカ大統領である確率は約0.0000000017で、ほぼゼロといっていい。すると、次の論証が成り立つのではないだろうか。

論証A　前提1　ある個体が人間であるならば、それはおそらくアメリカ大統領でないだろう。
　　　　前提2　ジョージ・W・ブッシュはアメリカ大統領である。
　　　　結論　　したがって、ジョージ・W・ブッシュはおそらく人間でないだろう。

もちろんこの論証Aは正しくない。しかし正しくない理由はなんだろう。たとえば、帰納的論証として、次の論証は正しいように感じられる。

論証B　前提1　ある個体が人間であるならば、それはおそらくツノを持たないだろう。
　　　　前提2　コウタローはツノを持つ。

結論　したがって、コウタローはおそらく人間でないだろう。

　2つの前提が正しければ、コウタローはおそらく人間ではなく、牛か鹿かサイかカブトムシか、とにかく人間以外のものである確率が高い、という結論が自然に出てきそうだ。（ツノを持つ人間の比率は0.0000000017よりずっと多いだろうけれど）
　論証Bは正しいと感じられるのに、論証Aはなぜ間違いだと感じられるのだろうか。論証Aの出典である📖 の説明はこうなっている。
　「2つの前提からは何も導かれない。仮定により、母集団（サンプル空間）は現在の人類である。したがって、この母集団からランダムに選ばれた個体は残りのものたちと同じく、必然的に人間である。したがって、その個体がアメリカ大統領であるかないかは無関係だ。仮定により、その個体は人間なのである」

1　📖 のこの説明はかなりまずい。というか、全くの間違いである。どこが間違いなのか、説明してください。

答え◎母集団が人類であり、ランダムに選ばれた個体は仮定により必然的に人間である、というのは間違っている。📖 の表記をそのまま引用すると、前提1はこうなる。

　（1）いかなるxであれ、もしxが人間ならば、xがアメリカ大統領である確率＝0.0000000017

　このxに入りうるものの集合が母集団だが、これは何でもかまわない。「**もし**xが**人間ならば**、xが……」と言っているので、xにこの犬やこの机やあの石ころを代入して「この机が**かり**に人間なら、これがアメリカ大統領である確率は＝0.0000000017」等々と述べることは意味をなすのである。

2　それでは、論証Aが明らかに間違っていると感じられるのはどうしてだろうか。

答え◎「ジョージ・W・ブッシュがアメリカ大統領であることを私たちがすでに知っているから」と答えたくなるのではないだろうか。それは正解ではない。

論証Bを私が行なったとして、コウタローとは実は頭蓋骨の特異に発達した人間であることを知っている人から見て、私の論証Bが正しくないと言えるだろうか。コウタローが人間だと知っている立場からしても、やはりこの論証Bは十分合理的であるように思われるのではないだろうか。アメリカ大統領とは何のことか、ジョージ・W・ブッシュとはどこの何であるかを知らないZ氏が論証Aを行なったとしたらどうだろう。それを私たちが見て、自分は事実を知っているからといって、Z氏のやった論証Aを不合理と見なすだろうか。見なせないだろう。

論証Aが間違いである本当の理由は、ジョージ・W・ブッシュが現に人間だからなのではなく、ジョージ・W・ブッシュが「ランダムに選ばれた個体」ではないからだ。ランダムに選ばずに人間の中のアメリカ大統領であるやつを特に狙って持ってきたのだから、前提１の情報が無効となっており、結論も導けなくなっているのである。

それでは、もしも本当にランダムに選ばれた個体がたまたまジョージ・W・ブッシュだったのだとしたら？　その場合、論証Aが適切かどうかは、私たちの背景知識による。具体的には、人間以外にアメリカ大統領であるxがたくさんあるのかどうか、ということだ（*the* American presidentだから人間の中では１人だけだろうが、the tallestなどと同じく、種族ごとに１個ずつアメリカ大統領がいるという可能性も文法的には考えられる）。論証Aが間違いだと診断されるのは、人間以外にはアメリカ大統領であるxは現実にいないことを私たちが知っているからであり、論証Bが正しそうに見えたのは、人間以外でツノのあるxがたくさんいることを私たちが知っているからである。

重要なのは、前提２の主語にくる資格のあるもの（母集団のメンバー）は、人間とは限らない、ということだ。アメリカ大統領の場合は**たまたま**、人間以外のものが主語となると前提２が偽となって論証が成り立たないわけだが、それはあくまでたまたま。いずれ、スーパーコンピュータ人工知能や、遺伝子組換えによる超人間がアメリカ大統領を務める日がくるかもしれない

ではないか。

📖 Bunge, Mario. *Dictionary of Philosophy*（Prometheus Books,1999）

036
推移律のパズル
transitivity puzzle

LEVEL **1 2 3 3**

前提1　Xの右に私がいれば、Xは私の左にある。
前提2　私の右にあるものの右にあるものは、私の右にある。
前提3　私の右に田中氏がいる。
前提4　田中氏の右に伊藤氏がいる。
前提5　伊藤氏の右に中村氏がいる。
前提6　中村氏の右に私がいる。
結論　中村氏は私の左におり、かつ右にいる。
　　　（前提6，1より。かつ、前提3〜5に前提2を繰り返し適用
　　　することにより）

さて、「結論」はちょっと奇妙な感じがする。しかし、前提1〜6を認めれば結論は絶対正しい。結論が奇妙だとすれば、奇妙さをなくすためにどこかを修正しなければなるまい。どこが間違っていたのだろう。

答え◎2通りの答えがある。第一に、全員が円卓についていて一周すると右の右の右の……の右がいつのまにか左になる場合とか、横並びに地球表面を一周取り巻くような場合とかを考えると、前提2が必ずしも成立しない。私から見て円卓の円周 $\frac{1}{3}$ 右にいる人の、さらに $\frac{1}{3}$ 右にいる人は、もはや私の右ではなく、左にいることになるからである。

　もう1つの答え。「右」「左」は、「上」「下」「北」「南」などと違い、外的座標よりも、主体の視点によって決まる方向であることに注目しよう。つまり、「前」「後」と同様、主体の向きによって右左はどうにでも変わるところがポイントである。

　4人の向きが図1のようになっている場合を考えよう。私は中村氏の右に

いるが、中村氏は私の左ではなく、前にいる。もっと極端に図2を考えると、私は中村氏の右にいるが、その中村氏は私の右にいる。前提1は必ずしも成り立たないのだ。

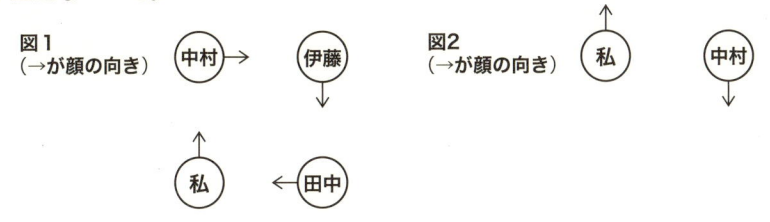

図1
(→が顔の向き) 中村→ 伊藤↓
私↑ ←田中

図2
(→が顔の向き) 私↑ 中村↓

037 NOBODYのパラドクス
nobody paradox

前提1　Nothing is better than parents.
　　　　　　　　　(親よりありがたいものはない)
前提2　100 yen is better than nothing.
　　　　　　　　　(ないよりは100円の方がありがたい)
結論　　100 yen is better than parents.
　　　　　　　　　(親よりも100円の方がありがたい)

　この三段論法は、形式的に、次のような論証にしたがっている。

　　　前提1　A＜B
　　　前提2　B＜C
　　　結論　　A＜C

　Aは「親 (parents)」、Bは「無 (Nothing)」、Cは「100円 (100 yen)」、そして不等号＜は「よりありがたい (is better than)」を表わしている。
　この論証は、「A＜B」「B＜C」→「A＜C」ということで、数学でもお馴染みの「不等号の推移律」にしたがった論証である。しかし、親

がこの上なくありがたいという意味のことを言っていた人が、なぜこんな親不孝な結論を出すことになってしまったのか?
　この論証の根本的な欠陥は、次のうちどれだろうか。

① 前提1がもともと間違っている。その間違いがそのまま結論に受け継がれたのだ。
② 前提2がもともと間違っている。その間違いがそのまま結論に受け継がれたのだ。
③ 前提1と前提2はほぼ正しいのだが、ともに疑わしさを含んでいる。そのわずかな疑わしさが2つ掛け合わされて、結論のような大きな不合理へ増幅されたのだ。
④ 「よりよい」というのは主観的な価値判断である。数学的な不等号と同列に扱うのは間違いだ。「よりよい」に推移律は成り立たないのだ。
⑤ 結論は本当は正しいのだ。だから問題はない。
⑥ その他

答え◎①②③は、それぞれ一理あるかもしれない。しかし、①②③の可能性をつぶすように前提を書き換えることはできる。たとえば、「100円」→「1万円」とすれば、前提2は明らかに正しい命題になるだろう。また、いくら親不孝な人でも、「親」→「命」「愛」「真実」「神」「妻」などなど、自分が一番ありがたいと思うものに書き換えれば、前提1は疑う余地のない真なる命題になるだろう。それでもこの論証は、たとえば「妻には1万円の値打ちもない」といった不合理——真なる前提にはなかった虚偽——を導き出してしまうのである。この線で、⑤も排除できる。
　それでは正解は④か? たしかに④もそれ自体正しいかもしれない。じゃんけんのように、「強さ」という価値は三竦みの関係にあることがしばしばだ。格闘家なども相性というものがあって、Aに勝つCが、Aに負けるBに勝てない、ということが往々にしてある。「強さ」は推移的でないのだ。「よりよい」についても、同じようなことがあてはまるかもしれないだろう。
　だが、これも核心を突いているとはいえまい。「より重い」を考えてみよ

う。この関係は明らかに数の不等号と同じ、推移的関係だろう。にもかかわらず、例の三段論法と同じ形式に従うと、次の論証が成り立ってしまう。(一例)「宇宙より重いものは何もない」「何もないよりは砂粒の方が重い」→「宇宙より砂粒の方が重い」

　これは不合理だ。④が根本的解決になっていない証拠である。では……？
　正解は⑥ということになるが、具体的にはどういうことだろう。
　そう、前提は2つとも正しいし、論証図式も正しいのだが、**前提を論証図式に当てはめることはできない**、というのが正解である。問題の論証を「A＜B」「B＜C」→「A＜C」と翻訳することが間違っていたのだ。「親よりありがたいものはない」は、「親」と「ない」との関係を述べた命題ではない。むしろ、「親」と「任意のもの」との関係を述べた命題である。「任意のいかなるものと比べても、親のほうがありがたい」という意味なのだ。「ない」というのは比較対象を指す名詞ではなく、「親よりありがたいものが存在する、ということはない」と、文の否定を作る副詞に他ならなかったのである。

　表面の文法に惑わされずに本当の意味を掴めるように分析することが哲学の主要課題だと言ってもよい。本問はもともと、日本語で考えるとこじつけめいた論証だったわけだが、英語ではnothingが独立した名詞として使われているので、パラドクスとしてもジョークとしても成立しやすい。『不思議の国のアリス』の中の、翻訳困難な次のやりとりを思い出しておきましょう。

Alice：I see nobody on the road.
King：I only wish I had such eyes, to be able to see nobody！ And at that distance too！ Why, it's as much as I can do to see real people, by this light.

バートランド・ラッセル「指示について」『現代哲学基本論文集Ⅰ』(勁草書房)

038 もうひとつの対偶
another contraposition

LEVEL A2 I2 T3 Z2

　前著『論理パラドクス』に対して、読者からいくつか「この答えはど

うだ?」と別解をいただきました。そのうちの快作の1つ。
『論理パラドクス』003【対偶】として、次のような問いを出しました。

> 「PならばQ」と「QでないならばPでない」は同じことを述べている。論理学の用語では、この2つは、互いの対偶であるという。さて、次の文の対偶を述べてください。
> 「太郎は苛々(いらいら)するとコーヒーを飲む」

この正解は、「太郎はコーヒーを飲まないならば苛々していない」でした。それに対して、読者(学界の人ではない)から全然違う別解が寄せられたのです。単に言い回しを変えた文ではなく、正解とは違う事柄を述べた文でした。そして、それはもう1つの正解だったのです。
どんな文か? 考えてみてください。

答え◎寄せられた文は、こういう文だった。
「苛々していてもコーヒーを飲まなければ、太郎ではない」
なるほどこれも、「太郎は苛々するとコーヒーを飲む」の対偶になっています。2つの正解を比べてみましょう。
　A．まず、もともとの正解「太郎はコーヒーを飲まないならば苛々していない」。これは、「太郎」をaという固有名詞で表わして、問題文を「aは苛々するならばaはコーヒーを飲む」という構造として理解した考え方です。「ならば」の前後を否定して入れ替えることにより「aはコーヒーを飲まないならば、aは苛々していない」が得られます。
　B．「苛々していてもコーヒーを飲まなければ、太郎ではない」の方は、「太郎」を一種の性質のように理解した考え方です。A．では「太郎」は主語となりましたが、ここでは太郎は人々がそうであったりなかったりする性質ですから、主語ではなく述語となります。つまり、「太郎は苛々するとコーヒーを飲む」を「xが太郎ならば、xは苛々するとコーヒーを飲む」と考えるわけです。xには任意のものが入ります(普通は人間が代入されるでしょうが、べつに犬でも、惑星でも、椅子でも、自然数でもかまいません)。
さて、「xが太郎ならば、xは苛々するとコーヒーを飲む」の対偶はどう

なりますか?「ならば」の前後を否定して入れ替えてください。「xは苛々するとコーヒーを飲む、というのでないならば、xは太郎ではない」となりますね。

　xは苛々するとコーヒーを飲む、というのでない、というのは、苛々すれば必ずコーヒーを飲む、が否定されるのだから、「xは苛々していてもコーヒーを飲まない(ことがある)」となりますね。こうして「xは苛々していてもコーヒーを飲まない、ということならば、xは太郎ではない」つまり「苛々していてもコーヒーを飲まなければ、太郎ではない」という第二の正解が得られるというわけです。

　しかし、2つの別の正解があるというのはどうしたことだろう。同一の文の対偶は1つしかないはずなのに。

　いや、同一の文であっても、「主題」(強調点)を変えると、違う論理形式へと翻訳できるところがポイントですね。対偶にする以前のもとの文を2通りに翻訳し、それぞれ主題が異なる別の文の対偶をこしらえたというわけでした。

039 いくらでも対偶
indefinite forms of contraposition

LEVEL A3 I2 T3 Z2

2　前問の続きです。

　「太郎は苛々するとコーヒーを飲む」の対偶が、2つあるということを見ました。

　1.「太郎はコーヒーを飲まないならば苛々していない」
　2.「苛々していてもコーヒーを飲まなければ、太郎ではない」

　さて、鋭い読者から別解を指摘されて「は、そうでした!」と後から解説をつけ加えるだけでは、プロの物書きとはいえまい。そう、指摘されたついでに、もう一歩進ませていただきましょう。同じノリで、第三の対偶をご覧に入れようというわけです。

　さあ、2.を発見したのと同じノリで、さらにもう1つの対偶を発見

してください！

答え◎これはちょっと難しい問題だろう。しかし、原文から２．を得るための中間翻訳を確認しつつ、同種のステップを強引にもうひとつ発見すれば、第三の対偶が発見できる。

中間翻訳はこうだった。

A．「太郎である者は、苛々するとコーヒーを飲む」
　　　　　　　↓
B．「ｘが太郎である者ならば、ｘは苛々するとコーヒーを飲む」

（これの対偶が２．）

固有名「太郎」をそっくり変数ｘに置き換えたうえで、「太郎」を主語の位置から述語の位置へと据え換えたのだった。同じことを「太郎」以外の言葉について実行できないだろうか。

……見えてきましたね？　そうです、原文をこう書き直したら……

C．「ｘがコーヒーならば、太郎は苛々するとｘを飲む」

これの対偶はこうなります。「太郎は苛々してもｘを飲まない、ならば、ｘはコーヒーではない」

つまり、「太郎が苛々しても飲まないもの、それはコーヒーではない」

3　さて……、ここで終わっても十分でしょうが、それだと、並の論理学書に毛が生えた程度でいいのかということになってしまう。業界の水準を越えたパラドクス本の真髄を誇るために、「実はほとんど無限に対偶が作れますよ！」てことを実演してみましょう。

「太郎は苛々するとコーヒーを飲む」

この文の対偶を──【もうひとつの対偶】および本問**2**でまだ見ていない他の対偶を──作ってください。いくつでも！

答え◎だいたいコツがおわかりになったのではないだろうか。変数 x に変換できるものを文中から強引に見つけ出せばよいのだ。それは「太郎」「コーヒー」といった名詞に限らなくてよい。何でもよいのだ。細かい変形過程は省いて、結果だけ記しましょう。

正解例1　「太郎は x するとコーヒーを飲む」→「x が苛々した状態ならば、太郎が x するとコーヒーを飲む」→「太郎がそうなってもコーヒーを飲まない状態、それは苛々ではない」（これは内容的に一番始めの正解に一致します。生成過程は違いますが）

正解例2　「太郎は苛々するとコーヒーを x する」→「x が飲むという行為ならば、太郎が苛々するとコーヒーを x する」→「太郎が苛々してもコーヒーをそうしなければ、それは飲むという行為ではない」

正解例3　「太郎は苛々する x コーヒーを飲む」→「x が『ならば』という関係ならば、太郎が苛々する x コーヒーを飲む」→「太郎が苛々することと太郎がコーヒーを飲むこととの間にその関係が成り立たないなら、それは『ならば』という関係ではない」

正解例4　「太郎 x 苛々するとコーヒーを飲む」→「x が主語述語関係ならば、太郎 x 苛々するとコーヒーを飲む」→「『太郎』と『苛々するとコーヒーを飲む』の間に成り立たない関係なら、それは主語述語関係ではない」

正解例5　「太郎は苛々するとコーヒー x 飲む」→「x が目標志向の関係ならば、太郎は苛々すると、コーヒー x 飲む」→「太郎は苛々すると飲むということとコーヒーとの間に成り立たない関係は、目標志向の関係ではない」

正解例6　「太郎は苛々 x とコーヒーを飲む」→「x が状態の成立ならば、太郎は苛々 x だとコーヒーを飲む」→「太郎が苛々どうかなっているときコーヒーを飲まないならば、そのどうかなっているというのは状態の成立ではない」

（明示されていないだけで原文に確実に含まれている内容を動員していいなら、次のようなのもできます）

正解例7　「x がこの現実世界ならば、x では、太郎は苛々するとコーヒーを飲む」→「太郎は苛々するとコーヒーを飲む、が成り立たないならば、そこは現実世界ではない」

正解例8　「x が私ならば、太郎は苛々するとコーヒーを飲む（と x は主張

する）」→「太郎は苛々するとコーヒーを飲む、と主張しないならば、それは私ではない」

正解例9 「太郎は苛々するとコーヒーを飲む（と私は今主張する）」→「xが今ならば、私はxに太郎は苛々するとコーヒーを飲む、と主張する」→「私が太郎は苛々するとコーヒーを飲むと主張しないなら、それは今ではない」

……あんまり「これでもか」になってしまうとあれなのでこのあたりで止めますが、いくらでもできますよね。

いろいろほじくれば100個くらいすぐ作れるんじゃないでしょうか。文というのは、字面は同じでも、その中の何が主題になっているかという解釈を変えることによって（何を主題xとして取り出すかによって）いくらでも多くの違う構造を持つのだ、ということがわかります。だから対偶が何種類もあることになる。作った対偶を自然な日本語に仕上げるのは読者にお任せしましょう。

D.R.ダウティ、R.E.ウォール、S.ピーターズ『モンタギュー意味論入門』（三修社）

第 4 章
合理的な判断とは？（その1）
正しく考えれば考えるほど楽しくなってくる

040 驚くべき出来事
surprising vs. unsurprising improbable events

仕掛けのないサイコロを10回振って、全部6が出れば、驚くだろう。$1/6^{10}$というとてつもない低確率の出来事だからだ。しかし考えてみれば、10回振ってどの目の組み合わせが出るのであれ、その当初の確率は$1/6^{10}$ということでみな同じなのだ。(5,6,3,1,2,2,4,3,5,6) が出たとしよう。その目も$1/6^{10}$の確率だった。つまり、(6,6,6,6,6,6,6,6,6,6) とちょうど同じくらい出にくい目なのだ。しかし (5,6,3,1,2,2,4,3,5,6) が出てもべつに驚くべき出来事とは感じられない。(6,6,6,6,6,6,6,6,6,6) は驚くべき出来事と感じるのに。なぜだろうか。理由を2つ挙げてください。

答え◎第一の理由。(6,6,6,6,6,6,6,6,6,6) に対しては、いまサイコロを振ることとは**別個にすでに意味付けがされており**（ゾロ目は勝負に勝てるな

ど)、まさにその同じ目が、現実に今出た目と一致したという「偶然の一致」がある。そこで驚きが生ずるのである。

　他方、(5,6,3,1,2,2,4,3,5,6) の方は、いま振ってみてこれが出たのが確かめられたところで**初めて**、特別な意味を獲得した。現実に今出た目である、ということとは独立の意味を持っていない。そこに「偶然の一致」はない。いずれにせよ何らかの目が出なければならなかったのであり、何も驚くべきことはないのである（002【南向きの謎】の4、014【ナーゲルの「超難問」】参照)。

　したがって (5,6,3,1,2,2,4,3,5,6) も、今サイコロを振ってみる前に「この目が出るだろうか」等々といった形であらかじめ注目しておいて、それが実際出た、ということであれば、驚くべき出来事になる。偶然の一致が認められるからだ。

　第二の理由。(6,6,6,6,6,6,6,6,6,6) は、同じ面ばかり続けて出たという客観的規則性を持った出来事である。別々の面が適度に混ざった (5,6,3,1,2,2,4,3,5,6) に比べて、規則的な出来事は、「説明」が可能である場合が多い。このサイコロは仕掛けがないとされていたが実は細工されていたのではないか、誰かが念力を送っていたのではないか、記録係がどの面もポチ6つに読めてしまう視覚障害を起こしていたのではないか、等々いろいろな説明だ。(5,6,3,1,2,2,4,3,5,6) に対しては、そうした説明が考えにくい。(6,6,6,6,6,6,6,6,6,6) は、こじつけでない説明がいくつか思い浮かぶため、「この出来事は説明を要求している」という感覚を目撃者の心に引き起こす。にもかかわらず説明がまだなされていない、その不安感こそがすなわち「驚くべきことだ」という感覚なのである。

　　　　　　　　Horwich, P. *Probability and Evidence*（Cambridge U.P., 1982）

041 デイヴィドソンのパラドクス
Davidson's paradox

　まだ辞書のない未知の言語を理解する場面を考えよう。
　たとえば、「雨が降る」という日本語の意味を英語話者が知りたいと

き、日本語話者がどのようなときに「雨が降る」という文を（むろんさまざまな時制で、修飾語付きで）発するかを観察し、雨が降っているかどうかを日本人に尋ねてイエス・ノーの答えを引きだし、等々によってだいたい「It rains」と同じ意味ではないかと推測する。そしてさらに「It rains」が成立する状況と「雨が降る」が同意される状況とが一致するかどうかを確かめてゆく。……このようにして「言語の理解」「翻訳」はなされ辞書が作られてゆくだろう。

　しかし英語圏の言語学者に対して、日本語話者が誤ったデータを与えてしまうこともあるはずだ。本当はみぞれが降っているのに、日本語話者は目が悪いために「雨が降っている」に同意するかもしれない。あるいは、水撒きのあとの道を見て「雨が降った」と言ってしまうかもしれない。このような間違いはよくあることで、それによって英語話者の日本語理解は妨げられるだろうが、それでも最終的には言語の理解はなんとかうまく達成されるだろう。というのも、日本語話者が雨でないものを雨と言ったのは**なぜか**、何も降ってないのに降ったと言ったのは**なぜか**について、何らかの「説明」を与えることができるからだ。適切な判断だけでなく間違った判断が混ざったとしても、間違った判断が**なぜ**下されてしまったかについてそれ相応の「説明」がつけられるおかげで、正しい翻訳にたどり着くことができる。

　道が濡れていたからつい雨が降ったと思ったんだ、といったもっともな説明をするとしよう。「もっともな説明」とは、理屈に合っているということだ。しかも結局は了解されるのだから、合理的な理屈であるはずだ。すると、合理的な理屈で説明のつく「間違った判断」はみな、実はそれなりに筋が通っており、合理的な判断だったことになるのではないか。つまり、いかなる判断も合理的だということになる。

　だがそうすると、間違った判断と対比しつつ、合理的な判断のみを手掛かりにして異国語の正しい意味を発見してゆく、という「翻訳」は不可能になってしまわないか。合理的な翻訳とそうでない翻訳の区別がつかなくなってしまうではないか……。

　もちろんここには混乱がある。指摘してください。

答え◎ドナルド・デイヴィドソン流の翻訳理論・解釈理論などがとくに、「合理性」を偏重しすぎるあまり、問題文のようなパラドクスに陥ると言われているようだ。

　「合理性」を基準とした判断だけに注目していると、たしかに、どんな間違った判断にもそれなりの「合理的な理由」がある以上、すべての判断および翻訳は合理的であることになりかねない。しかしここで、判断の理由（道が濡れていた**から**雨が降ったと思った）だけでなく、判断の帰結（雨が降ったと思ったからそう言っ**たら**みんなの不同意に遭った）を考慮してみよう。正しい判断と間違った判断とで、たいていはくっきりと帰結の区別が出てくるはずである。結果が他の人々の意見と調和しているような判断が、正しい判断であり、そうした滑らかな適応性を持たない判断が、間違った判断だったのだ。

　問題文のようなパラドクスは、判断に先立つもの（理由）にのみ注目したから生じたのだった。判断に続いて起こるもの（結果）を加味すれば、正しい翻訳とそうでない翻訳の区別は安泰に保つことができるだろう。

📖 ドナルド・デイヴィドソン『行為と出来事』（勁草書房）

042
ビュリダンのロバ
Buridan's ass

LEVEL **1 3 1 3**

　2つの干し草の山のちょうど真ん中にロバがいる。2つの山は見た目全く同じ量である。ロバは空腹で、干し草を食いたいのだが、どちらの干し草の方に行っていいのかわからない。一方より他方を選ぶべき理由が見当たらないからだ。こうしてロバは、空腹のまま、干し草の山の中間で身動きがとれず、飢え死にしてしまった。

　……むろん実際にはこの譬（たと）え話のようなことは起こらない。しかし、複数の選択肢のうちで、どれを優先すべき理由もとくに見当たらないという状況に私たちはしょっちゅう出くわす。それでも私たちはじっと固着してしまうことなく、何とか決断しながら生きていく。これはどうして可能なのだろう？

答え◎選択肢がちょうど同じくらい魅力的であるとき、決め方はいろいろあるだろう。自分では決められない場合は占い師に決めてもらうとか、コインを投げて決めるとか、とにかく強引に結論を出してしまう方法である。

　そう、「選ぶべき理由」にこだわったのがこのジレンマの源だった。私たちが行為を決定するとき、「理由」にもとづいて決めるとは限らない。むろん、合理的理由にもとづいた行為の方が望ましいとされるのが文明社会の常だが、理由がないからといって選択しないよりは、理由なしにでもとにかく選ぶ方が有利である、ということはいくらでもある。そのときに、「理由」以外の「偶然」や「他の原因」に選択をゆだねる、ということが行なわれる。いわゆるメタ選択である。

　選択そのものが重大な未知の帰結を伴うかもしれない場合は、第三の無難な選択に逃避する、ということもまれにあるかもしれない（同じくらい好きな２人の男性に同時にプロポーズされ、両者の気持ちを傷つけないために（？）その２人よりも魅力的でない第三の男と結婚したという女性を私は知っているが……）。

　前問【デイヴィドソンのパラドクス】と同じく、行為の動機として「合理的理由」にこだわるとこのジレンマに悩むことになる。人間を動かすのは主に、論理や理由をはみ出した「因果関係」なのだと達観し、時にはその盲目的な力に身をゆだねるべし、と悟ることが大切だろう。ただしこの「合理的理由の限界」を悟るためには、可能なかぎり合理的な納得を経なければなるまいが。

　　　　　　　　　　　📖 Makin, Stephan. "Buridan's Ass" *Ratio* 28（1986）

043
２つの封筒のパラドクス
two envelopes paradox

1　あなたは２つの封筒を提示された。右の封筒には１万円、左の封筒には10万円が入っていることがわかっている。そこで封筒の持ち主はあなたに言う。

　「どちらか一方だけを選択してください。そちらを差し上げましょう。

いや、心配いりません、この選択ゲームは補償付きですから。つまり、あなたが得な選択をしそこなった場合には、ほら、ここに余分の10万円がありますから、これも差し上げますよ」
　「得な選択」とはもちろん、より多くの金額を得られる選択ということである。さてあなたは、左右どちらの封筒を選ぶべきだろうか。

答え◎当然あなたは、補償の10万円を余分にもらいたいと思うだろう。そのための条件である「得な選択をしそこなう」ために、右の1万円を選ぼう。なにせ左の10万円に比べてみすみす9万円損な選択なのだから。しかし「得な選択」をしそこなった場合は、あと10万円が追加で入ってくるではないか。すると左の封筒を取るより1万円得になってしまう。
　そうすると結局、「得な選択をしそこなった」とは言えなくなる。むしろ左の10万円を取った方が「得な選択をしそこなった」ことになるのだ。では、得な選択をしそこなうために左を取ろう。だがそうすると、追加の10万円で補償され、20万円得られることになって、「得な選択」をしたことになってしまう。やはり右の1万円だけを取る方が「得な選択をしそこなった」ことになるのだ。では右を取ろうか。しかしそうすると結局11万円入ってくることになって左の10万円よりも得なので得な選択ということに……。

2　ぐるぐる回ってきりがない。一体どうするのが得なのだろうか。

答え◎ここでは、「得でない選択」をするのが「得である」という矛盾した設定がされてしまっている。つねに、選ばなかった方の選択が「得でなく、よって補償されるので結果として得である」ようになっている。この、得でないのに得であるという矛盾は、実現しようがないので、常に非現実の方に追いやられるのだ。
　むろん、「補償の10万円の約束を提示される前の段階で得という意味か、最終的に得という意味なのか」によって「得な選択」の意味が違うので、2つを区別して「はじめの段階での得」と定義すればパラドクスは生じない。しかし提示者が、「最終的な段階での得な選択」と言い張れば、この区別によってパラドクスを逃れることはできない。

こうして、実現不可能な補償がここに約束されていることになる。026【ワニはジレンマに悩むべきか?】、028【プロタゴラスの契約】で見たように、これは、有効な約束として成立していない。すると、どちらを選んでもこの「約束」にもとづいて追加の補償を得られる見込みはない。ならば、10万円の封筒を選ぶのが「得」ということになるだろう。

　なお、この矛盾した約束のもとでは「本当に得な選択」がそもそもないので、どちらを選んでも「得な選択をしそこなった」ことになり、約束により補償の10万円をもらえる、と論じる哲学者もいる。しかし、もともと実現できない行為を「しそこなう」ことはできないので、この理屈は成り立たない。「得な選択をしそこなった」を「得でない選択をした」と述べなおせば、約束が無効であることはいっそう明瞭になるだろう。

　　📖 Knoons, Robert C. *Paradoxes of Belief and Strategic Rationality*（Cambridge U.P., 1992）

044
明けの明星と宵の明星
Morning Star paradox

LEVEL 1311

　明けの明星と宵の明星は、別のものである。明けの明星は明け方に東の空に見える輝きのことだし、宵の明星は、日没後に西の空に見える輝きだからである。さて、明けの明星は、金星である。宵の明星も、金星である。したがって、明けの明星と宵の明星は同じものである。はて、しかし先ほど、明けの明星と宵の明星は別のものであることを確認したばかりだ。別のものでありながら、同じもの。この矛盾をどう説明したらよいだろう。

答え◎ごく単純なパズルに見えるが、これをいかにうまく説明するかということが、20世紀の哲学最大の課題であったと言ってよい。

　哲学的説明とはいっても、常識とそう異なるはずがない。このパズルを追究したゴットロープ・フレーゲの説明は、やはりごく常識的なものだ。「明けの明星」「宵の明星」という言葉は曖昧であり、それぞれ少なくとも2つの意味を持つというのである。「明けの明星≠宵の明星」というときの「明

けの明星」「宵の明星」は、見え方にもとづく観念、もしくは認識の仕方のこと。一方、「明けの明星＝宵の明星」というときの「明けの明星」「宵の明星」は、客観的な惑星のことである。前者は「指示の方法」「個別化の手掛り」であり、そうやって指示・個別化された指示対象が実は「同一の惑星」だったという認識が後者によって表わされている。哲学では通常、前者の文脈での名前を「記述」と呼び、後者の文脈での名前を「固有名」と呼ぶ。「明けの明星」「宵の明星」は記述としても固有名としても使われる曖昧な名前なのだ（この曖昧さは他の多くの名前にもある）。

こうして、指示の行為・方法を基準とした記述の文脈では「明けの明星≠宵の明星」は真で「明けの明星＝宵の明星」は偽、指示対象を基準とした固有名の文脈では「明けの明星≠宵の明星」は偽で「明けの明星＝宵の明星」は真ということになる。「明けの明星≠宵の明星」も「明けの明星＝宵の明星」も両方とも真になるような文脈はない。

このように、複数の文脈で使われる言葉の曖昧さによって見かけの矛盾が生ずる場合は、文脈を区別することで矛盾を解消することができるだろう。

黒田亘、野本和幸編『フレーゲ著作集4　哲学論集』（勁草書房）

045 クリプキの信念のパズル
Kripke's puzzle about belief

1　日本語しか知らないタローが、フランス、ついでイギリスに行って、哲学の勉強をすることになった。フランス語も知らなければ英語も知らない、そして哲学者の名前も1つも知らないタローが、いきなり外国語で古代哲学を学び始めたのである。

タローは、フランス語を学ぶときには辞書に頼らずに、つまり日本語との比較なしで直接現地の人々との交流の中で学んだ。英語を学ぶときも、フランス語や日本語との比較なしで、直接英語を学んだ。そして、フランス語も英語も不自由なく読みこなせるようになった。しかし、2つの言語を全く別々に学習したために、タローは、人名、国名、都市名など、別の表記・発音がなされる名前については、同一のものを指す名

前だと認識していない場合が多かった。タローの頭の中では、いわば、別個の世界史が平行して存在していたのである。

　たとえばタローは、フランスで哲学を学んでいたとき、次のような信念を抱いた。

　信念1　　"Platon etait chauve"　（「プラトンは禿だった」）

　イギリスで学んでいたときは、次のような信念を抱いた（信念1は保ったままで）。

　信念2　　"Plato was not bald"　（「プラトンは禿でなかった」）

　（タローは、見知らぬ人間についての知識から、その人が禿か禿でないかを強くイメージする傾向があるのである。）タローは、フランスとイギリスで全く同一の哲学史を学んでおり、使われる言葉が違うだけで、プラトンについても全く同一の知識を獲得している。しかし、プラトンその人はもとより、プラトンを取り巻くその他の固有名詞──ギリシアとかアテネとかソクラテスとか──についても、英仏語の間で対応付けをして考えることができていないため、PlatonとPlatoが同一人物だとは思ってもみない。プラトンとはどういう人か、と問われれば、フランス語と英語でそれぞれ全く同一の意味の説明をするにもかかわらず、2つの「プラトン」について相反するイメージを抱いたのである。禿か禿でないかについてだけ、イメージのずれが生じているのだ（たぶんフランス語、英語それぞれで学んだ学習現場の全体的雰囲気が原因だったのだろう）。

　さて、タローは、プラトンは禿だと信じているのだろうか、禿でないと信じているのだろうか。

答え◎前問【明けの明星と宵の明星】では、同一対象を指し示しながら、別々の記述的意味を持つということで、パラドクスが回避された。ここでは、指示対象だけでなく、記述的意味も同じであるような2つの言葉をめぐる食い違いが問題になっている。

　タローはプラトンについてどう信じているのか？　信念1も信念2もタローは誠実に肯定するので、どちらかを今抱いていないという解釈は無理がある。とすると、両方の信念を抱いているのだから、タローは、プラトンは禿

であり、かつ禿でなかったと信じているのだろうか。つまり、論理的に矛盾しているのだろうか。しかしこれもおかしい。論理的に矛盾しているならば、熟慮すれば自分の錯覚に気づいて訂正できるはずだが、英仏語の対応付けの知識が不十分であるタローは、"Platon etait chauve"から"Plato was bald"と結論することなどできないはずである（もし結論したら、それはむしろ根拠のない間違った推論ということになる）。つまり、現状の知識では合理的に訂正しようのない信念である以上、これを矛盾した信念と見なすことはできない。

2 さて……？　タローは信念1と信念2をともに持っていると認めざるをえず、かといってタローは矛盾しているとも言えない。いったいどう考えるべきだろう？

答え◎これは、哲学者の間でまだ決着のついていない難しいパズルである。私がいちばん見込みありと考えている解決の方向をごく大雑把に述べよう。

　タローは"Platon etait chauve"と信じている。しかしだからといって、「タローはプラトンが禿だったと信じている」とは結論できない。また、タローは"Plato was not bald"と信じている。しかしだからといって、「タローはプラトンは禿でなかったと信じている」とは結論できない。

　そう、間接話法というものに問題があるのではないか、ということである。人の信念を正確に述べるときには、間接話法によらず、直接話法で述べなければならない、ということだ。つまり、当人の言語をそのまま引用符に入れた形でだ。フランス語の信念1と英語の信念2をともに日本語に訳すことには問題ないのだが、その日本語をそのまま間接話法でタローに帰属させたことが間違いだということである。

　間接話法は、問題を起こさない場合には大変便利であり、多くの場合直接話法より便利な言い回しなので、捨て去るには及ぶまい。が、人の心に関わる微妙な状況では誤解を生ずるもとになる。当人の言語そのものを尊重するに越したことはないのである。

　　　　　　　　　　　ソール・クリプキ「信念のパズル」（『現代思想』1989年3月号）

046
「特別な数」のパラドクス
paradox of interesting numbers

1 自然数全体を、大きく２つのグループに分けていただきたい。基準は、あなたにとって特別な数と、そうでない数とである。特別さの基準は何でもよい。あなたの誕生日、年齢、電話番号、恋人の誕生日、結婚記念日、銀行の口座番号、なんでもけっこう。あなた自身の人生において特別な意味を持ったという心当たりのある自然数を全部〈グループA〉に入れてください。残りの、あなたにとって特に意味を持った形跡のない自然数（これは無数にあるだろう）をまとめて〈グループB〉としてください。

さて、グループBには最小の自然数があるはずだ。その数はあなたの分類においてユニークな数であるから、あなたにとって特別な数であり、〈グループA〉に移すだけの価値はあるだろう。残った〈グループB〉の中に、また最小の数があるはずだ。その数も今やユニークな数であるから、〈グループA〉に移すだけの価値はあるだろう。その残りの中に、また最小の数があるはず。その数も今やユニークな……。

こうして、〈グループB〉に属する自然数はすべて〈グループA〉に移行する。あなたにとって、すべての自然数が特別なのである！

これは……？「すべての自然数は私にとって特別である」という妙な事態についての説明を、少なくとも３通り提示してください。

答え◎1．「べつにいいじゃないの。すべての自然数が私にとって特別。とくに矛盾が生じたわけでもない。どの数もどこかが必ずユニークなものだ。何の問題もなかろう」

2．『特別』という言葉が曖昧に使われている。この分類を始める前の段階での『特別』と、分類開始後に生じた『特別』とだ。この２つは意味が異なる。別の言葉を当てるべきだろう。『特別1』『特別2』とか。〈グループB〉に残った数のうち最小の数というのは『特別2』ではあるが『特別1』ではなかった。だから、『特別1』な数だけから成る〈グループA〉に移行

する資格はないのだ」

　3.「『特別』という概念は漠然としていて、私にとって特別な自然数を全部挙げることはもともとできない。多くの洩れがあったり、〈グループA〉に入れるべきかどうかどっちつかずという数がたくさんある。そんな状態だから、〈グループA〉〈グループB〉はともに漠然とした輪郭のない擬似集合を作るだけで、〈グループB〉のうち最小の自然数が何であるかなんて特定できないのだ」

　4.「〈グループB〉から最小の数を〈グループA〉へ移してゆく操作は一挙になされるのではなく、1つ1つ行なわれる。その1回1回にある程度の時間がかかる。私が生きている間に無限の自然数を移し終えることはありえない。だからすべての自然数が『特別』なんてことは起こりえないのさ」

　5.「あるグループの中で『最小である』などということに私は特別の意義を認めないね。したがって、〈グループB〉から〈グループA〉へ移すべき新たな『特別な』数などというものは私にとっては1個もないのだよ」

2 **1**で見た5つの答えのうち、論理的に見て一番有意義なのはどれだと思いますか？　選んでください。理由とともに。

答え◎「論理的に見て有意義」という概念自体が（「特別」について3.が言うように）漠然とした評価にもとづいているので、「最も有意義な答え」など選びようがないと思われるかもしれないが、最も応用範囲が広い解決が2.の方針であることは間違いない。論理の一般性に鑑みると、適用範囲の広い解決がもっとも望ましいのである。
　4.の理屈は、「数学的帰納法」のような枚挙的推論を不可能にしてしまう。あまり「論理的」ではないだろう。
　1.と5.は、結果（パラドクスが生じたという結果）を見てから態度（評価）を決める（変える）という典型で、一般的に応用が効かない。
　3.は一般性を持つ答えだが、ここでは「特別な数」を主観的・恣意的に決めてよいとされているのだから、「それでも決めようがない」と突っぱねるのは依怙地であり、議論拒否的な態度である。
　2.は、曖昧な概念を明確な概念のペアへと分解して、それぞれの解釈の

内部では矛盾がないようにする方法で、ほとんどすべてのパラドクスの解決に使える便利な手法である。「区別」こそパラドクス解消の王道なり。011【円周率は2である】、012【デモクリトスのジレンマ】、023【循環問答】、032【確率的嘘つきのパラドクス】、033【妥当な演繹のパラドクス】、044【明けの明星と宵の明星】等々の解決法を振り返ってみてください。

　　　📖 Erickson, Glenn W., Fossa, John A., *Dictionary of Paradox* (U. of America P., 1998)

047 ポーンの昇格
pawn promotion

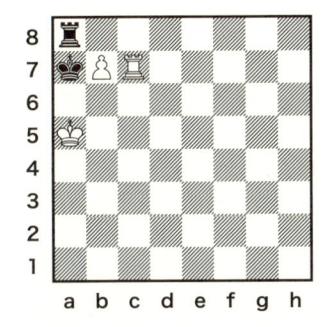

1　図のチェス盤を見ていただきたい（チェスを知らない人にはごめんなさいね。ただ、ウィトゲンシュタインをはじめアナロジー多用派の哲学にはチェスの譬えがよく出てくるので、ルールを覚えておくと得かも）。白の手番である。さて、チェス史上、最後のルール改正の前のルールでは、ポーンの昇格の規則は次のように定められていた。

　R「ポーンは、8段目の升目に到達したとき、ポーンとキングを除く任意の駒に成ることができる」

　この規則Rにしたがい、白は、次の一手で、ポーンをある駒に成った。その瞬間、チェックメイトとなり、白の勝ちとなった。

　これは、実際にトーナメント戦で指された手である（本質的でない駒は省略して見やすくしてある）。さて、白の手は何だったのだろう？

答え◎現在のルールでは、図の局面から白が一手で勝つことは不可能である。しかし、ひと昔前の規則Rのもとでは、可能なのである。
　ちなみに、現在の規則ではこうなっている。
　R'「ポーンは、8段目の升目に到達したとき、ポーンとキングを除く同じ色の任意の駒に成ることができる」
　（ただし現在でも、普及版ルールブックでは、「同じ色の」を省いて規則Rのままの表記になっているものが多い。ためしにあなたのパソコンに入っているゲームパックのチェスのルールを開いてみてください）

2　さあ、問題の局面における「次の一手」は、ルール変更前、つまりR'ではなくRが生きていた時代のものだ。これでおわかりだろう。白は、ポーンを何に昇格させたのか？

答え◎b8で黒のナイトに成った。これ以外の駒に成ったのでは、白は勝ちにならない。
　これは、古い規則Rが、色について曖昧だったから可能になった手である。曖昧といっても、指定がない以上は白でも黒でもよい、というのが論理的には正しい。「自分の駒に成るのが常識に決まってるだろ」という反論は論理の世界では認められない。指定外のことについては当事者が好きなように解釈してよい、という「寛容の原則」がむしろ論理学の「常識」である。
　しかしこの指し手は、誰もが思ってもいなかった盲点だった。そこでチェスのルールが改正され、「ポーンは同じ色の駒に成らねばならない」という条項が追加された。昇格は「同じ色」と限定するべきなのか、違う色への昇格も認めつづけるべきなのかについては、どちらも同等の根拠があったはずである。チェスはただでさえ終盤が単純になりすぎる欠点があるので、本問のようなごく稀な大逆転の含みを持たせる意味で、同色限定にしない方が面白かったのではないだろうか。
　哲学や実生活における曖昧な概念は、恣意的にどちらにでも決めるというわけにはいかないが、チェスは哲学や人生とは違って「閉じたゲーム」なので、恣意的な再定義が可能なのである。
　日本将棋はどうなのだろう。「成り」は、自分の駒に成らねばならないと

決まっているのだろうか。将棋は、ゲームの性質上、相手の駒に成ることによるメリットはチェスの場合より頻繁に見出せると考えられる。私は正式なルールブックを見たことはないのだが、裏返すと同時に向きを変えてはいけないと明文化されているのだろうか。明記されていなければ、「寛容の原則」により、対局者の自由ということになるのだが……。御存知の方は教えてください。

📖 レイモンド・スマリヤン『シャーロック・ホームズのチェスミステリー』（毎日コミュニケーションズ）

048 ムーアのパラドクス
Moore's paradox

「日本の軍事費は世界第２位である。しかし私は日本の軍事費は世界第２位だと信じていない」

この発言は、矛盾しているように感じられる。しかし、文として矛盾した形をしているわけではない。矛盾とは、「Ｐ、かつＰでない」（Ｐは任意の文）という形をしているはずだが、「Ｐである。しかし私はＰを信じていない」というこの発言の形は、明らかに矛盾の形とは異なるからである。つまり、論理的矛盾ではないということだ。それでも、明らかにこの発言は、不合理な発言であり、しかも**論理的に**不合理な発言であると誰もが思うだろう。

「Ｐである。しかし私はＰを信じていない」という発言は、表面的には矛盾していないが、暗示された部分（暗に前提された部分）を補うと、はっきり矛盾した形になるのではなかろうか（018【自己反例的パラドクス】の一例かもしれない）。

というわけで、この発言がなぜ論理的に不合理だと感じられるのかについて、次の２通りの解説が与えられた。

A．「Ｐである（＝Ｐであると私は信じているからこう断定しているのだ）。しかし私はＰだと信じていない」

　　　　　→Pだと信じておりかつ信じていないと述べているので、矛盾
　　B．「Pである。しかし私はPだと信じていない（＝なぜならPでないからだ）」
　　　　　→Pであり、かつPでないと述べているので、矛盾

❶　A．B．どちらが適切な説明だろう？

答え◎A．が適切である。
　B．が適切でないのはなぜか？　私がPだと信じていない場合、「Pでない」と私が言うつもりがあるとは限らないからだ。たとえば私は、「火星に生物がいる」と信じていない。しかしだからといって、「火星に生物はいない」と言うつもりはない。要するに、火星に生物がいるか、いないか、わからないからである。

❷　次の発言についてはどうだろう。どちらの解説が適切だろうか。

「Pでない。しかし私はPだと信じている」

　A．「Pでない（＝Pでないと私は信じているからこう断定しているのだ）。しかし私はPだと信じている」
　　→Pでないと信じておりかつPだと信じていると述べているので、矛盾

　B．「Pでない。しかし私はPだと信じている（＝なぜならPだからだ）」
　　→PでなくかつPだと述べているので、矛盾

答え◎この場合は、A．B．とも適切な説明だろう。
　ただしA．については、注意すべき点がある。「Pでないと信じておりかつPだと信じている」というのは、矛盾した発言のように聞こえるが、決して**論理的な**矛盾ではないということである。なぜなら、人間というものは勘違いや希望的観測や自己欺瞞など、混乱したさまざまな心理状態に置かれることがあり、互いに矛盾したことを、矛盾しているとは気づかずに同時に信

ずることがしばしばだからだ。眼鏡をかけながら眼鏡はどこだと探しまわる場合、携帯電話を落としたという届け出を携帯電話でする場合、負けるとわかっている喧嘩をする場合、落ちるとわかっている試験に挑む場合、嫌われるとわかっていながらストーカーしつづける場合、神頼みをする場合など。

　心の自然現象としては、「Pでないと信じておりかつPだと信じている」ような事態はありふれている。心の別々の部分がそれぞれ別個に「Pでない」「Pである」と信じているのだ。ただしその事態を対象化して「私はPでないと信じかつPだと信じている」と一言で述べてしまうと、それは心の同一の部分で「PでなくかつP」と信じていることを意味し、矛盾に気づいていないという弁明は成り立たない。だからA．は、はっきり矛盾した発言とされるのである。

　　　　　　　　　　　　📖 G.E.ムーア『倫理学』(法政大学出版局)

---

049 ソクラテスの無知のパラドクス
Socratic ignorance paradox

LEVEL 3 3 2 3

　次の3つの発言は、ソクラテスの有名な「無知の知」――「私は少なくとも自分が無知であることを知っている（その点で自分の無知すら知らない者たちよりましだ）」――を誇張したものである。

　　A．「私は、自分が何も知らないということだけを知っている」
　　B．「私は、自分が何も知らないということを知っている」
　　C．「私は、何も知らない」

1 この3つのうち、矛盾していないのはどれだろうか。

答え◎どれも、文の形としては矛盾していない。しかし、前問【ムーアのパラドクス】で見たように、暗示もしくは前提された内容を補うと、矛盾がハッキリする。

　A．とB．は、自分が知っていることが少なくとも1つはあると主張して

いる。しかし一方、Xを知っている、と主張するということは、そのXが真である、と前提もしくは暗示していることになる。A．とB．は、「自分が何も知らない」ということを「知っている」というのだから、「自分が何も知らない」が事実であると主張している。これは、先ほどの主張「自分が知っていることが少なくとも1つはある」と矛盾している。

　C．はどうか。一般に、何かが主張されると、その内容が真であることを発言者は知っている、という主張も含まれていると思われがちだ。しかし、「X」と主張するということは、せいぜい「自分はX**と信じている**」ということを前提している（【ムーアのパラドクス】）のであって、「自分はX**と知っている**」とまで前提しているとは限らない。私たちは、何かを平叙文で述べる場合、それが自分の信念だと言っているのであって、知識だとまで断定できなくてもよいだろう。C．も、「私は、何も知らないと思う」という主張にすぎないかもしれない。

　だから、C．は矛盾していない。矛盾しているのは、A．とB．である。

2　ただし、A．とB．は、【ムーアのパラドクス】とは違って、無矛盾であるような自然な解釈がある。知識の階層があって、世界一般についての知識のレベル（レベル1）と、自分の知識についての内省的知識のレベル（レベル2）とが分かれており、自分は、レベル1の知識を全然持っていないというレベル2の知識を持っている、そう述べていると解釈できるのだ。この解釈が成り立つ場合は、A．もB．も矛盾してはいない。

　ただし無矛盾だからといって、真だとは限らない。A．とB．のうち、真でありえないのはどちらだろうか。

答え◎A．は、自分がレベル2の知識を**1つだけ**持っていると主張している。しかし、その唯一の知識の対象「自分が何も知らないということ」をどうやって**知った**のだろうか。単に「思い込む」のでなく「知る」ためは、自分の知識状態について何らかの根拠を知っていなければならない。その根拠とは、「自分はいつも注意散漫である」とか「自分はいつも夢と現実を混同してきた」とかいろいろありうるだろうが、いずれにせよ「自分は何も知らない」ということ以外の事柄であるはずである（何事もそれ自身の根拠になること

はできないから)。したがって、レベル２の知識を１つ自認するためには、発言者はその根拠となるレベル２の他の知識を自認せざるをえまい。こうして、無矛盾な解釈のもとでも、A．は真ではありえない。

　B．の方は、「だけを知っている」ときびしく限定していない。自分が知っているレベル２の事柄の中には「自分がレベル１のことを何も知らない」ということが含まれている、とだけ述べているので、より穏健であり、真でありうる。

三浦俊彦『論理パラドクス』(二見書房) ⇒ 055【無限個の知識】

第 5 章

情緒、芸術、宗教、倫理
真と善と美と聖と快と愛は使いよう

---

050 自己欺瞞のパラドクス
paradox of self-deception

　人を騙すとはどういうことか。Ａ氏がＢ嬢に「自分は独身だ」と言って騙す場合、２つの条件が必要だ。

　１．Ａ氏は、自分が独身でないことを知っている。
　２．Ｂ嬢に、自分が独身であるという虚偽を信じさせようとしている。

　さて、騙す相手が、他人ではなく自分自身である場合を考えよう。いわゆる「自己欺瞞」である。Ｂ嬢が「Ａ氏は不誠実であり自分と結婚する気などない」とわかっていながらＡ氏の誓いを信ずるような場合、Ｂ嬢は、上の１．２．の二条件を満たす「欺瞞」を自分に向けているといえるだろう。つまりこうだ。

1'．B嬢は、A氏に結婚の意思がないことを知っている。
　　2'．B嬢は、A氏に結婚の意思があると信じよう（自分に信じさせよう）としている。

　しかしB嬢は、A氏に結婚の意思がないことをすでに知っているのに、なぜそれとは矛盾したことを自分に信じさせようとすることができるのか。他人を騙す場合は、真実を知らない他人に虚偽を信じさせる欺瞞というものに意味はあるが、自己欺瞞の場合は、自分が真実を知っていることが前提となるので、虚偽を信じることなど不可能なはずなのだ。
　しかし、自己欺瞞はさほど珍しくない現象である。なぜ自己欺瞞ということが可能なのか、できるだけ多くの説明を試みてください。少なくとも3通りの説明を。

答え◎1つの説明として、自己欺瞞などというものは不可能である、と片づける考えがあるだろう。ふつう「自己欺瞞」と呼ばれているものは、欺瞞でも何でもなく、条件の1'か2'のどちらかが満たされていない「欺瞞もどき」である、という考えだ。1'が成り立つならば2'など本気で試みる人はいないし、2'が本気で試みられている場合は、1'は実は成立しておらず、知識はなくて単に半信半疑状態であるにすぎないのだ、という説明である。しかし現実を見ると、1'2'がともに満たされているとしか言いようがない場合がたくさんある。とくに、自ら自己欺瞞を経験したことのある人は、「自己欺瞞などない（1'と2'は両立しない、それだけのことだ）」という説明では納得できないだろう。もちろん、リアルな体験というだけでは、この説明が間違っていることの**証明**にはならないが、別の説明を探し求めるべき理由にはなる。
　<u>2つめの説明</u>としては、1'2'がともに成立するような心理状態は混乱した状態であって、自己欺瞞とは一種の錯乱、混濁、混迷である、とする説である。これはこれで納得できる考えだが、自己欺瞞に陥っている人が、錯乱や幻覚の状態同然であると断定してよいのかどうか。意識も理性もクリアでありながら私は自己欺瞞をしていた、という心底からの体験談というのはありそうである（これも、自己欺瞞＝錯乱説を論駁することはできないが、

他の説明を求める理由として働く)。

　第3の説明として、048【ムーアのパラドクス】で見たような最もポピュラーな考えが挙げられる。すなわち、自己欺瞞は他人をだますことと同種の行為として成立する、という考えだ。なぜ成立するのか？　そう、自分の中に、互いに独立した複数のパーツがあって、1つのパートで信じていない事柄を、別のパートでは信ずることができるのではないか。深層心理とか超自我とかいった精神分析学上の知見に照らすと、私たちの心がいくつかのパーツに分かれているというのはありそうなことだ。B嬢は、A氏に結婚の意思がないことを知っていながら、その現実を拒否したいがために、心の別の部分に対してA氏に結婚の意思があると信じさせようとするのである。

　同じ線での第4の説明。共存するパーツによってではなく、異なる時刻に継起するステージによって心を分割する、という理論である。今はA氏に結婚の意思がないことを知っているが、その現実を拒否したいがために、心の未来のステージにおいてはA氏に結婚の意思があると信じたい。そうなりたい願望が自己欺瞞というわけだ。

　第3、第4の説明は、自己欺瞞を現実逃避の一種と考える立場である。虐待を受けている子どもが、現実を否定したいために夢想の中で幸福な自己を作り出し、そこへしばしば逃避する癖が習慣化して多重人格症状のもととなる、という説があるが、まさに多重人格とは、複数の相容れない信念に満ちた自己欺瞞の産物なのかもしれない。

　第5の説明もありうる。「Pを信じる」「Pを信じない」という2つの状態を両方とも同レベルの「認知的状態」として捉えたことこそが、自己欺瞞が矛盾のように見えた原因だ、と診断するのだ。つまり、片方だけが（たぶんもともと持っている信念が）認知的状態であり、もう片方は、非認知的な情緒的状態、意志的状態、行為体勢なのだ、と。認知レベル内部を複数に分割した第3、第4の考えとは違って、**異種**のレベルへと心を階層化するのである。ここにおいては、自己欺瞞とは信念内容や理性の問題ではなく、感情や行為の問題となる。理性的な認知状態だけが心の正常な働きであるという前提を置くならば、第5の考えは第2の考えに合流することになるかもしれない。

Fingarette, H. *Self-deception*. (Routledge, 1969)

051 サスペンスのパラドクス
paradox of suspense

1 サスペンスドラマを見る。サスペンス小説を読む。サスペンスとは「宙吊り」のことだが、文字通り「これからどう展開するのか、窮地を切り抜けられるのか、犯人は誰か、どちらが勝つのか、なぜこんなことが起きたのか、2人は再び会えるのか、……」ストーリーの先が見えない不安こそが快感の源だ。

しかしである。サスペンスの醍醐味が先が見えないスリルにあるとしたら、二度目に観る場合、二度目に読む場合はどうだろう。ストーリーを覚えていて、犯人は誰か、どのような謎解きがあるのか、誰が生き残るのか……についてすでに知識があるにもかかわらず、一度目にも劣らぬ快楽を得ることができたりする。これはどうしてだろう。少なくとも3通りの説明を考えてください。

答え◎前問【自己欺瞞のパラドクス】で得た答えの大半がここでも転用できるだろう。

まず第1に、観賞者は自己の感性を2つのパーツもしくはレベルへと分割している、ということがあるだろう。〈現実の自己〉は、すでにストーリーを知っているので、作中の事件展開にはらはらすることはない。しかし〈虚構の自己〉は、まだストーリーを知らず、初めてこのサスペンス小説を読むのである。この〈虚構の自己〉の部分を満足させるために、何度でもサスペンス作品を味わうことができる。いわばそのつど「はらはらする虚構の心」を作り出していくのである。

第2に、二度目以降のサスペンス作品の快楽というのは錯覚にすぎない、とする説明も当然ありうる。ほんとうは楽しくないはずなのだが、楽しみたいという欲求を本当の快楽であるかのように「自己欺瞞」している、というわけである。

第3に考えられるのは、二度目以降のサスペンス作品の快楽というのは、ストーリーのいくらかを忘れているために可能となる、というものだ。

もう少し積極的な第4の説明はこうだ。二度目以降にサスペンス作品を味わうのは、ストーリーよりも、主にディテールを観賞するためだ、と。小説ならば文体や伏線の描き方といった技巧上のテクスチャー、登場人物の細かい心理など。映画であれば、人物の微妙な表情や、色彩、音、音楽など。ストーリーを追うのに気をとられないぶん、二度目以降の観賞はディテールをくっきり捉えることができる。論理的興味に導かれた一度目に比べて、二度目以降は、芸術的興味に導かれるのだと言えるだろう。

　第5。一度目の観賞時に感じた自分の反応を、確認し内省するという、自己観察的・自己分析的な要因が二度目に入ってきて、それが興趣をかもし出すことがあるに違いない。これは第1の説明で見た2つの自己の間の対象化関係である。はらはらしている〈虚構の自己〉を〈現実の自己〉が観察するという構造になるだろう。

　他にもいくらでも説明は考えられそうだが、以上のどれかのバリエーションとなるのではないだろうか。

2　今見た5つの説明は、それぞれ、前問【自己欺瞞のパラドクス】の5つの説明のどれと対応するだろう。結びつけてください。

答え◎サスペンス1 ⟷ 自己欺瞞3　サスペンス2 ⟷ 自己欺瞞2　サスペンス3 ⟷ 自己欺瞞の1　サスペンス4 ⟷ 自己欺瞞5　サスペンス5 ⟷ 自己欺瞞4

　　　　　　　Walton, Kendall L. *Mimesis As Make-Believe*（Harvard U. P.,1990）

---

052 フィクションを怖れる
fearirng fictions

LEVEL A1 I1 T1 Z3

　前問【サスペンスのパラドクス】で見た「再観賞のときのスリル体験」の謎以前に、もっと基本的な問題として、そもそも初観賞においてすら、フィクションで感情的な体験を得られるのはなぜか、という謎がある。

　虚構にすぎない小説や映画に対して私たちがはらはらしたり涙したり

第5章◎情緒、芸術、宗教、倫理

驚いたりできるのはなぜだろう。ストーリーもディテールもまだ知らない作品であろうがよく知っている作品であろうが、ともかくもフィクションの世界描写に心動かされるのはなぜなのか。現実に起きたことではないとわかっていながら、いったいどうして、現実世界の実際の出来事に感じるのと同じ種類の感情が得られるのだろうか。

代表的な例として、ホラー映画やホラー小説を考えよう。見えない怪物に襲われて主要人物が次々に死んでゆく。こわい！　しかし現実に起こっている出来事ではないことをあなたは知っている。なのに、ストーリーを追うごとになぜあなたの手は汗ばみ、脈拍は速まり、背筋に戦慄が走り、気持ちが昂揚してくるのか。これではまるで現実の恐怖に出遭ったかのようではないか。

少なくとも3通りの説明を考えてください。

答え◎050【自己欺瞞のパラドクス】、051【サスペンスのパラドクス】で得た答えのいくつかが転用できるだろう。

まず、〈現実の自己〉と〈虚構内の自己〉とに観賞者の心は分裂しているのだ、という説明ができる。〈現実の自己〉は、すべて架空のことと知っているから、スクリーンの中から巨大な化け物が襲いかかってくる映像を見ても逃げ出したりしない。しかし〈虚構内の自己〉は、虚構の世界の中で実際に化け物に襲われているのである。だからその部分の自己が反応して、背筋は凍りつき、心拍数と血圧が上がり、鳥肌が立つ。

第2に、フィクションへの感情というのは錯覚にすぎない、とする説明もありうる。ほんとうは感情など抱いていないのだが、楽しみたいという欲求ゆえに実際に感情が湧き起こっているかのように「自己欺瞞」している、と。これは、大勢で映画や演劇を観ると反応が伝染する、という祭儀的現象をうまく説明している。〈虚構内の自己〉などではなく、あくまで〈現実の自己〉が、現実内の事情によって虚構の出来事に反応するふりを演じているというわけである。だがこの説明は、極端な場合にはフィクションの恐怖映像を見てショック死したりすることもある人間の生理的現実を説明しきれないだろう。

第3の説明としては、フィクションの中の出来事は現実ではないとしても、

フィクション作品の存在そのものは現実である、ということがある。これを小さな子どもが見たら本当のことだと思い込んで心に傷が残るだろうという懸念や、こんな恐ろしい状況を考え出せる芸術家が存在することそのものへの畏怖。ただしこれは大半、フィクション観賞中にリアルに覚える恐怖感とは種類の異なる恐怖であろう。

<u>第4の説明</u>としては、たとえ恐ろしい状況が現実のことでないとわかっていても、そのような「可能性に気づくこと」がこわい、ということがある。たとえば、平和な国に住んでいながら、内戦で悲惨なことになっている地域に思いを馳せると悲しみが込み上げてくる、といった共感力や想像力を人間は持っている。それを現実の遠くの国々にではなく、可能性の中の状況にまで及ぼすのである。だがこれは、可能性の中の状況（可能世界）が何らかの意味で実在している、という前提がないと、説明として粗すぎるだろう。

この説明をさらに進めると、次のような<u>第5</u>の説明となる。あのような怪物が暗闇に潜んでいること、殺人鬼が人を殺しまわること、ビルが火事になってパニックが起こること、死者の呪いが降りかかること、等々は、フィクションとして提示されてはいるが、現実に起こる可能性があるのではないか。つまり、第4の説明のように「可能世界の中の現実」を描いたものとして見るのではなく、「現実世界の中の可能性」さらには「現実世界が孕む蓋然性」を描き出したものとして見ると、フィクションは俄然、現実味を帯びてくる。人は多かれ少なかれフィクションに「教訓」「寓意」を読み取ろうとするのだ。いつなんどき起きてもおかしくないこととしてフィクションを観賞すると、第1の説明の「〈虚構内の自己〉の恐怖」でもなければ第2の説明の「〈現実の自己〉の恐怖のふり」でもない「〈現実の自己〉の現実の恐怖」が込み上げてくるではないか。

たとえば本書の026【ワニはジレンマに悩むべきか？】。あれを読んで不愉快になった人もいることだろう。その不愉快な感情がなぜ起きたかを説明すると、こんなふうになるのではないか。「論理的には子どもが食われても不合理でないだなんて！　ワニに子どもをさらわれるのにも匹敵する理不尽な目に実際に私が遭ったとき、論理学的な機転で窮地を脱することはやはりできないということか。理屈で悪者をへこませ降伏させることは所詮できないと。論理なんて実生活ではそんなに無力なものなのか」……。ワニのジレン

マは、あくまでフィクションとして設定されていたにもかかわらず、〈護身術としての論理の力の限界〉への洞察を与えている。現実世界についてのその情報価値ゆえに、失望、不安、さらには恐怖といった現実の感情をフィクションが引き起こすのだ。

しばしば非現実的な状況を対象とした「恐怖」よりも、包括的に「感動」と称される感情——友情、恋愛、家族愛、隣人愛などありふれた題材を対象とした感情——については、この第5の説明（寓意的説明）が最もよくあてはまるように思われる。

Walton, Kendall L. "Fearirng Fictions" *Journal of Philosophy* 75（1978）

053 エッシャーの不可能絵画
Escher's impossible drawings

M.C.エッシャーの絵に描かれた状況は、実現不可能なものが多い。「常に昇り続けながら元の場所に戻る階段」「互いに描きあう手」等々。

しかし、そうした実現不可能なはずの状況を、エッシャーは絵にして描いている。絵はまぎれもなく実在している。不可能なはずの状況の映像を実現させるなどということが、なぜできるのだろうか？　正解を次から選んでください。

1. エッシャーの描く状況は、実はどれも実現可能である。だから描けるのだ。
2. エッシャーの描く状況は実現不可能だが、エッシャーはその状況を正確には写していない。だから描くことができた。
3. エッシャーの描く状況は実現不可能で、エッシャーはその状況を正確に写している。だからエッシャーの絵自体が不可能な存在なのである。
4. その他

答え◎正解は4。（解釈によっては、2. を正解としてもよい）

絵そのものと、内容とを区別することが肝要である。

エッシャーが行なったのは、文字通りには、インクや絵の具や彫刻刀で模様を描いただけのことだ。物質の一定の配置を行ない、それによって色彩成分が紙の上に定着した。現実に作られたのだから、絵自体が不可能な存在であるはずはない。

絵の表面の物質配列が、ある状況を表しているとされるのは、美術という文化の慣習である。遠近法、類似、象徴体系などの約束事を使って、AはBより手前にある、BはCより手前にある、かつCはAより手前にある……といった言語的な認識を観賞者にもたらす。しかしその情報は、絵自体を構成する物質的配置には本来含まれていない。絵そのものは矛盾を含んでいないが、絵が記号的に表わすとされる虚構の内容が矛盾した**意味を持たされている**だけなのである。

「今ここには雨が降っており、かつ降っていない」

これは内容が矛盾している。しかし頁の上のインクの染みとしては矛盾しているも何も、ただそこにあるだけだ。言語の場合は内容と物質の区別は自然になされるが、視覚芸術の場合は物質的基盤と内容との関係が「類似」という密接な関係になっているので、ともすれば混乱を招きやすい。絵が写真になり、映画になり、3次元のバーチャルリアリティになってくると、さらに内容と物理的基盤の区別ははっきりしなくなるだろう。しかしあくまで、実在する物理的基盤の方は矛盾することはありえず、矛盾はあくまで虚構的「意味内容」だけが担ってゆく。したがって、物理的基盤が矛盾内容を「正確に」描写する場合、絵の基準としては完全に正確でも、物理的基準からすれば正確ではありえない（2．が準正解であるのはそのため）。必ず、言語的象徴的な約束事が介在するのである。

054 芸術の「について」性
aboutness of art

LEVEL A2 I1 T1 Z2

前問で絵画について見たように、一般に芸術作品は言語の一種である、という見方がある。その見方にもとづいて、芸術の定義の重要部分とし

第5章◎情緒、芸術、宗教、倫理

て、何か「について」語るもの、ということがよく言われる。
　確かに、ここにある鞄や椅子やシャープペンシルは何「についての」物でもなく、ただ自らが存在するだけだが、風景画や人物画、彫刻や詩や演劇など芸術作品は、みな、何がしかの事柄「について」のものである。歌詞のない音楽にしても、感情や雰囲気を表現することで、「感情や雰囲気についての」ものと言ってよい。
　しかし、現代芸術、とりわけレディメイドとかコンセプチュアルアートとか呼ばれるものの中には、マルセル・デュシャンの『泉』のように、ただ小便器をひっくり返して置いただけのものとか、ただの石ころを展示したものとか、ジョン・ケージの『4分33秒』のようにピアニストがピアノの前に座って一つも音を出さぬまま退場する作品とか、妙な代物がたくさんある。事務室にある椅子はただの物であり何「についての」物でもないが、それを芸術家が美術館に持っていって展示すれば、芸術作品になってしまう。
　さてすると、そういった「前衛芸術作品」はいったい、何「についての」物なのだろうか？　芸術作品は言語の一種であるとして「について性 aboutness」を重視する美学者たちは、そうした前衛作品は何「について」語るものと見なすつもりだろうか。それとも、そうした前衛芸術の類は「芸術」ではないとされるのだろうか？

答え◎『泉』や『4分33秒』のようなものは芸術ではない、と断定する美学者もいる。しかしおおかたの美学者は、そういう類も「芸術」として認める。作品が指し示す対象が外に見当たらない以上、作品の内にあるに違いない、というのが論理的に唯一可能な考え方だろう。つまり、『泉』などのような作品は「芸術作品とは何か」**について**語る芸術作品である、というわけだ。芸術という理念は、ほんとうはどういうものなのか。そうした哲学的問いかけをするために、一見芸術らしからぬ装いで観賞者や研究者を挑発する「メタ芸術」が、デュシャンらの試みだというのである。
　もっと直截に、物がその物自身について語る、という理屈も考えられるだろう。事務室にある椅子は何も語らずただ家具として役立つだけだが、その同じ椅子が、美術展に出品されたとたん、「えーと、おれって一体何なの？

おれも芸術……?」そんなふうに観賞者に問いかけるわけだ。

　芸術作品は理論的言説ではないので、こうした自己主題化による「自己言及」が困難を生むことはないばかりか、論理的紛糾が芸術的価値に寄与する場合も多い。

Danto, Arthur C. *The Transfiguration of the Commonplaces*（Harvard U. P. 1981）

055 反芸術のパラドクス
paradox of anti-art

LEVEL A1 I2 T1 Z2

　20世紀初頭以降、ネオダダとかオブジェとかコンセプチュアルアートとか、従来の芸術の概念を壊そうという実験がさかんに試みられた。既製品の家具や食器を展覧会場に置いただけの作品、バケツ一杯の絵具をカンバスにぶっかけただけの絵画、音を出さない音楽、リンゴを置いて腐ってゆくにまかせるという美術……。ただそこにあること、自然や日常と連続していること、芸術芸術と力まないこと、美やテクニックや教養を排除して価値観を見直すこと、そこに「反芸術」ともいうべき新しい境地が期待されたのである。

　しかし、それらのいずれも、結局は伝統的芸術の制度に組み込まれることでしか、自らの主張を世に伝えることはできなかった。反芸術的ゲリラ戦のパイオニアともいうべきデュシャンの便器も、いまや20世紀を代表する芸術作品として教科書に載っている。前衛芸術のアイロニーというべきか。「反芸術」とは結局、正統なる芸術に寄生し、同化されることでしか「芸術に反した」ことのひとつもなしえないかのようだ。

　同じような逆説を、芸術以外の分野から挙げてみてください。

解答例◎いろいろ考えられるだろうが、格闘技における「真剣勝負のパラドクス」とも呼ぶべきものが現在最も目立った例ではなかろうか。スポーツ格闘技のような観賞用のルールに従うわけでもなく、プロレスのように筋書きありの派手な技を芸術的に演出するでもなく、観客は二の次にしてひたすら対戦相手と競い合い「あえて見せない」自然体こそが結果として「見せる」

ことになる。そういう信念が「真剣勝負」にはある。グレイシー柔術のように、延々と何十分でも寝技の膠着状態をいとわず、相手の隙をひたすら窺うという身も蓋もない戦い方が、結果として格闘技ファンの魂を揺り動かし、「バーリトゥード（なんでもありの他流試合）」ブームに火をつけることとなったのだ。

　しかし、自然を求めたオブジェが結局は芸術の劇場に取り込まれざるをえなかったように、真剣勝負も、その魅力を普及させるためにはスポーツ化したりプロレスと合流したりして興行的成功を目論まねばならなかった。『PRIDE』『K-1』をはじめとする格闘技産業は、スポーツ的ルールやプロレス的アングルなしには成立しがたい。闘いそのものは筋書きのない真剣勝負であるにしても、反則や秒殺は非難され、リング外のファンサービスも要求される。「見せない」ことこそ「見せる」ことだという逆説の誇りは、結局はもともとの「意図的に見せてこそナンボ」の常識に取り込まれざるをえなくなっていく。

　　　　　　　　　　　　　　赤瀬川原平『東京ミキサー計画』（ちくま文庫）

056 無為自然のパラドクス
paradox of wu-wei

　「かの老荘」について本居宣長は述べる。
　「かれらが道は、もとさかしらを厭ふから、自然の道をしひて立てんとする物なる故に、その自然は真の自然にあらず、もし自然に任すをよしとせば、さかしらなる世は、そのさかしらのままにてあらんこそ、真の自然にはあるべきに、そのさかしらを厭ひ悪むは、返りて自然に背ける強事なり」（『くず花』）
　老子と荘子——老荘思想の「無為自然」の境地は、あえて求めなければ実現できない境地である。人間のありのままの状態とは、むしろ作為にまみれた「賢しら」の状態であることが普通だからだ。とすれば、作為的なままでいることこそが自然なのであり、無為自然に至ろうとすることこそが作為なのではないか。

> 「努力目標は、努力しないこと」。そんな矛盾を老荘思想は抱えているというわけだ。あなたが老荘思想の支持者だとして、宣長の批判にどう応えますか?

答え◎これは、同類の次問【ニルヴァーナのパラドクス】とともに解決しよう。

三浦俊彦『これは餡パンではない』(河出書房新社)

057 ニルヴァーナのパラドクス
paradox of nirvana

仏教における理想の境地、ニルヴァーナ（涅槃(ねはん)）は、欲望・煩悩を断って絶対的な静寂に達した状態のことである。それを求めるのが仏道ということになるが、涅槃は、ただ安易に待っていれば到来してくるものではなく、それなりの努力なしには到達できない。しかし希求し努力するということは、欲望・煩悩に支配されるということであり、そのような状態では欲望を脱したニルヴァーナへ到達することは不可能である。

はて、それではニルヴァーナとはもともと矛盾した概念なのだろうか? あなたが仏教の実践家であるとして、このニルヴァーナ批判にどう応えますか?

答え◎このパラドクスとよく比較される問題として、「快楽のパラドクス」がある。快楽は、直接求めるとうまく獲得できないものである。むしろ他人の幸福を願って行動すると、かえって自分も幸せが得られるというのが、日々私たちが経験する事実である。「情けは人のためならず」。しかしだからといって、その教訓を当てにして、自分の幸福のために他人に親切にする……というのでは、また幸福は逃げていってしまう。内申書に書いてもらうためのボランティア活動みたいなものだ。

ここまで見てきた「反芸術」「真剣勝負」「無為自然」「涅槃」「快楽」等々の孕むパラドクスは、どれも、次のようなメカニズムが共通している。

「特性Pを獲得するためには、特性-非Pを持つ方法に依存せねばならない」

　これは021【語用論的パラドクス】の一種だが、Pと非Pとが別のレベルに分離できるので、論理的にも実践的にも矛盾とは言えない。求める対象の性質と、そこへ至る方法の性質とは別のレベルにあるからだ。たとえば、「真っ赤な夕陽」と黒い文字で印刷してあるのは、矛盾でも何でもない。太陽が赤くて同時に黒いと言っているわけではなく、黒い方法で赤い対象を表現しただけである。同様に、反芸術を芸術の方法と制度によって追究する、無為自然を作為的に達成する、ニルヴァーナを切実に欲求する、等々は矛盾ではない。

　しかし、無為自然やニルヴァーナのような求道的・宗教的な理念は、対象と方法、内容と形式といった区別を否定し、人生全体をひとつのレベルで統一しようとする普遍志向がある。すると矛盾が甦る。「人生に浸透するニルヴァーナ的理念」という姿勢がまるごと、反ニルヴァーナ的欲望によって設定され、記述され、評価されてしまう。このメタレベルの欲望をさらに非欲望化して統一を回復するためには、その外側にまた反ニルヴァーナ的欲望が必要で……と無限拡大してゆく。こうした拡大の、もはや非欲望化で統一できない限界のところで諦め、あるがままにまかせることが、ニルヴァーナの境地だ——そう達観するしかないだろう。究極にはニルヴァーナは理論ではなく、実践だということである。

　　　　　　　　　Slater,Robert. *Paradox of Nirvana*（U. of Chicago P. 1951）

058 懐疑論／独我論のパラドクス
paradox of scepticism/solipsism

LEVEL A3 B3 T2 Z3

　055【反芸術】、056【無為自然】、057【ニルヴァーナ】の各パラドクスが帯びていた傾向——自らの主張を展開することが自らの主張に反しているというメカニズム——は、「懐疑論」という哲学的傾向においてその一般公式を作ることができる。031【枠の中のパラドクス】で検討した原理Pを思い出しましょう。

「～～であるようなすべての文は偽である」という文は、～～がこの文自身にあてはまる場合には、偽である。

　これを応用して、次のような原理Qを設定します。

　原理Q　「～～であるようなすべての※は○○」という※は、～～がこの※自身にあてはまる場合には、○○である。

　この形式で「懐疑論」を具体的に表現すると、「『哲学説はすべて疑わしい』という説は、それ自体哲学説であるならば、疑わしい」となるでしょう。原理Qは一種のトートロジー（同語反復）で、絶対の真理を表現しています。さてそれでは、

１　055【反芸術のパラドクス】、056【無為自然のパラドクス】、057【ニルヴァーナのパラドクス】を、原理Qと同じ形式で表現してください。
２　「私以外の人間は意識を持っていない」という「独我論」を、Qの形式で表現してパラドクスに仕立ててください。

解答例◎１反芸術のパラドクス／「受け狙いのすべての実践（とくに芸術）は時代遅れだ」という実践（とくに反芸術）は、受け狙いをしなければ成立しないならば、時代遅れだ。
　無為自然のパラドクス／「作為によるすべての言動は控えるべきである」という言動は、作為によらずには実行できないならば、控えるべきである。
　ニルヴァーナのパラドクス／「我欲という心はすべて滅却すべし」という心は、それ自身が我欲であるならば、滅却すべし。

２独我論のパラドクス／「私以外の人間も意識を持つ、と前提する言動は、錯覚である」という言動は、自分以外の意識に伝えようとしてなされているならば、錯覚である。

第5章◎情緒、芸術、宗教、倫理

独我論についてはよく知られたジョークがある。教授が独我論を熱っぽく主張した講演のあとで、ひとりの聴講者が教壇にやってきて興奮して言う。「先生の主張は全く私が考えていたとおりのことです！」教授は感激して「独我論者の同志に生きているうちに出会えるとは。うれしいことこの上ない！」

教授と聴講者の言動は「矛盾」とは言えない。意識を持つのは本当は私しかいないが、私の意識の中に〈他者の意識〉を虚構的に設定し、コミュニケーションを自作自演している、とすれば辻褄が合うからだ。しかし、虚構的であれ他者の意識を前提とする言動が日常生活すべてに行き渡ってしまうと、もはや「他者は本当に意識を持っている」と信じている状態と何ら違いがなくなってしまう。この意味で、独我論を信じている人（他者の意識を前提しない人）はいないと言っていいだろう。

059 デリダのパラドクス
Derrida's paradox

「デリダのパラドクス」とは、エドワード・O・ウィルソン『知の挑戦』（角川書店）で使われた言葉。たしかに、ジャック・デリダとその追随者の言説には、自己破壊的なところがある。デリダ流の脱構築主義とは、大まかに次のような主張のことだ。──言説は、確定した意味を持たず、表向きの主張を裏切る逆の主張をつねに含んでいる。しかも、表と裏、中核と周縁、本題と装飾、真剣と冗談、本気と偽装、原典と引用、本物と代理、本家と亜流の区別というものは、かりに存在しても論理的優先順位はなく、あるのは差異の戯れのみである。すべては同格であり、階層で固定されるべき序列などはない。

ところが、このような極端な相対主義を唱えるデリダほど、自説への誤解や歪曲に過敏に反応してきた思想家もいないだろう。ジョン・サールが、ジョナサン・カラー著の脱構築入門書を批判することによってデリダ本人の思想が批判できたかのごとき論説を書いたとき、あるいはユルゲン・ハーバーマスがデリダを1行も引用せずにデリダ批判を書いた

とき、デリダは彼らの「歪曲」「不誠実」に大いに憤慨したものだ。
　しかし、デリダの所説によれば、本家と亜流、直接と間接、正読と誤読、真面目と不真面目の絶対的区別などというものは幻想だったはずだ。なのに、自説が「誤解」されているといって憤慨する。これは矛盾ではないだろうか？　あなたがデリダ主義者であるとして、この「矛盾」に対しデリダを弁護してください。

答え◎055【反芸術】、056【無為自然】、057【ニルヴァーナ】、058【懐疑論／独我論】の各パラドクスと同じく、語用論的パラドクスの一種である。とくに独我論のパラドクスと似ている。自説を本当は信じていないことをデリダ自身の行動が暴露してしまっているからだ。しかし、独我論のパラドクスと違うのは、デリダのテクスト自体の意味が不確定なのだから問題ない、という弁明ができることである。デリダが「本物と代理、本家と亜流の論理的序列はない」と**本当**に語っているかどうかもまた疑われるべきなのである。デリダの言説を自己破壊的にするような読みが正しい読みとは限らないということだ。唯一絶対の読みを定めないこの方針こそ、まさにデリダの言い分に合致している。こうして矛盾は解消される。

　この解決法が正しいことの証拠として、デリダの文体がある。デリダの文章は、意図的に曖昧に、どうとでも解釈できる装飾過多の冗長表現で述べられるのが常である。デリダの言説を文字通りに理解するすべはない。デリダの著作全体が、冗談であり、詩であり、発声練習であって、真面目-不真面目の区別を身をもって廃棄した具体例なのである。デリダの脱構築主義を「学術的主張」と受け取るかぎり、デリダの言動は単に不誠実となり、弁護の余地はない。むしろデリダのテクストは、思想の伝達ではなく、発言行為によって世界に何がしかの刺激を与えようとする戯れの装置なのだ。（芸術も根本的には理屈や主張ではなく遊戯であることを考えれば、055【反芸術のパラドクス】も同じようにして解決できるだろう。）

　デリダのテクストは、意味論的に（テクスト外の世界と垂直的関係のもとに）読むのは的外れであり、もっぱら因果的に（外界と水平的関係のもとに）把握せねばなるまい。041【デイヴィドソンのパラドクス】も参照。

　　　　　　　　　ジャック・デリダ『有限責任会社』（法政大学出版局）

第5章◎情緒、芸術、宗教、倫理

060
石のパラドクス
paradox of stone

LEVEL 1 2 3 2

　西洋哲学には伝統的に、神の属性をめぐる神学的パラドクスがいくつかある。非キリスト教徒にとっては切実な問題とは感じられない瑣末な言葉遊びばかりだ。と、そう思っていた無神論者のこの私も、最近、神をめぐる問題もちゃんと取り組む価値があるかもしれん、と思うようになってきた。「神」あるいはもっと一般的に「創造主」は、科学的になかなか興味深い主題でありうるようなのだ（理由は後の105【胡蝶の夢】を参照してください）。

　さて、神の属性の中でも、「善」「全知」「全能」がよく問題にされてきた。ここでは「全能」のパラドクスを考えたい。

　神はその定義からして全能である。全能というのは、もちろん、何でもできることである。何でもできるのだから、何でも創り出せるはずだ。人間も動物も植物も惑星も銀河も、この宇宙全体を創った神なのだし。さよう、何でも創れるのだから、その中には、「神が持ち上げられない石」というのが考えられる。そう。神は、自分で持ち上げられない石を創れるはずなのである。なにしろ全能だから。

　さてしかし、自分で持ち上げられない石というのが創られてしまうと、神は、その石を持ち上げることはできない。全能の神に、できないことがあることになってしまうのだ。

　はて？　どう考えればよいだろうか。

答え◎ほがらかな無神論者にとっては、次の一言でこのパラドクスは片付く。
「だから全能の神なんてのは不合理であって、そんなものは存在しない、てことがこれで証明されたわけだよ。全能の神を仮定すると矛盾が生じた。一種の背理法さ」

　これはもちろん1つの答えである。しかし、この答えで納得できる人は無神論者にも多くはいないのではなかろうか。なぜなら、まず第一に、この石のパラドクスによって「全能ではないがほぼ全能である神」の存在は否定で

きていない。そして第二に、こちらの方が重要なのだが、神が「自分が持ち上げられない石」などというものを創り出せないからといって、あるいは、自分が創り出した「自分が持ち上げられない石」を持ち上げられないからといって、「全能の神」に値しないことになるだろうか。そんなことで「全能」が否定されるとはどうも思えないではないか。

「全能」というとき、問題文では「何でもできること」と書かれたが、その「何でも」というのはどの範囲の事柄を指すべきなのだろうか。全能なら、円周率を有理数にすることもできるのだろうか。宇宙を創ってしかも同時に創らないというのもできるのか。……いや、いくら全能でもそのような「不可能なこと」はできるはずがないだろう。むしろそんな荒唐無稽な不可能事までできる力なるものは言葉だけのものでしかなく、空虚であり、かえって「全能」の名に値しないだろう。つまるところ「全能」という意味は、「**論理的に可能なことは何でもできる**」と理解すべきである。

全能の神が、「丸い四角」を創り出せないからといって、「自分より力の強い人間」を創り出せないからといって、「自分は全能でなかったことにする」ことができないからといって、「自分で創れない石」を創り出せないからといって、神の全能は否定されはしない。山を動かしたり、惑星を消滅させたり、銀河を分裂させたり、論理的に可能なことが何でもできるのであれば、依然として、その神は全能と言ってさしつかえないだろう。

Keene, G.B. "A Simpler Solution to the Paradox of Omnipotence" *Mind* ns69（1960）

---

061 悪のパラドクス
paradox of evil

神の属性である「善」「全知」「全能」は、個別には成立しうるとしても、3つともが互いに矛盾なく成立することはありえないのではないか、という議論がしばしばなされてきた。

神が全知全能、しかも善であるならば、なぜこの世に悪があるのだろうか。しかもこれほど多くの、大きな悪が。戦争、貧困、不平等、苦痛、犯罪……。

> 神は全知であるから、いかなる悪に関しても、どうすれば防げるかを知っている。全能であるからその策を実行することができる。そして善であるならば、すべての悪に関して防止策を実行しようと欲するであろう。なのに、この世界に溢れかえる悪を見るに、神が悪の防止策を実行している気配はいっこうに感じられないではないか。
> この矛盾を解決する考えを可能な限りたくさん提示してください。

答え◎まず第一にもちろん、「神は善ではない」という可能性が挙げられるだろう。それならば矛盾は解消する。

その他に、「全知」と「全能」のいずれかを否定する道もあるだろう。神は悪をなくすためにすべきことは何でもできて、その気もあるのだが、悪の存在に気づいていないのだ。あるいは、神は悪の存在を知っていてなくしたいと思っているのだがその力がないのだ。

さらには、「全知」「全能」「善」のうち2つまたは全部否定する道もある。

そして、そんなものは神の名に値しないとして神の存在そのものを否定すること、ひいては創造主の存在を否定することも選択肢として有力だ。

あと他に、次のような道を忘れてはならない。すなわち、前問【石のパラドクス】で見たように、「全能」または「全知」「善」という概念を解釈しなおす手である。しかし「悪に関しては働かない全能」「サタンや邪神のような悪の力によって邪魔される全能」というのは全能とは認められまいし、「悪には気づかない全知」というのも全知とはとうてい呼べない。残るは、「善」の再解釈である。

よく論じられてきたのは、この世に悪があるのは人間の自由意思のゆえであり、自由意思がないよりもあった方がこの世界は道徳的に有意義になるという議論である。有意義なる世界を目指した神の産物が悪を含むのは当然であるというわけだ。しかし、どう見ても自由意思とは関係のない悪、道徳とも関係ない悪、罪のない人たちの無益な苦痛、等々がこの世にたくさんあることを考えると（飢えた子どもたち、病気、自然災害、事故、児童虐待……）、そのような無意味な残酷を放置している神が善であるとは言えないだろう。

残された道として、神の観点から見れば「悪」は本当は悪などではない、という考えもありうる。人間の有限な立場から見たときのみ、この世は悪に

満ちているのであって、神の真実の基準からすれば、この世に防止すべき悪などは存在しないのだ。

　この最後の考えは、シミュレーターとしての神（後の105【胡蝶の夢】を参照）という概念と相性がよいかもしれない。この世界が、スーパーコンピューターの中の人工的シミュレーションだとするなら、ちょうど私たちがパソコン内でゲームをするように、キャラクターがどんな悲惨な目に遭おうが、そうした虚構の悪は本当の悪ではない。神の観点も、神自身の世界の善を意思しているだけであって、自分の作った虚構的産物（私たちにとってのこの世界）の中の悪はどうでもよいのかもしれない。ただその場合は、神はいわゆる「恵み深い神」「慈愛の神」ではありえず、人間中心主義的な伝統的宗教の神とは似ても似つかぬ造物主だったことになるだろう。

　　　　　📖 上枝美典『「神」という謎——宗教哲学入門』（世界思想社）

062 慈悲深い殺人のパラドクス
paradox of gentle murder

LEVEL **A3 I2 T2 Z3**

　一般に、私利私欲や恨みや楽しみのために人を殺してはならない。殺人は、「すべきでないこと」なのである。これは文明社会の公理である。
　ところであなたは、ライバルの太郎さえいなければ、自分の業績が認められて地位的にも経済的にも飛躍的に有利になることを知っている。そこであなたは、周到に計画して、太郎を殺すことに決めた。太郎をむやみに苦しめるのが目的ではないから、あなたは、速やかに、苦しみを与えない方法で殺そうと思っている。それがともかくも、太郎への思いやりというものだろう。
　するとここで、次のようなことが正しいと思われる。

1. あなたが太郎を殺す　ナラバ、あなたは太郎を穏やかに殺すべきである

また、次のことが当然成り立つだろう。

2. あなたは太郎を穏やかに殺すべきである　ナラバ、あなたは太郎を殺すべきである

　なぜなら、一般に、「副詞a＋動作b」をするためには、「動作b」をしなければならないに決まっているからだ。よって、「穏やかに殺す」ためには「殺す」ことが必要である。殺さずして穏やかに殺すことはできない。こうして、「太郎を穏やかに殺す」べきであるならば、「太郎を殺す」べきである、ということも成り立つはずだ。
　さて、1．と2．を合わせよう。「PならばQ」＋「QならばR」から「PならばR」が導かれるから……、

3. あなたが太郎を殺す　ナラバ、あなたは太郎を殺すべきである

　1．2．が真であれば、論理学の法則により、3．が真となるのだ。
　しかし……？　3．は、現実に殺人が行なわれるなら、その殺人はなされるべきである、と述べている。これはどう考えても「殺人はなされるべきでない」という公理に反しているだろう。殺人がただ**実際**になされると決まったとたん、なされる**べき**だなんて！
　どうしてこんな結論が？　推論のどこが間違っていたのだろう？

答え◎道徳的推論を論理記号で表わしシステム化した「義務論理学」で発生するいくつかの厄介なパラドクスのうち、代表的なものである。
　論理記号に馴染みのない人にとっても、ここは記号化した方がわかりやすいだろう。そもそもこのパラドクスは、日常言語の欠点を突いた問題なので。
──「あなたが太郎を殺す」をP、「あなたは太郎を穏やかに殺す」をP'、「べきである」を◎で表わそう。
1．は、どう表わされるだろうか。こうだろうか。

　　　Pならば◎（P'）

2．はたぶんこうだろう。

　　　　◎（P'）ならば◎P

するとたしかに、この２つから、3．が出てくる。

　　　　Pならば◎P

つまり殺人が義務になってしまうのだ。
　変だったのは、1．の記号化である。1．は、本当は次のように記号化しなければならなかった。

　　　　◎（PならばP'）

　この違いは重要である。「Pならば◎（P'）」は、「実際にあなたが太郎を殺すということならば、（殺すことは悪なのだが）太郎を穏やかに殺すということがあなたの義務だ」ということを意味している。しかし悪なのに義務というのは奇妙だろう。本当はむしろこうだ。「（殺すことは悪なのだが）あなたには次のような義務がある、すなわち、実際にあなたが太郎を殺すというのならば仕方がないせめて穏やかに殺すこと」
　1．は、行為Pと「P'という義務」との関係を述べていたわけではない。PもP'もしてはならないことだからである。ただPとP'という２つの行為の間には倫理的に特定の関係が成立する、というだけのことなのだ。
　1．は曖昧な言い方だった。うっかり「Pならば◎（P'）」と理解するのではなく、正しく「◎（PならばP'）」と理解しさえすれば、2．3．と合わせても「殺人が義務だ」などという結論は論理的に出てこないのである。

📖 Forrester, James William. "Gentle Murder, or the Advervial Samaritan" *Journal of Philosophy* 81（1984）

第6章
無限からアンチノミーへ
悪循環を泳ぎきるために

063 トリストラム・シャンディの自叙伝
Tristram Shandy's autobiography

　イギリスの作家ローレンス・スターン（1713-68）の小説『紳士トリストラム・シャンディの生涯と意見』の主人公は、自分の生涯の最初の2日を書き記すのに、2年間かかってしまった。「この調子だと自伝執筆というこの仕事を成し遂げることは不可能だ」と彼は嘆く。
　さてしかし、自分の生涯の2日を2年かけて書いてゆくというペースで、自分の人生を余すところなく書き上げられる人がいるという。それはどういう人だろうか。

答え◎2年かけて2日を記述という執筆速度では、普通は絶対に人生すべてを書くことなどできるわけがない。しかし、普通でない人ならばそれができる。どういう人か？　そう、永遠に生き続ける人である。
　永遠に書き続ければ、その人は、2日／2年のペースでも、自分の永遠の

人生をすべて書くことができる。時間が経つにつれ、すでに書かれた部分に対するまだ書かれない部分の比率はどんどん大きくなってゆき、余りが膨れ上がってゆく一方であるにもかかわらず、その余りのどの部分も、**いずれは必ず記述される**。つまり、決して書かれずに終わる未来の部分というものはない。自伝は完成する定めなのである。

　005【アキレスと亀】の反対で、「最も遅い者でも、最も速い者と同じだけ進む」というわけだ。ただし【アキレスと亀】とは違ってここでは、この命題は文字通り真である。無限が現われる場面では、有限を扱うさいの直観や常識といったものが通用しないという好例である。いかに直観に反していても、不平を言わず謙虚に認めるというのが論理的に正しい態度だろう。

　　　　　バートランド・ラッセル『神秘主義と論理』（みすず書房）

064 ヒルベルトのホテル
Hilbert's hotel

LEVEL A1 I3 T1 Z1

1 満室になっているホテルがある。そこへ、1人の客がやってきた。どうしても泊めてほしいという。支配人はフロントに指示して、その客に部屋を提供することができた。

　チェックアウトした客はいない。相部屋にした部屋も一切ない。新しい客室を急いで作ったわけでもなければ、客室以外の従業員室その他の部屋を転用してもいない。他のホテルや別館を紹介したわけでもない。

　どうやって満室のホテルが新たな客を1人迎え入れることができたのだろう。どのようなホテルならそれが可能か？

答え◎満室である以上、普通は絶対に新たな客を泊めることなどできるわけがない。しかし、普通でないホテルならばそれができる。どういうホテルか？　そう、無限個の客室を持つホテルである。

　1号室の客に、2号室へ移ってもらう。2号室にいた客に、3号室に移ってもらう。等々、N号室の客にN＋1号室にいっせいに移ってもらうのである。そうすると、満室であったにもかかわらず、どの客からも部屋を奪わず

に1号室を空き部屋にできるのだ。

　もちろん、新たな客は1人である必要はなく、2人でも5人でも100兆人でも、任意の自然数Mについて、M人の新たな客を迎え入れることができる。N号室にいた宿泊客に、それぞれN＋M号室に移ってもらえばよいのだ。

　無限が現われる場面では、有限を扱うさいの直観や常識といったものがやはり通用しないのだ。

2　それでは、無限人の客が新たにやってきた場合はどうだろうか。無限個の部屋が満室になっているこのホテルが、無限人の客を泊めるには？

答え◎1の方法の延長で、N号室の宿泊客に（N＋無限）号室にいっせいに移ってもらう、というわけにはいかない。（N＋無限）号室などという部屋はないのだから。

　しかし無限人分の部屋の確保の仕方はそれこそ無数にある。一例としてこうすればよい。1号室の客に、2号室へ移ってもらう。2号室の客に、4号室へ移ってもらう。3号室の客に、6号室へ等々、N号室の客に2N号室にいっせいに移ってもらうのである。そうすると、新たに無限個の部屋を（この場合は奇数号室すべてを）空き部屋にできるのだ。

　$\infty + \infty = \infty$ というわけである。

　これは何度でも繰り返せるので、なんとこのホテルは、無限人の新たな客が無限回押し寄せてきても、すべて収容することができるのである。

　いってみれば $\infty \times \infty = \infty^2 = \infty$ というわけだ。

065 ペンキ塗りのパラドクス
paradox of painting

　一辺が1cmの正方形の紙を置く。その一辺に、2cm×$\frac{1}{2}$cmの長方形の紙の$\frac{1}{2}$cmの辺をくっつけ、3cmの直線の縁ができるようにする。そのもう一方の$\frac{1}{2}$cmの辺に、4cm×$\frac{1}{4}$cmの長方形の$\frac{1}{4}$cm辺をくっつけて、7cmの直線の縁ができるようにする。そのもう一方の

$\frac{1}{4}$cmの辺に、8cm×$\frac{1}{8}$cmの長方形の……、これを無限に続ける。こうして無限に続けて得られた全体の図形をSとしよう。

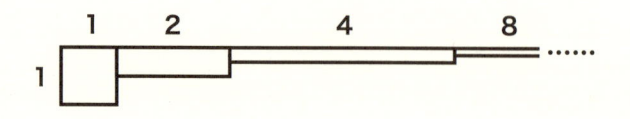

1 さて、図形Sの面積はいくらですか。

答え◎どの長方形の面積も1だから、$1+1+1+1+1+\cdots=\infty$
　図形Sの面積は∞cm^2。無限大である。

2 図形Sの、無限に長い直線の縁を軸にして1回転させる。そうしてできた立体は、無限に多くの円柱が積み重なった形になる。この立体Dの体積はいくらですか。

答え◎正方形を回転させた部分は底面積がπで高さが1の円柱だから体積はπ。次の長方形を回転させた部分は底面積が$\pi/4$で高さが2の円柱だから体積は$\pi/2$。次の長方形を回転させた部分は底面積が$\pi/16$で高さが4の円柱だから体積は$\pi/4$。と続いていって、n番目の長方形を回転させた部分は底面積が$\pi/2^{2(n-1)}$で高さが2^{n-1}の円柱だから体積は$\pi/2^{n-1}$。
　つまり、$\pi + \pi/2 + \pi/4 + \pi/8 \cdots + \pi/2^{n-1} + \cdots$
　$= \pi (1 + 1/2 + 1/4 + 1/8 \cdots + 1/2^{n-1} + \cdots) = 2\pi$
　立体Dの体積は2πcm^{3}である。

3 無限大の面積の図形Sを回転させて得られた立体Dの体積は有限、しかもたった2πcm^3。
　これはちょっと直観に反する結果ではないだろうか（人によるとは思うが）。しかし端的な事実である。パラドクスでも何でもない。空間に関しては、私たちの直観は信頼できる指針ではないということだ。
　さて、図形Sの両面に赤いペンキを塗りたい。無限の量のペンキが必要だ

第6章◎無限からアンチノミーへ

ろうか、それとも有限の量で十分だろうか。

答え◎Dの中にペンキを満たして、そこにスッポリとSを浸すことができる。そうするとSは全面赤く塗られる。そう。$2\pi cm^3$のペンキがあれば、Sの無限大の表面積を塗り尽くすのに十分なのである！

　ん？　そんな驚くべきことでもない？　まあ、平面には厚みがないと考えれば無限の平面であっても有限のペンキで塗り尽くせる、というのは当然のような気もしますが……、たとえば、有限の体積の直方体の、高さを無限小にすれば底面積は無限大になるので、その中にペンキを満たせば無限大の底面が自動的に塗れてしまっているわけで……。

　このパズルは、012【デモクリトスのジレンマ】と同じく、「ペンキを塗る」ということの現実の物理的意味と数学的意味とを分けて考えるべきだろう。その2つを混同するところから「不思議なパラドクスの感じ」が生まれる。数学的には、計算によって割り切って、厚み無限小で塗っていけば有限量で済むと考えられる。一方、物理的には無限の面積には無限量のペンキが必要となるだろう。実際のところ、立体Dに物理的なペンキを入れたのでは、先端の方の無限に細くなっている部分にはペンキの分子が入り込めなくなるので、そこに浸されたSの表面を塗ることはできまい。

　この系統の、空間と平面に関するさらに驚くべき定理についての話題は、📖をご覧ください。

　　　　　　　　📖 砂田利一『バナッハ・タルスキーのパラドックス』（岩波書店）

---

066 一般対角線論法
generalized diagonal argument

LEVEL A3 B3 C1 Z1

　有限個であれ無限個であれ、ある明確な条件を定めると、その条件のあてはまるメンバーが決まり、そのメンバーの集まりすなわち集合が決まる。たとえば、人間であるという条件を定めれば、人間の集合が決まる。素数であるという条件を決めると、素数の集合が決まる。無用の問題を避けるために、「赤い」とか「背が高い」とか「美しい」とかいっ

た曖昧な基準を持つ概念は避けて、はっきり定義できるものだけを条件として、それをもとに集合を作ってゆこう。明確か明確でないのかが明確でない条件——「生きている」「酸性である」「惑星である」など——も避けておこう（最近、冥王星が惑星なのか実はただの氷の塊なのかについて天文学界で議論があったばかりである）。「哺乳類である」「5で割り切れる」「日本国籍を持つ」等々、明確な条件で決まる「哺乳類」「5の倍数」「日本人」といった集合だけに話を限定するのだ。

さて、ある集合Sの、部分集合の集合というのを考えよう。集合Sが決まれば、その部分集合としてどんなものがあるかが決まるから、Sの部分集合をメンバーとする集合は、全く問題ない明確な集合である。集合Sの部分集合を全部集めた集合をSのベキ集合と呼び、$P(S)$あるいは2^Sと書き表わす。

一例。S＝{カントール、ラッセル、ゲーデル}とすると、Sのベキ集合2^Sは次のような$2^3＝8$個の要素（＝メンバー）を持つ集合となる。

$2^S＝$ {ϕ，{カントール}，{ラッセル}，{ゲーデル}，{カントール、ラッセル}，{カントール、ゲーデル}，{ラッセル、ゲーデル}，{カントール、ラッセル、ゲーデル}}

Sがn個の要素を持つ場合、それぞれが2^Sの要素(メンバー)になるかならないかで2通りあるから、その2通りがn回選択されて、ベキ集合2^Sは2^n個の要素を持つことになる。この要素の数が、2^Sという表記に反映されているわけだ。

任意の自然数nについて、当然、$n＜2^n$。しかし、nが無限大であったらどうだろう。自然数全体の集合Nの要素の数を∞と書くとすると、Nのベキ集合の要素の数はやはり2^∞となるが、さて、$\infty＜2^\infty$なのだろうか。

064【ヒルベルトのホテル】では、$\infty^2＝\infty$であることを見たが、2^∞の場合は……？

※この問題は、集合論を知らない人は「二択の直観力テスト」として勘でお答えください。以下、証明が提示されますが、次の【カントールのパラドクス】に進むためのステップとして、結論だけ読むのでも十分です。

第6章◎無限からアンチノミーへ

答え◎∞はすでに無限大なのだから、それより大きなものがあろうはずはなく、したがって∞＝$2^∞$、なのだろうか？　$∞^2＝∞$であったのと同じように……。

　しかし正解は、$∞<2^∞$である。つまり、自然数の個数である「無限大」よりも大きな無限大が存在する。その大きな無限大$2^∞$を♂と書くと、やはり♂＜$2^♂$であるから、さらに大きな無限大が存在する。この不等式は無限に続く。つまり、無限大には無限の階層があるのだ！

　これの証明（一般対角線論法）はなかなか面倒なのだが、簡潔に書いてしまうことはできる。集合の要素の数を「基数(メンバー)」というが、有限だろうが無限だろうが任意の基数Kについて、$K<2^K$であることを証明するには、有限だろうが無限だろうが任意の集合について、それのベキ集合は一層多くの要素を持つことを証明すればよい。

　任意の集合Sと、そのベキ集合2^Sを考え、その両者の要素どうしで一対一対応がつけられると仮定しよう。Sの要素xに対応する2^Sの要素をΩxと書くことにする。xのうち、自分と対応するΩxの要素になっていないxだけを全部集めた集合S'を作ろう（そのようなxが1つもない場合は、S'はφとなる）。S'は特定のxを集めた集合なので、Sの部分集合である。つまり2^Sの要素である。したがって仮定により、S'に対してSの要素が1つ対応しているはずだ。その要素をαと書くと、S'はΩαということになる。S'の作り方からして、S'（＝Ωα）はαを要素として含まない。だがそうすると、ふたたびS'の作り方からして、αはS'（＝Ωα）の要素ということになってしまう。矛盾が生じた。S'に対応するαなど無いということだ。S'はSの要素とは対応付けられないのだ。つまり仮定は誤りであり、2^Sの要素の中には、Sの要素と対応できない余りの要素が必ず存在するのである。

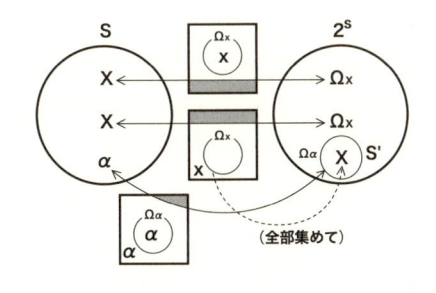

　ふ〜う……。面倒な証明を圧縮して書いてしまった。自己流の対応図を描きながらお読みになると案外わかりやすいと思いますが。

いずれにしても、把握しておくべき結論はこうです。いかなる集合であれ、そのベキ集合はさらに多くの要素を持つ、ということ。これを「カントールの定理」と呼びます。

野矢茂樹『無限論の教室』(講談社現代新書)

067 カントールのパラドクス
Cantor's paradox

　任意の集合Xのベキ集合2^Xは、Xの要素よりも必ず多くの要素(メンバー)を持つ。……これが前問【一般対角線論法】の結論でした。これを使って、有名な「カントールのパラドクス」を考えましょう。

　前問と同様、「赤い」「背が高い」のような条件を避けて、異論なく明確に定まる条件にもとづく「哺乳類」「5の倍数」「日本人」といった集合だけに話を限定して、とりかかろう。

　こうして注意深く作られた諸々の集合が持つ「集合である」という性質そのものも、まったく明確な条件であるはずだ。集合であるものとないものとがはっきり分けられ、集合であるもの全部の集まり、すなわち「集合の集まり」Σが得られる。

　Σは、そのメンバーとして集合はどれも含み、逆に、集合でないものはメンバーとしないような、「集合の集合」である。

　このΣは、しかし、困った性質を持つ。Σの要素(メンバー)の数をzとしよう。Σのベキ集合$2^Σ$の要素の数は2^z。当然、$z<2^z$。しかし考えてみると、$2^Σ$の要素はみな、集合である（Σの部分集合の集合が$2^Σ$だから）。Σはいかなる集合をも要素として含むので、$2^Σ$の要素をもすべて要素としているはずである。よって$z≧2^z$。これはカントールの定理に反する。矛盾が生じた。

　さて、どこがおかしかったのだろう？

答え◎メンバーシップが明確である集合だけを集めて、それらすべての集合としてΣを構成したわけだが、だからといってΣが、その要素(メンバー)たちの持つ明

確なメンバーシップ性を受け継いでいるとは限らない。Σは、「すべての集合の集合」だから、Σ自身を要素としている。しかし、自分自身を要素とするということは、自分が何物かが決まるまではその要素の正体は確定しないということだ。ここに、自己言及の持つ不都合が現われてくる。

　自己言及があると必ず不都合が生じるわけではない。「Xとは何か？　Xは、自分自身の2倍よりも5大きな数である」という記述の場合、Xの正体を、Xそのものを使って定義している。X＝2X＋5というこの自己言及的な定義から、X＝－5と身元が確定する。ここに何ら問題はない。数学で普通に使われている計算である。

　ではΣはどうしてダメなのか？　大まかな言い方をすると、すでに決まっているある対象を自己言及によって**記述する**ことはできるが、まだ決まっていない対象を自己言及によって**初めて導入する**ことはできない、ということになるだろう。－5は、「X＝2X＋5」を満たすXという「記述」とは独立に、他のやり方で自己言及なしでも身元を定めることができる。しかしΣの方は、「Σ自身やΣの部分集合すべてをも要素とする集合の集合」として作られた（導入された）のだから、これから定められるべき自分自身の性質とは独立に身元が定まらない。したがって、循環から矛盾に陥るのである。

　カントールのパラドクスは、「すべての集合の集合」という粗っぽい概念から発している。それほど巨大な包括的なものからは、「全知全能全善の神」が難点を孕んでいた（060【石のパラドクス】、061【悪のパラドクス】）のと同様に、不都合が生じて当然とも思える。

　だからなのか、「カントールのパラドクス」は、数学史上、まだ決定的な脅威とは見なされなかったようだ。カントールのパラドクスを蒸留し、もっとコンパクトな最低限の骨組みで矛盾を再構成して、数学に対する致命的な一撃となったのが、今ではより知名度の高い「ラッセルのパラドクス」である。無害な自己言及、さらには有益な自己言及すらある中で、不都合な自己言及とはどのようなものなのか――悪しき自己言及の弁別法こそが、数理哲学の最大の課題と言ってもいいだろう。

三浦俊彦『可能世界の哲学』（NHK出版）第22節

068
ラッセルのパラドクス：関係バージョン
Russell's relational paradox

　「カントールのパラドクス」の姉妹版として「ブラリ・フォルティのパラドクス」というのがよく紹介される。そのパラドクスを記述するには数学特有の面倒な方言を使わねばならず、そのわりにはカントールのパラドクスとほぼ同じことを述べているので、本書では省略しよう。
　というわけで、次に来るべきはいよいよあの「ラッセルのパラドクス」。ただ、ラッセルのパラドクスの標準的な集合バージョンは『論理パラドクス』で立項したので、ここでは、ラッセル自身が提示した同型の「関係バージョン」を論じましょう。
　この世にはいろいろな「関係」がある。xはyより大きいという関係、xはyの姉であるという関係、xはyの倍数であるという関係、xはyと同盟国であるという関係……。xとyを関係項という。関係は、物や人や数の間だけでなく、関係の間にも成り立つ。「殺された」という関係と「被害を受けた」という関係との間には「一例である」という関係が成り立つ。「触れたことがない」という関係と「実母である」という関係との間には、「両立しない」という関係が成り立つ（試験管ベビーや代理母が流行ると「両立する」かもしれないが……）。等々。
　さて、関係と関係の間に成り立つ関係のうち、次のような関係Rを考えよう。

　　R：2つの関係X，Yの間に、関係Xが成り立たないような、そういうXとYの関係

　「殺された」と「被害を受けた」との間には「殺された」という関係は成り立たないから（だって抽象的な「関係」などというものが互いに殺したり殺されたりできるはずがない）、「殺された」と「被害を受けた」との間には関係Rが成り立っている。また、「触れたことがない」と「実母である」との間には「触れたことがない」という関係が成り立つ

ているから（だって「関係」などという非物質が互いに触れ合うはずがない）、「触れたことがない」と「実母である」との間には関係Rが成り立っていない。等々。

　さて、ここで問題。ある任意の関係Sがあるとき、関係Rは、Sとの間にRという関係を持つか？

　言い換えると（上のRの定義の中のXにRを、YにSを代入してください）、関係Rと関係Sとの間には、「RとSの間に関係Rが成り立たない」という関係があるかどうか、という問題ですが、さて……？

答え◎RとSの間にRが成り立つとしよう。すると、Rの定義により、RとSの間にRは成り立たないことになる。矛盾。

　では、RとSの間にRが成り立たないとしよう。すると、Rの定義により、RとSの間にRは成り立つことになる。矛盾。

　つまり、どちらと仮定しても矛盾。……そう、関係Rというのは、**すべての関係の中から特定の間柄にある関係のペアについて成り立つ関係として初めて導入された**ので、すべての関係のうちの1つであるR自身が先に定まっていない以上、Rの関係項候補の母集団が決まらない。よって、R自身を関係Rの関係項とすることはできないのである。

　　　　Russell,Bertrand. *The Principles of Mathematics*, revised ed.（Norton,1938）

069 ポアンカレ-ラッセルの悪循環原理
Poincaré-Russell vicious circle principle

　カントールのパラドクス、ラッセルのパラドクスのような自己言及による矛盾を避けるために、次のような原理が提唱された。

　悪循環原理：いかなる全体も、それ自身によって定義される部分を含むことはできない。

　この原理は、言い換えれば、「全体そのものによって定義される部分

を持つような全体というものは、存在できない」ということである。

1 一見して見て取れる、この原理の問題点を指摘してください。

答え◎まず、「全体によって定義される部分を持つ全体」が**存在できない**とまで言い切っていいかどうかは問題である。たとえば、「知性」を次のように定義したとしよう。

　A「知性とは、自分自身の知性について考える者が持つその思考力のことである」
　B「知性とは、知性とは何かを探究する能力のことである」

これらは、常識的な「知性」の定義からやや外れているかもしれないが、人工知能研究が進むにつれ「狭義の知性」を定義しなければならなくなったとき、この線での新たな再定義が必要となるに違いない。そして、AもBも、部分（能力）が全体（知性）によって定義される形をしている。しかしだからといって、このように定義された全体に相当する現象（知性と名づけられた現象）が存在しないとは断定できないだろう。「Xとは、Xとは何かを探究する能力である」を満たすようなXは、この世に一種類だけあるかもしれないからだ。しかも、それがたまたま脳神経の特定の状態に一致する、といった形で、確かに実在することが別個に裏づけられるということもありうるのだ。

悪循環原理は、自己言及によって定義された対象など「存在できない」として切り捨てる抜本的かつ過激な対策である。もっと穏当な立場はこうではないだろうか。

「全体そのものによって定義される部分を持つような全体は、それだけでは、有意味な議論の対象とならない」

修正は２点だ。「存在できない」という存在論的に過激な弾劾をやめて、「議論の対象としてふさわしくない」という**方法論的な**評価に変える。また、「それだけでは」と但書きをつけて、「全体そのものによって定義される部分を持つような全体」が**他の方法によっても独立に**定義できる（「知性」の場合は神経生理学的になど）可能性を残し、そうした支えを得られる場合は、もとの定義が議論の対象としてふさわしくありうると認める。

このような「弱められた悪循環原理」によれば、矛盾を引き起こす自己言及とそうでない自己言及とを区別できるのではないだろうか。

2 しかしこの「弱められた悪循環原理」ですら、強すぎるのではないか、という危惧がある。たとえば、次のような集合Qを考えてみよう。

　　　Q「この集合のことを考えたことのある人の集合」

「この集合」とはQのことである。QはQを考えたことのある人の集合である。私はそのメンバーだし、あなたも今これを読んでいる以上、そのメンバーだろう。つまりこのページのこの部分を読んで、しかるべき思考をした人の集合である。その「しかるべき思考」の内容は、Qによって初めて定められる。Qの部分（しかるべき思考をする人）が全体（集合Q）によって定義され、そういう人の集合としてQが定義されるという形をしている。しかもQは他の方法によって独立に定義することはできそうにない。

　さて、「弱められた悪循環原理」によれば、このようなQは、まともな議論の対象とは見なされない。しかし、Qがべつに矛盾を引き起こす気配はなさそうだ（ためしに矛盾を導いてみてください）。Qは、何千人、願わくは何万人の人を含む集合であるかは未知だが、しかし確かにある決まった人たちをメンバーとして含む集合であるに違いない。それについて論理的に語ることもできるように思われる。

　さて……、このように無害なQを議論から排除してしまう「弱められた悪循環原理」は、厳しすぎる制約ではないだろうか？

　実際ラッセルは、悪循環原理にもとづいた「タイプ理論」を提唱して自己言及を禁じたとき、「これでは無害な多くの自己言及までが禁じられてしまう」という批判を浴びている。

　さて……？　Qのような集合を禁ずることに意味はあるのだろうか、それとも「弱められた悪循環原理」をさらに弱めるべきだろうか？

答え◎これは数学者の間でも意見が一致しない超難問である。

　一般論的に言うと、「矛盾を引き起こさない対象は認めよ。矛盾を引き起

こすもの**だけ**排除できるような条項を作れ」というのは、不合理な注文だということである。

　たとえば、「被害を及ぼさない行為は認めよ。被害をもたらした行為**だけ**罰するような法律を作れ」というのが無茶であることは容易にわかるだろう。そのような法律のもとでは、銀座の雑踏の中で銃を乱射しても、たまたま誰も傷つけなければ罰せられないことになる。誰かに弾が当たったり、逃げようとした人々が倒れて傷ついたりした場合にのみ、発砲者は罰せられる。未遂罪という概念はないのだ。法律がそのようなものだとすると、成功した場合以外は無罪放免なのだからヤリ得だとばかり、犯罪者の犯行意欲を促し、既遂犯罪も増えてしまうだろう。私たちは安心して生活できないだろう。やはり、実際に被害があったかどうかにかかわらず、「被害をもたす**ような種類の行為**」を罰する仕組みになっていないと、法律として有効に機能しない。

　同じように、実際に矛盾にいたる対象**だけ**を禁じる、という方策は、アドホックな（その場しのぎの）対策の寄せ集め以外には、まず不可能だと思われる。論理は、アドホックな理論よりも、体系的な理論を優先する。そして体系的ということは、矛盾にいたる**ような種類の**対象を一括して禁ずる、という一般性を持たねばならない。

　Ｑのような集合は、それ自体矛盾を引き起こしはしないとしても、引き起こす可能性はある。誰も気づいていないだけで、矛盾を孕んでいるかもしれないのだ。そして私たちの学問的言説があるレベルに達し、一定の複雑さを備えると、Ｑのような集合の持つ一般的欠陥が作動しはじめて、理論システムを破壊するかもしれない。実際、現在でさえ、「私の考えてるＱとあなたの考えてるＱって、ほんとに同じものなのかなあ？」と疑う余地はいくらでもある。自分自身でのみ自分を支えるＱなどという集合は、さしあたり無矛盾であるだけの、言葉だけの産物かもしれないのだ。そのようなＱが確定した対象であると前提して議論をすることは差し控えるべきだろう。（むろん、Ｑは認められるべきか否か、というような、今私たちがしているような「Ｑを論ずることについてのメタ議論」は認められてよい。それは悪循環原理が禁ずる「Ｑを対象（前提）とした議論」ではないから。）

　悪循環原理にはいろいろ問題点はあるだろうが、少なくとも、「無害な多くの自己言及を禁じてしまう」という理由で悪循環原理を批判するのは非論

理的である。目下のところ無害だが実は害毒を隠し持つ候補をあぶり出す予見性（投射性）を発揮するからこそ、アドホックでない「原理」の名に値するのである。

　　　📖 A.N.ホワイトヘッド，B.ラッセル『プリンキピア・マテマティカ序論』（哲学書房）

070
鏡像文
mirror image sentences

LEVEL 2 1 3 1

　　A「この文には、愛という語が一度だけ登場している」

　「私には、肝臓が1個だけある」という発言が何ら問題ないとすれば、文Aだって何の問題もなさそうだ。しかしAは、一見無害だが、問題を孕みそうな文の例なのである。Aのパラドクス性を明るみに出すような質問を工夫してみてください。（問題タイトルがヒントです）

答え◎こういう質問をしてみよう。
　「Aには愛という語が何回登場しているか？」
　一度だよ、と無邪気に答えるわけにはいかない。Aの意味をはっきり決めるためにAの中の「この文」にAの文面を代入してみよう。それでもまだ「この文」という表記が残る。そこでその「この文」にもう一度Aの文面を代入しよう。それでもまだ……、

　　A＝「「「…「この文には、愛という語が一度だけ登場している」には、愛という語が一度だけ登場している」には、愛という語が一度だけ登場している」には、愛という語が一度だけ登場している」には……」…」

　「Aには愛という語が何回登場しているか？」という問いには、純真に「一度」と答えたくもなるし、無限回だと答えたくもなる。
　こう考えるとAは、018【自己反例的パラドクス】の一種かもしれない。悪循環原理によって排除されてよさそうな文にも思えてくるだろう。もちろ

んレトリックやジョークとしては使えるが、理論的な文脈ではあまり使われてほしくない文ということだ。

071 カリーのパラドクス
Curry's paradox

069【悪循環原理】のターゲットとなるパラドクスの好例として「カリーのパラドクス」がしばしば挙げられる。ちとテクニカルで一般受けしそうにないパラドクスなのだが、「ラッセルのパラドクス」系統の話題として重要なので触れておこう（途中までうんざりするかもしれませんが、解答編に食い込むあたりは俄然面白くなるはずです）。

次のような集合の集合を考えよう。

$$C = \{x \mid x \in x \supset P\}$$

読み方はこう。「集合 x が自分自身を要素（メンバー）とするナラバ、任意の命題 P が真となる、というそういう集合 x だけを全部集めた集合をCとする」

何がなんだか呪文みたいですか？　いや、論理学者自身だって案外こういう表現には手こずっているのですから心配いりません。ここでは上に記した集合 C の意味を実感する必要はないので、以下の流れを、まず字面中心に追ってみてください。問題はそのあとで意外な形で与えられますから。……サテ、

C 自身は、$x \in x$ であるような集合だろうか？（自分自身を要素とする集合だろうか？）

2通りに場合分けして考えよう。

① Cは、$x \in x$ であるような集合だと仮定する。すると、CはCの要素ということだから、Cは $x \in x \supset P$ であるような x の一例ということになり、「$C \in C \supset P$」つまり「CがCの要素ナラバPが真である」ことになる。「CがCの要素ナラバ」という部分は仮定により成立するの

で、「Pは真である」も成り立つ。すなわち、Pは真。
② Cは、x∈xであるような集合でないと仮定する。すると、CはCの要素でないのだから、Cは「x∈xナラバP」であるようなxの一例ではない。ということはCについて「x∈xなのにPでない」が成り立つはず。つまり「C∈CなのにPでない」ということだが、これは、CはCの要素でないという仮定に反する。よって、C自身はCの要素に他ならず、①が正しく、よって、①で見たとおりPは真である。

こうして、Pが真であることがわかった。しかし、Pは任意の命題なのである。何でもいいのである。つまり、どんなことでも等しく真と認められてしまった。不合理だ。だから「x∈xであるような集合」なんて自己言及的な集合を認めちゃいけなかったのだ。

……というのがカリーのパラドクス。実感が伴わなくても心配いりません。問題は改めてここからですので。

任意の命題Pが真である、などと証明されてしまったところが不合理なわけだが、とりわけ、Pが矛盾命題――「アメンボは昆虫でありかつ昆虫でない」のような――である場合、不合理がハッキリする。なにしろ矛盾命題が真と証明されてしまうのだから。

Pに「矛盾」と代入して、集合Cを改めて書いてみよう。

$$C = \{x \mid x \in x \text{ナラバ矛盾}\} \quad \cdots\cdots\cdots \alpha$$

さて、矛盾が導かれた場合、そんなものを導くもととなる前提(または仮定)は偽である、というのが論理学の原則であり、「背理法」にも使われる原理だった。そう、☆ナラバ矛盾、ときたらナラバの前の☆は絶対に偽。

このことを利用して、式αを書き直してみましょう。

具体的には、αの中の「ナラバ矛盾」を消去するようにスッキリ書き直してみましょう。

実は、それが「ラッセルのパラドクス：標準(集合)バージョン」なのです。そう、カリーのパラドクスは、ある意味、ラッセルのパラドクスを特殊な例として含む一般的シェーマなのです。本書で直接触れなか

った「ラッセルのパラドクス：標準バージョン」を、カリーのパラドクス（の特殊形α）から導いてみてください！

答え◎「Aナラバ矛盾」ときたナラバの前のAは、背理法により偽なのだから、Aを否定したものが正しいはずだ。つまり、Aを、Aの否定で置き換えれば、「ナラバ矛盾」が除去されるはずだ。

$$C=\{x \mid x \in x \text{ナラバ矛盾}\}$$
$$\downarrow$$
$$C=\{x \mid x \in x \text{でない}\}$$

これの言わんとするところはこうである。
「Cは、自分自身をメンバーとして含まないような集合xだけを全部集めた集合である」
これぞ、名高い「ラッセルのパラドクス」標準バージョン。パラドクスの真髄と言うべき本物中の本物パラドクスである。068【関係バージョン】よりシンプルだが、基本的に同じ構造をしていることを御確認ください。
この集合Cが、自分自身を要素とするか、しないか、考えてみましょう。どちらにしても、矛盾が生ずるはずです。（もともとのカリーの集合Cは「自分自身を要素とする」と決定されたように見えたが、ここではそうはいかない！）
ラッセルのパラドクスは、「自分自身を要素として含まない」というふうに、否定語を使っている。否定語というのは、そのかかる範囲によって曖昧さや混乱のもととなりうるので、紛れのない形で問題を取り出すには否定語を除去した方が望ましい。カリーのパラドクスは、否定語を（少なくとも表向きは）含まない形で、ラッセルのパラドクスを再構成したものと言えるだろう。

Meyer,Robert K., Routley, Richard., Dunn, Michael J."Curry's Paradox" *Analysis* 39.3（1979）

072
カリーのパラドクス／応用編
Curry's paradox applied

※この問題は、前問【カリーのパラドクス】を読まなくても楽しむことができます。

1 次の文A，B，C，Dそれぞれの真偽を判定せよ（Pは任意の文）。

  A． AまたはP
  B． BかつP
  C． CならばP
  D． PならばD

答え◎それぞれ、真、偽と仮定して、どちらに落ち着くかを調べよう。

 Aが真であると仮定すると、「AまたはP」はAが真であるおかげで真。矛盾なし。

 Aが偽であると仮定すると、「AまたはP」の真偽はPの真偽と一致する。Pは任意の文だから、真なる文であることもあり、Aが偽であることと矛盾する。

 こうして、**Aは真である**。

 Bが真であると仮定すると、「BかつP」の真偽はPの真偽と一致する。Pは任意の文だから、偽なる文であることもあり、Bが真であることと矛盾する。

 Bが偽であると仮定すると、「BかつP」はBが偽であるせいで偽。矛盾なし。

 こうして、**Bは偽である**。

 Cが真であると仮定すると、「CならばP」が真でCが真だから、Pが真であることが導かれる。しかしPは任意の文だから、実際は偽なる文であることもあり、矛盾。

 Cが偽であると仮定すると、「CならばP」が偽。「CならばP」は「Cなのに非P、ということはない」という意味だから「Cなのに非P」が真。し

かしCは偽と仮定したので、「Cなのに非P」（＝「Cかつ非P」）が真であるはずはない。矛盾。

こうして、**Cは真でも偽でもない**。パラドクスである（カリーのパラドクスと同じ形であることに注意）。

Dが真であると仮定すると、「PならばD」はDが真であるおかげで真（「PならばD」は「Pなのに非D、ということはない」という意味だから、Pが何であれ非Dが偽であるため、否定している全体が真）。矛盾なし。

Dが偽であると仮定すると、「PならばD」の真偽はPの真偽の逆になる（「PならばD」は「Pなのに非D、ということはない」という意味だから、非Dが真という仮定のもとでは、Pが真なら否定している全体が偽、Pが偽なら否定している全体が真）。Pは任意の文なので、偽なる文であることもあり、そうすると「PならばD」は真。矛盾。

こうして、**Dは真である**。

以上は正解です。ただし、この解答の正しさについては、以下の**2****3**と073【定項のパラドクス】で条件が付きます。順々に見ていきましょう。

2 次の文Eの真偽を判定してください（Pは任意の文）。

　　　E．　EとPの真偽は同じである

答え◎**1**と全く同じやり方で試してみよう。

Eが真であると仮定すると、「EとPの真偽は同じである」が真だから、Pも真。しかしPは任意の文だから、偽なる文であることもあり、矛盾。

Eが偽であると仮定すると、「EとPの真偽は同じである」が偽だから、Pは真。しかしPは任意の文だから、偽なる文であることもあり、矛盾。

こうして、Eは真でも偽でもない。パラドクスである。……★

……ん？　これでいいだろうか？　ちょっと変だぞ……。

ためしに、Pに任意の文を代入してみていただきたい。「バートランド・ラッセルは1990年に死んだ」を代入してみようか。

E．　Eと「ラッセルは1990年に死んだ」の真偽は同じである

　ラッセルは1970年に死んだので、「ラッセルは1990に死んだ」は偽である。するとEは、「Eは偽である」と主張していることになる。これは嘘つきのパラドクスそのものであり、たしかに、真でもなければ偽でもない。上の答え★でOKだ。
　しかしである。Pは任意なので、「ラッセルは1970年に死んだ」を代入してもよかったはず。するとEは、「Eは真である」と主張していることになる。これは、べつにパラドクスではない。真であってもよいし、偽であってもよいではないか。どちらも辻褄が合っている。
　ということは、Eは017【偶然的パラドクス】だったということだ。「Pは任意」と言われているが、具体的な現場では、この問題に接した人はPとして**1つの特定の文を代入する**であろうから、たまたま真なる文を代入すれば、パラドクスではない（むしろ027【真実のジレンマ】で見たのと同じ、真偽どちらでもよい「ジレンマ」に属する）。たまたま偽なる文を代入した人にとってのみ、Eは真でも偽でもないパラドクスとなるのである。
　すると❶の解答は、修正を強いられることになるだろう。それを次の❸で考えよう。

❸　❶のA，B，C，Dの真偽について、❷の結果にもとづいて再鑑定してください。今度は、任意にたまたま選ばれたPが真か偽かをまず仮定し、そこからA，B，C，Dの真偽を判定する方法でやってみてください。

　答え◎……まず、Pが真の場合……
　A　「AまたはP」はPが真であるおかげで真。
　B　「BかつP」はBの真偽と一致する。したがって、真でも偽でもどちらでもよい。
　C　「CならばP」（「Cかつ非P、ということはない」）はPが真であるおかげで真。
　D　「PならばD」（「Pかつ非D、ということはない」）はDの真偽と一致する。したがって、真でも偽でもどちらでもよい。

……次に、Pが偽の場合……

A 「AまたはP」はAの真偽と一致する。したがって、真でも偽でもどちらでもよい。

B 「BかつP」はPが偽であるせいで偽。

C 「CならばP」（「Cかつ非P、ということはない」）はCの真偽と反対になる。したがって、真でも偽でもない。

D 「PならばD」（「Pかつ非D、ということはない」）はPが偽であるせいで真。

Pの真偽が未定という条件下では、A、B、Dは偶然的ジレンマ、Cは偶然的パラドクス、ということになる。

しかし**1**の回答と食い違った根本原因は何か？　どちらが本当の正解なの？　次問【定項のパラドクス】で検討することにいたしましょう。

073 定項のパラドクス
paradox of constant

前問【カリーのパラドクス／応用編】から、教訓を引き出してみよう。

次のように問われていた。「A，B，C，Dそれぞれの真偽を判定してください（Pは任意の文）」

「任意の文」がくせものだ。たとえば、数学で次のような文をひんぱんに見かける。

「任意の実数 x，y について、$x < y$ または $x = y$ または $x > y$ が成り立つ」

この場合、「任意の」は、「いかなる実数についても」という意味である。前問の「Pは任意の文」というのをこの意味にとってみよう。すると、前問の意味はこうなる。

次の文A，B，C，Dそれぞれの真偽を判定してください。
　A　いかなるPについても「AまたはP」

B	いかなるPについても「BかつP」
C	いかなるPについても「CならばP」
D	いかなるPについても「PならばD」

　ここではPは変数であって、適格なあらゆる文が代入される。A〜Dは、すべてのPについて成立する場合にのみ真、と理解される。この理解だと、**前問❶の答えが正解**である。
　しかし問題の意味がこうだったらどうだろう。

　次の文A，B，C，Dそれぞれの真偽を判定してください（Pとして任意の文を決めること）。
A	AまたはP
B	BかつP
C	CならばP
D	PならばD

　この場合、Pは定数である。（論理学では数以外のものも扱うので——ここでは文であるし——数学でいう変数、定数を「変項」「定項」と呼ぶ。以下この呼び方でいこう）
　Pは定項だから1つの値しかとらない。特定はされていないが、ある1つの定まった文なのである。Pは単にその具体的な一文の代理を務めているにすぎない。この場合、**前問❸の答えが正解**となる。
　「任意の文」と言っただけでは、変項なのか、定項なのかが曖昧である。つまり、Pにはすべての文を代入すべきなのか、表面に出ていないたった1つの定まった文の代理なのかが曖昧なのである。
　さて、ここで設問に移ろう。
　譬え話の中に、記号的な登場人物をフィーチャーすることはよく行なわれる。本書でもたとえば050【自己欺瞞のパラドクス】で、A氏、B嬢というのに登場してもらった。これは言うまでもなく、「A氏がB嬢に結婚のウソの約束をした」という具体的状況を思い浮かべてもらうための仮の名であって、「A氏は、自分が独身でないことを知っている」

という文は、「明示はしないがA氏という特定の1人の男が、自分が独身でないことを知っている」という状況を述べたものである。「いかなる男性Aであれ、自分が独身でないことを知っている」という状況ではない（男がみんな独身であるというようなそんな状況は非現実的であり、譬え話の趣旨に反している）。つまりAは、変項ではなく、定項である。

　しかし、A氏として読者がどんな男を思い描こうが自由だ。実際には結婚している身近な男——自分の父親であれ、長嶋茂雄であれ——を代入しても一向にかまわない。読者によって思い浮かべる人物は異なるだろうし、同一の読者でも時によって変化するだろう。とにかくそのつど1人決めてくれさえすれば譬え話は成り立つ。あるいは極端な話、誰も具体的な人物を思い描く必要すらない。「1人思い描いた」ことにして、同時に何千人の顔の無い不特定多数を代入したってかまわないし、地球上の全男性を思い浮かべたっていい。なにせただ「A氏」としか書いてないのだから。

　さてそうすると、こういう固有名の代わりをする定項というものは、実際はちっとも**定まって**などいないではないか。何を代入したってOKなら、事実上、変項といっしょではないのか？　そういう疑問が湧いてくる。

　定項は変項である。これは明らかにおかしいだろう。では定項と変項がどう違うのか、しっかり説明していただけますか。

答◎定項も、変項なみにいろんな値をとりうることは事実だ。しかしその値の変化は、譬え話の中においてではなく、譬え話の外においてだ。譬え話の外部にいる解答者たち、つまり現実世界の住人が、いろいろな値を与えるのである。譬え話**の中では**、定項はあくまで1人の特定者を永遠に指し続けるものと規約されているのである。

　「シャーロック・ホームズ」のような虚構の人物名を考えるとわかりやすい。ホームズとは誰か？　どんな顔をしているのか？　誕生日はいつか？　尻にホクロはあるのか？　母親の血液型は？　……物語に書かれていない無数の事柄について、虚構の外にいる読者はどう考えようが自由だろう。つまりそれだけ多くの、不特定のシャーロック・ホームズがいる。その意味では

変項のようなものだ。
　しかし「シャーロック・ホームズ」は変項ではなく、あくまで定項だ。なぜか？　虚構の内部では、ホームズは不特定多数の人間などではなく、特定の1人だからである。ワトソンにとっては、ホームズは1人しかいない。あなたや私にとってはホームズは不特定多数同然でも、虚構世界**の内部では**ホームズは一度だけ生まれた具体的個人なのである。対照的に、物語の中で「どんな知的な犯人も必ず手掛りを残すものさ……」と言われれば、その「知的な犯人」が変項であることは言うまでもないだろう。
　「A氏」「B嬢」も同様である。定項は、設問の外（現実）でしかいろいろな値をとりえない。変項は、設問の中においてもいろいろな値をとりうるのである。

　　　　　　　　　　　　三浦俊彦『虚構世界の存在論』（勁草書房）

第 7 章

合理的な判断とは？（その2）
楽しく考えれば考えるほど深くなってゆく

074 宿命論のパラドクス
paradox of fatalism

　あなたは広いホールにいる。周りには無数の人々がいて、お互いを見ることができる。それぞれ番号がついていて、あなたはNo.♯〒。周りの人々も、実は、あなた自身である。そう、ここは、あなたのあらゆる可能性が各々の分身によって実現された〈可能性の部屋〉なのだ。
　この諸分身の中で、No.♯〒であるあなたは特別な存在ではない。全員があなただからだ。No.♯〒は無数の可能性のうちたった1つをたまたま実現したひとりにすぎない。No.♯〒はたまたま女性であるが、周りには男性もいる。受精時のちょっとした揺らぎによって、性別が変化しえたのだろう。しかし、圧倒的に女性が多い。つまりあなたが男性として生まれた可能性は、それだけ低かったということだ。
　見たところ、全員が人間である。つまり、あなたが人間以外のものに生まれる可能性はゼロだったようだ。これは頷けるところがあろう。ま

第7章◎合理的な判断とは？（その2）

た、背の高さはまちまちだ。分身によって10cmくらいの開きがある。幼児期や少女期にどんな栄養を摂ったか、どんなスポーツをしたかによるのだろう。そのほか、眼鏡をかけている分身とかけてない分身、ふっくらした分身とほっそりした分身、整形手術をしたのか鼻の高い分身とそうでない分身、等々さまざまである。あなたにはいろいろな可能性があったということだ。

　すべての分身が持っている性質を、「本質的性質」と呼ぼう。また、どの分身も持っていない性質を「不可能性質」と呼ぼう。たとえば、「人間である」という性質や、「身長２メートル以下である」という性質は本質的性質である。「犬である」という性質や「身長２メートル以上である」という性質は不可能性質である。「2003年元日に蟹を食べた」という性質は、本質的性質でも不可能性質でもなく、単に可能な（偶然的な）性質である。そしてNo.♯テであるあなたはたまたま2003年元日に蟹を食べたので、No.♯テは現実にその性質を持っている。

■1　さてここで、ただ「2003年元日に蟹を食べた」という性質ではなくて、「**No.♯テならば2003年元日に蟹を食べた**」という性質Pを考えよう（複雑な性質で申し訳ありませんが、分析哲学ではしばしば実力を発揮する種類の性質です）。この性質Pは、どういう性質だろうか。No.♯テであるあなたにとっては、Pは現実に持っている性質である。他の分身たちにとっては？　本質的性質だろうか。偶然的な性質だろうか。

答え◎他のいかなる分身も、Pを持っている。2003年元日に蟹を食べなかった分身たちさえもだ。なぜか？　彼女ら彼らが**もし**No.♯テだったならば2003年元日に蟹を食べたに違いないからだ。だって、No.♯テは現に2003年元日に蟹を食べているのだから。

　そうすると、性質Pは、本質的性質ということになる。「2003年元日に蟹を食べた」は本質的性質ではないが、P「No.♯テならば2003年元日に蟹を食べた」は本質的性質なのである。あなたのどの分身であれ、この性質を必ず持つ。

　これは次のことを意味している。たまたまNo.♯テであるあなたが現に

「2003年元日に蟹を食べた」を満たした以上は、Pはあなたの本質的性質となる。P「No.♯〒ならば2003年元日に蟹を食べた」が本質的性質ということは、あなたの分身たちは決して「No.♯〒でありながら2003年元日に蟹を食べない」という性質を持てなかった（これは不可能性質だった）ということだ。しかしこのことは、No.♯〒たるあなたは2003年元日に蟹を食べる定めにあった、という意味ではないか。つまり宿命だったと。

　このことは、現にNo.♯〒たるあなたが持っているいかなる些細な性質についてもあてはまるので、あなたは決して現実と食い違う性質を持てなかった、つまり細部まで厳密に同じ形の人生しか歩むことができなかった、ということを意味する。偶然的性質というものはない。心臓の鼓動一つ、睫毛の上のホコリ一つ、髪の毛の揺れ方一つ現実とは異なることはありえなかったということだ。こんなにたくさん分身がいるにもかかわらず、その中の他ならぬあなたは、このようなあなたでしかありえなかったというのだ。では何のための分身、何のための可能性だというのだろう？

2　こうして「厳格な本質主義」に陥った。融通の利かない、とうてい認めがたい世界観だ。どこでこんな宿命論にはまってしまったのか。間違いのもとは何だったのだろう。

答え◎「No.♯〒ならば2003年元日に蟹を食べた」に限らず、「No.～～ならば◎◎」という形のいかなる性質も、◎◎が当のNo.～～さんにあてはまるならば本質的性質であり、あてはまらないならば不可能性質となることに注意しよう。偶然的性質というものはなくなってしまう。それでは困るので、性質の2種類の記述法を区別する必要がある。

　　　カテゴリー1……　　どのNo.xからみても、「No.aならば◎◎」
　　　カテゴリー2……　　No.aからみれば、「どのNo.xであれ◎◎」

　性質◎◎を、1のように表現しても2のように表現しても同じことであるなら、宿命論は正しいことになるだろう。しかし、すべての性質が本質的性質か不可能性質であるというのは、性質を1のように記述した場合にのみ言

えることで、2のような記述のもとでは、本質的性質・不可能性質のほかに多様な偶然的性質を認めることができる。◎◎を「2003年元日に蟹を食べた」とすると、1は成り立つが、2は成り立たない。つまり、No.♯〒からみて、「どのNo.xであれ2003年元日に蟹を食べた」とは言えない。

こうして、1の「No.aならば◎◎」は宿命論に合致する性質であるにしても、2の「どのNo.xであれ◎◎」は宿命論には合致しない。したがって、全体として、宿命論は成立しない。

どんな疑わしい哲学であれ（ここでは宿命論）、都合よく対象を限れば（ここではカテゴリー1）そのうちのすべてにあてはまる、というのは当然のことである。本当のすべて（カテゴリー1＋2）にあてはまるのでなければ、普遍的真理とは言えない。

　　三浦俊彦「可能世界を名指すこと──固有名と記述の隙間から」（『現代思想』1995年4月号）

075 予知能力バトル
predictive competition paradox

完璧な予知能力者AとBが、予知能力を競うことになった。自分の自由意思によって相手の予知能力を出し抜いた方が勝ちである。単純にジャンケンで決着をつけよう。「あいこ」で妥協してしまう可能性をなくすため、グーパージャンケン。出した手が一致したらAの勝ち、一致しなければBの勝ちだ。さて……、

Aがグーを出すならば、Bはそれを予知して、勝つためにパーを出す。しかしAはそれを予知できるはずだから、勝つためにパーを出す。しかしBはそれを予知できるから、勝つためにグーを出す。……、ぐるぐる回って、そもそも予知すべき事実が定まらない。2人は向き合って固着したまま、いつまでたっても勝負が始まらないのだ。

このパラドクスは何を意味しているのだろうか？

1　自由な他者の行動を予知する能力は存在しない。
2　完璧な予知能力者というものは2人以上は存在できない。

3　自由意思というものは存在しない。
　　4　このジャンケンのルールが矛盾している。
　　5　その他

答え◎ 🕮 では、1が正解だとされている。しかしそれは間違いだろう。このパラドクスからは、自由意思による行動を予知できるかどうかについて何の結論も出てこない。正解は、むしろ4である。

　完璧な予知能力者どうしがこのジャンケンをする、という企画が不可能だったということにすぎないのだ。たとえば、完璧な計算能力者2人に「0より大きな実数の中から、相手より小さい数を書いたほうの勝ち」というバトルをさせた場合、小数点以下0が延々と並んで永久に勝負がつかないだろう。それと同じことだ。「選ぶべき勝つ手」が存在しないのである。グー・パーが永遠に選べないからといって、2人の予知能力が完璧でないことにはならない。起こりえない選択の内容を予知できないのは当り前であって、予知能力の優劣の証拠にはならないからだ。060【石のパラドクス】も参照してください。

　　　　🕮 Rescher, Nicholas. *Paradoxes: Their Roots, Range, and Resolution* (Open Court, 2001)

076 韓非子の矛と盾
Hanfeizi's spear & shield

LEVEL A２ I３ T１ Z３

　前問【予知能力バトル】では、勝負が永遠につかない（というより、勝負が始まらない）という解決策で「完璧な予知能力者」が並び立つことができた。では、そういう妥協策の使えない状況だったらどうだろう。
　「矛盾」の語源となった『韓非子』のあの故事を思い出そう。楚の国で武器を売る商人が、「私の矛はどんな盾をも破ることができ、私の盾はどんな矛をも防ぐことができます」と誇っていたところ、「ではおまえの矛でおまえの盾を突いたらどうなるのか」と尋ねられ、返答に詰まったという話。

第7章◎合理的な判断とは？（その2）

1 さて、ここで実際、無敵の矛で無敵の盾を突いてみる実験をすることができるだろう。この実験は、いずれかの結果が必ず出るように思われる。さて、それではこのパラドクスはどう考えるのが妥当だろうか。

1　どんな盾をも破る矛、どんな矛をも防ぐ盾の少なくとも一方は存在しない。
2　どんな盾をも破る矛が、どんな矛をも防ぐ盾を突き破る。
3　どんな矛をも防ぐ盾が、どんな盾をも破る矛をはねかえす。
4　どんな盾をも破る矛と、どんな矛をも防ぐ盾とが実際に戦うことはありえない。
5　この商人の言葉が矛盾しているだけである。
6　その他

答え◎前問の流れで5と答えたくなるが、しかしここでは実験の結果が出てしまうため、「言葉が矛盾しているだけ」では済まされない。実際に突いてみたらどうなるだろう？

　正解は2つあると思われる。1つは予想された通り、6なのだが、もう1つの正解は、意外と思われるかもしれないが、3である。なぜだろう？

　「おまえの矛でおまえの盾を突いたらどうなるのか」「では突いてみましょう」……しかし「突いてみる」と一言で言っても、チョコンと触れたり、斜めに滑らせたりしただけでは「突いた」ことにはなるまい。「本当に突く」ことが必要である。ではどのくらい強く突けば「本当に突いた」ことになるのか。そこははっきり明言されていない。したがって、矛が盾を破れなかった場合、「突き方が足りない」という説明をすることが常に可能である。矛が盾を破ってしまったら、少なくとも盾が偽物であったことは立証される。しかし矛が盾を破れないかぎりにおいては、矛が偽物である証明にはならない。この場合は、この2つが本物の「どんな盾をも破る矛」「どんな矛をも防ぐ盾」である可能性が残るのである。

2 この商人が「矛の正しい突き方」も同時に宣伝していたとしよう。そこで、どんな盾をも破る矛がどんな矛をも防ぐ盾を「正しい突き方」で突く実

験をする。どうなるだろう。「正しい突き方」は実行できない、という弁明は通用しない。その場合は、「どんな盾をも破る矛」は存在しないということになるだけだ。さあ、実験開始。矛も盾も本物で、突き方も正しいとしたら、いったいどうなるのだろう？

答え◎「矛が盾を破った」「盾が矛を防いだ」が**ともに成り立つ**ことは絶対不可能だ。しかし他方、**どちらも成り立たない**ことによって、条件が満たされうるのではないだろうか。

「この矛はどんな盾をも破ることができる」は、正確に述べれば、こういうことだろう。

A「この矛は、存在する盾であれば、どれも破ることができる」。存在しないものを破ることは論理的にできないので、この言い換えは妥当だろう。

「この盾はどんな矛をも防ぐことができる」は、正確に述べれば、こういうことだろう。

B「この盾は、存在する矛であれば、どれも防ぐことができる」。存在しないものを防ぐというのは意味をなさないので、この言い換えは妥当だろう。

つまり、突いた時点で、矛と盾がともに存在しなくなれば、A，Bの前提（「であれば」より前）が満たされなくなり、矛が盾を破らなくても、盾が矛を防がなくても商人の言葉に嘘偽りはなかったことになるわけだ。

こうして正解は、「突いた瞬間に矛と盾が消滅する」ということになる。

📖 では、商人を除いた地球人類全体が死滅するというオチになっていた（武器がどうなったかは書かれていない）。論理的には矛と盾だけが消えれば十分だが、論理を理解しない客どもの抗議を封じるには、ギャラリー全員にいっしょに消滅してもらうことが理にかなっているかもしれない。

📖 星新一「信用ある製品」（『ようこそ地球さん』新潮文庫）

077
チェーン店のパラドクス
chain store paradox

LEVEL **A**3 **I**2 **T**1 **Z**2

あなたはチェーン店の社長である。N個の都市にそれぞれ1軒ずつ店

LEVEL……**A**[難易度]　**I**[知名度]　**T**[マニア度]　**Z**[メンタル度]

を開くことになった。それぞれの都市には、商売敵が1社ずつ、のべN社いる。それぞれの名を1，2，3，……N－1，Nとしよう、味気なくて申し訳ないが。そしてついでに都市の名も都市1〜都市Nとしてしまおう。

あなたのチェーン店は都市1〜Nすべてにすでに開店している。これから、1カ月に1都市ずつ順々に、企業1〜Nが「ライバル店を開くかどうか」決断することになる。

企業1が戦いを避けてライバル店を開かないという選択をすれば、あなたの会社は相手にそれなりの補償をするので、それぞれの利益として、あなたが5ポイント、企業1が1ポイント獲得する。

もし企業1がライバル店を開くならば、今度はあなたの方に選択がまわってくる。「協力戦略」（価格などを協定する）か、「潰し合い戦略」（攻撃的に競争する）かである。もしあなたが協力戦略をとれば、あなたと企業1の利益は、ともに2ポイントとなる。一方あなたが潰し合い戦略を選べば、両者の利益はともに0ポイントである。

企業1の選択	出店しない	出店する	
あなたの選択		協力戦略	潰し合い戦略
あなたの利益	5	2	0
企業1の利益	1	2	0

都市1で企業1が「出店する」「出店しない」どちらを選択したか、出店した場合あなたは「協力」「潰し合い」どちらを選択したか、という情報は、残りの都市すべてにただちに伝わることになっている。

翌月には、都市2で企業2とあなたが決断をし、その情報が伝わる。これを繰り返して、Nカ月たったところであなたと企業1〜Nそれぞれが最終的に得られた利益が決まる。

さて、あなたの立場で考えよう。任意の都市Xにおいて、地元の企業Xが出店してこなければ最大の利益が得られる。もし出店してきたならば、協力戦略をとる方が利益が大きい。しかし、後のことを考えると、

出店してきたとき潰し合い戦略で地元を叩いておけば、都市X＋1では、地元企業X＋1は出店を控えるだろう。あなたが潰し合いを辞さない人間だと知れば、X＋1はこう判断するだろうから。すなわち、潰し合いで利益0となるよりは、出店を控えて利益1を取ったほうが得だ、と。つまり、あなたとしてはあえて見せしめの潰し合い戦略に出れば、**その都市においては**協力戦略よりも損になるが、**後の都市すべて**で地元の出店を抑止し、大きな利益を期待できると言えよう。しかし本当にそれが有利なやり方だろうか？

1 現実に、いま、都市1において、企業1が出店してきた。あなたは協力戦略をとるか、それとも潰し合い戦略をとるか？

答え◎ゲーム理論をはじめとする意思決定の理論一般において合理的とされる戦略はこうである。最後の都市Nでは、そのあとの都市がないので、見せしめの抑止戦略は無意味であり、潰しあい戦略は単に損なだけ。だからあなたは、都市Nでは、企業Nが出店してきた場合には強力戦略を採る方がよい。企業Nもそのことはわかっているから、当然、出店を控えることはしない。こうして、最後の都市Nでは、地元とあなたの戦略は〈出店、協力戦略〉ということで疑問の余地はない。

都市Nでの両者のこの選択は、都市N－1まででどんな戦略が採用されてきたかによって左右されない。ということは、実質的に都市N－1が最後の戦略都市となる。しかし、次の都市Nでの企業Nの行動に影響を及ぼすことはできないとわかっているのだから、あなたは、都市N－1で企業N－1が出店してきた場合に、あえて潰しあい戦略をとる意味がない。単に両者損するだけの愚行であろう。企業N－1もそれはわかっているから、当然、出店を控えはしない。こうして都市N－1では、地元とあなたの戦略は〈出店、協力戦略〉ということに決定する。この選択は、都市N－2までででどんな戦略が採用されてきたかによっては左右されない。ということは……、

もうおわかりだろう。このような「逆向き推論」にしたがうと、あなたはどの都市においても、つまり最初の都市1においてすでに、協力戦略を採らざるをえない。論理的に、「協力戦略」が正解となる。

2 しかしたいていの場合、具体的な状況では、人は、そして企業も、**1**で見たような「正解」に反した決断をする傾向にあることが知られている。すなわち、「はじめの方では、犠牲を払ってでも見せしめの警告として潰し合いの価格競争をし、後の方の地元企業に出店を思いとどまらせる」という選択がなされることが多いらしいのだ。現実の人間のこの意思決定は、逆向き推論の理論的正解と真っ向対立するものである。

現実と理論との食い違いはなぜ起こるのだろうか。この問題には、なにか非現実的な仮定が置かれていたに違いない。その怪しい仮定を2つ挙げてください。

答え◎1つは、最後の数Nが存在するという仮定である。現実には、チェーン店が何号店まででおしまい、と公に宣言されることはない。延々と出店ゲームが続く可能性がある。そうすると、最後の都市というものが具体的に想定できず、逆向き推論が始動せず、パラドクスは生じない。（現実にはチェーンの最後の店というものはなければならないだろうが、ゲーム参加者たちの意識の中で「これが最後の店」と同意される現場が特定されないのが理論との重大な違いである。突然、チェーン店の倒産とか、核戦争とかによってゲームが終了するかもしれないのだ。）

もう1つは、プレイヤーが互いに、相手は合理的だと信じている、という仮定である。これは現実には成り立たないことが多い。かりに30店で終了と決まっていて逆向き推論が有効だとしても、あなたが、第1回から第5回まで続けて潰し合い戦略を採ったとしたらどうだろう。都市6では、企業6が、さすがにあなたが非合理的存在らしいと疑念を持ち、もはや逆向き推論の解にしたがう意味なしと判断しはじめるのではないか。こうして都市6以降はどこも出店を見合わせることとなる。はじめのうちに非合理的に損失を甘受し続けたあなたの「ひとり勝ち」が実現するというわけだ。

ただし、当面の戦争に勝ったとしても、非合理的なやつだという評判が立つと、今後別の面であなたは不利益の方を多く被るかもしれないのだが。

三浦俊彦『論理パラドクス』（二見書房）⇒ 069【抜き打ち試験のパラドクス】、082【囚人のジレンマ】、083【核戦略のパラドクス】

Davis, Lawrence "No Chain Store Paradox" *Theory and Decision* 18（1985）

078
チキン！
chicken！

LEVEL 2 3 1 3

　度胸試し兼決闘ゲームの代表として「チキン」がある。ジェームス・ディーンの『理由なき反抗』で有名になった「チキン・レース」は、崖に向かって車を走らせ、相手より崖に近いところで飛び降りた方の勝ち、というものだったが、ここでは別のバージョンを使おう。1本の道に2台の車を、両側から向かい合わせに全速力で走らせる。衝突するもしないも自由、とにかく、相手より先に道をそれた方の負け。勝った方はすれちがいざま「チキン（臆病者）！」と相手を嘲り罵る。

　さあ、このチキンレース。あなたはこれで決闘することになった。両者すでにスタートし、あなたと相手は車内モニターで互いに相手の運転席を観察しながらアクセルを踏んでいる。あなたは、ヤバイ、と感じる。相手の顔には決して道をそれない堅い決意がみなぎっている。あなたがハンドルを切らなければ正面衝突間違いなし。それでは勝てないばかりか命まで落とすという最悪の事態。そんなのよりは、道を譲って嘲笑された方がまだましだ。しかし金と名誉と家族と職と信念のかかった決闘であり、あなたは絶対負けられない立場にある。どうしても相手に道をそれてもらわねばならない。さあ、どうすればいいだろうか。必勝法が実は1つあるのだが……。

答え◎相手からはこちらの様子が見えているのだから、こちらがもはや「合理的な判断」のできない状態であることを見せてやればよい（前問【チェーン店のパラドクス】参照）。具体的には、ハンドルをもぎ取って、窓から投げ捨ててしまえばよいのだ。これを先にやった方の勝ちだ。ハンドルがない方は直進する以外やりようはなく、衝突を避けられるかどうかは完全に相手まかせになる。衝突よりは負けの方がまだましなのだから、相手は仕方なく道をそれることになるだろう。

　「泣く子と地頭には勝てぬ」というが、合理的な理性を持たぬ相手と勝負しても勝ち目はない。理性（または理性的な行為能力）を先に失った方の勝

ちなのである。ただし、ハンドルを投げ捨ててチキンレースに勝っても、度胸によって勝ったことにはならず、「負ける能力を放棄した」がゆえに勝ったにすぎない。これでは勇気を誉め称えられることはなく、むしろ卑怯者の烙印を押されるのではないだろうか。

---

079 コンドルセのパラドクス
Condorcet's paradox

全議席のうち1/3議席を等分している政党A、B、Cが、限られた予算内での市再開発計画をめぐって、互いに対立する案を提出している。A党は駅周辺開発案a、B党は自然公園建設案b、C党は市道整備案cだ。そして、各政党の提示する優先順位は次のようなものである。

政党	選好順序
A	a＞b＞c
B	b＞c＞a
C	c＞a＞b

今週中になんとしても決定を下さねばならない。案の採択には過半数の賛同が必要である。一度に3つの案の間で票決を試みても、どの案も過半数の賛同を得られないことは目に見えている。ということは、まずどれか2案の間で多数決をし、勝者と残りの1案とで決戦投票するという、「勝ち抜き方式」でゆくしかないだろう。

投票のやり方は議長の裁量に任されている。議長であるあなたはA党員なのでa案の採択を望んでいる。各政党の選好順序を知っているあなたは、勝ち抜き投票をどのように組めばaの採択を実現できるだろうか。また、議長たるあなたがB党員、C党員である場合は、勝ち抜き投票をどのように組めばいいだろうか。

答え◎議長がaの採択を望む場合は、まず最初にbとcとで投票をさせる。

2/3の得票を得てbが勝つので、そのbとaとで決勝投票をすればよい。2/3 得票でaが優勝する。

　議長がbの採択を望むなら、b以外で予選をすればよいし、cの採択を望むなら、c以外で予選をさせればよい。つまるところ、議長は望むままの結果を得られるわけである。

　ａｂの比較ではＡＣが、ｂｃの比較ではＡＢが、ａｃの比較ではＢＣが多数派である。そのような「循環的多数派」がみられる場合、多数決投票には問題があることをこのパラドクスは示している。特定個人の策略によって投票の順序・経路が操作されれば、グループの意思決定がどの方向にでも誘導されてしまうのである。

　「循環的多数派」が出現する確率は、選択肢が増えると増大し、投票者の数が増えると減少することがわかっている。

📖 Gehrlein, William V. "Condorcet's Paradox" *Theory and Decision* 15 （1987）
📖 亀田達也『合議の知を求めて』（共立出版）

080 アロウの定理
Arrow's general possibility theorem

LEVEL A1 I2 T1 Z1

　前問【コンドルセのパラドクス】で多数決の問題点を見たが、多数決に限らず、グループの意思決定そのものに深刻な困難が内在することが示されている。集団決定が当然満たすべきだと考えられる次の5つの条件を、すべて満たすことは不可能であることが、数学的に証明（！）されているというのだ。

1． 選択の合理性
　　　個人および集団は、すべての選択肢について選好を比較することができ、推移律（$x \geq y$ かつ $y \geq z$ ならば $x \geq z$）を満たす。
2． 個人の選好の自由
　　　選択肢が与えられたとき、その選好順序はどのようになっていてもかまわない。

3. 市民の主権（パレート原理）
集団の中のすべての個人が x ＞ y という選好を持つ場合は、集団の選択においても x ＞ y が成立する。
4. 無関係な選択肢からの独立性
集団が x ＞ y という順序づけをしているとき、その他の選択肢に対する個人の選好がいかに変化しようとも、x、y に関する個々人の選好が同じであるかぎり、集団は x ＞ y を保たねばならない。
5. 独裁の否定
集団の中のただ1人の選好順序が、他の個人の選好に関わりなく、常に集団の決定として採用されることがあってはならない。

　これらのうち4つまで満たしたとしたら、残りの1つはどうがんばっても不成立となってしまうのである。それを証明した「アロウの定理」については📖を参照していただくとして、さて、前問【コンドルセのパラドクス】の投票前の状況は、アロウの5条件のうち、どれが満たされていなかったのだろうか。

答え◎条件1が満たされていなかった。bとcとで投票をすると、$2/3$ の得票を得てbが勝つ。そのbとaとで投票をすると、$2/3$ 得票でaが勝つ。しかしそこで念のために敗者復活でcをaと戦わせてみると、$2/3$ 得票でcが選択されてしまう。多数派の選好が循環していたのだ。
　これを断ち切って議長が「敗者復活戦」を禁じるとするなら、条件1は満たされるようになるが、今度は条件5が否定されて独裁政治が出現することになるだろう。

📖 佐伯胖『「きめ方」の論理：社会的決定理論への招待』（東京大学出版会）

081
色のパラドクス
color continuum paradox

　次の一連の推論を考えてみよう。

1　色は感覚的な性質だから、感覚的に識別できない色どうしは、同じ色である。かつ、感覚的に識別できる色どうしは、違う色である。
2　AとBは感覚的に識別できない。よってAとBは同じ色である（1より）。
3　BとCは感覚的に識別できない。よってBとCは同じ色である（1より）。
4　CとDは感覚的に識別できない。よってCとDは同じ色である（1より）。

　　　　　　　　　　⋮

26　YとZは感覚的に識別できない。よってYとZは同じ色である（1より）。

1'　1つのものと同じ色であるものどうしは、同じ色である。
2'　AとCは、Bと同じ色であるものどうし（2、3より）。よって同じ色（1'より）。
3'　AとDは、Cと同じ色であるものどうし（2'、4より）。よって同じ色（1'より）。
4'　AとEは、Dと同じ色であるものどうし（3'、5より）。よって同じ色（1'より）。

　　　　　　　　　　⋮

25'　AとZは、Yと同じ色であるものどうし（24'、26より）。よって同じ色（1'より）。
26'　AとZは感覚的に識別できる。よってAとZは違う色（1より）。

1　さて、26個の物体A, B, C, D, ……Y, Zがあって、隣どうしは感覚的に識別できないが、AとZははっきり識別できるというのは十分ありうることだ。このような場合は、上の推論が成立する。しかし、25'と26'は明らかに矛盾している。両方ともが真であることはありえない。では、推論のどこが間違っていたのだろうか。

答え◎１の、「感覚的に識別できる色どうしは、違う色である」というのは認めてよいだろう。そうすると、ＡとＺが事実としてはっきり識別できるからには、26'の「ＡとＺは違う色」というのは真である。よって、25'の「ＡとＺは同じ色」というのが否定されねばならない。

25'を導くには、２～26と１'～24'が組み合わされて順に用いられている。このうち１'は常識として（「同じ」という言葉の意味からして）認めないわけにはゆくまい。残りの２～26と２'～24'もすべて認めざるをえないように思われるが、ひとつ条件がある。すなわち、２'～24'を導くには２～26が必要であり、２～26を導くには１が必要だ。よって、１が真であるという条件が満たされて初めて２～26と１'～24'が成立し、25'が導かれることになる。

１の後半はすでに見たように否定できないから、問題は前半の「感覚的に識別できない色どうしは、同じ色」という部分だ。これが偽なのである。

色が感覚的な性質であるのはもちろんだが、だからといって「感覚的に識別できない色どうしは同じ色」とは言えまい。「感覚的に直接は識別できないが、積み重なると感覚的な違いをもたらすような違い」は、やはり色の違いと言えるだろうからだ。

２ それでは、「感覚的に識別できない色どうしを同じ色とする」と**定義されたら**どうだろうか。色がそう定義されてしまえば、色とはそういうものだと認めざるをえまい。識別できなければ、同じ色なのだ。さてそうすると、もとの推論から出てきた25'と26'の矛盾はまだ解決されていないことになる。どこを手直しすればよいのだろう？

答え◎定義により「感覚的に識別できない」というのが「同じ色」の意味なのだとすれば、１はたしかに真だが、今度は１'が偽となる。定義にしたがい、１'は「１つのものと感覚的に識別できないものどうしは、感覚的に識別できない」と書き換えることができるが、これは必ずしも成り立たないからである。色以外の例でいうと、たとえば私は、公園にいる20羽の鳩と25羽の鳩を見分けられず、25羽の鳩と30羽の鳩も見分けられないが、20羽と30羽は確実に見分けられる。

こうして2'〜25'のどこかから先は成り立たないことになるのは当然だろう。よって25'は偽であり、26'が真であることと矛盾しない。

3 それではさらに、1'「1つのものと感覚的に識別できないものどうしは、感覚的に識別できない」というのが真であると**定義されたら**どうだろう。つまり、文1'が常に真となるように「感覚的に識別できない」という言葉使いが定義されたのである。こうすると、今や1と1'はともに定義により真だから、疑いをさしはさむ余地がない。さてこの場合、25'と26'の矛盾はまだ解決されていないことになるのか？　解決するにはどこが間違っていると指摘すればよいだろう。

答え◎「感覚的に識別できない」というのがそのように厳格に定義されたということは、事実として私が経験的に識別できない、というようなゆるやかな意味ではありえず、「いかなる検出装置を使っても識別できない」という極端な意味として解さなければならない。つまり、分子の突出1つでも異なっていたら、原理的に精密装置によって検出されてしまう可能性があるから、「感覚的に識別できない」とは言えないことになる。

　このような強力な意味で理解された「感覚的に識別できない」のもとでは、2〜26のどれかが偽であるに違いない。つまり、AとZが感覚的に識別できている（26'）からには、AとB、BとC、CとD……のどこかで必ずや「感覚的に識別できない」が偽である、つまり感覚的に識別できる違いが生じているはずである。それほどまでに「感覚的に識別できない」の基準を厳しくとっているはずなのだ、1'が真と定義されたということは。

　こうしてこの場合、25'は導けない。25'を導くには2〜26がすべて真であることが必要だからである。したがって26'との間に矛盾は起こらない。

　「感覚的に識別できない」のような曖昧な述語を繰り返し適用することによって、見掛けの矛盾を導き出すこの「滑りやすい坂の論法」「連鎖式」系のパラドクスとしては他に、「禿頭のパラドクス」「タネのパラドクス」などが知られている。順に見ていこう。

Rescher, Nicholas. *Paradoxes: Their Roots, Range, and Resolution* （Open Court, 2001）

082
禿頭のパラドクス
bald man paradox

　禿でない頭から髪が１本抜けても禿頭になるわけではない。ならばまた１本抜けても禿頭にはならない。さらに１本……
　よくある詭弁。推論として整理するとこうなります。

1　毛髪が10万本の頭は禿でない
2　毛髪が０本の頭は禿である
3　いかなる自然数ｎについても、毛髪がｎ本の頭が禿でないならば、（ｎ－１）本の頭も禿でない。
4　毛髪が０本の頭は禿でない。
　　　　　　　　（１に、３を繰り返し適用することにより）

　４は、２と矛盾している。はて、どこがおかしかったのだろう……。
　前問【色のパラドクス】の**1**、普通の解決の線（「感覚的に識別できない色どうしは、同じ色である」を否定する）にしたがうならば、「毛髪１本だけ違っている頭どうしは、禿頭か禿でない頭かについて同じである」という前提を否定する戦略をとることになる。すなわち、３が間違っているということだ。
　３が間違っている。納得できればそれでおしまい。しかしよく考えてみると、３を否定するということは、綿密に書くと――

３の否定……「毛髪がｎ本の頭が禿でなく、（ｎ－１）本の頭は禿である」が成り立つ自然数ｎが存在する。

念のため丁寧に分解して書けば、
３の否定……次のＡ100000～Ａ１のうちどれかが真である。
　　　　　　Ａ100000「毛髪が100000本の頭は禿でなく、99999本の頭は禿である」

> A99999「毛髪が99999本の頭は禿でなく、99998本の頭は禿である」
> A99998「毛髪が99998本の頭は禿でなく、99997本の頭は禿である」
> ：
> A3「毛髪が3本の頭は禿でなく、2本の頭は禿である」
> A2「毛髪が2本の頭は禿でなく、1本の頭は禿である」
> A1「毛髪が1本の頭は禿でなく、0本の頭は禿である」
>
> このように書くと、困惑が甦りますね。「毛髪がn本の頭が禿でなく、(n－1)本の頭は禿である」（100000≧n≧1）という形をした具体的文A100000〜A1のどれについても、真であるとは言えないではないか？ だがそうすると、3を否定できなくなってしまう！
> さて、どうしたらいいのだろう。

答え◎整理してみよう。1，3から4が導かれた。4は2と矛盾する。2は明らかに真である。したがって4は偽である。偽なる結論を導いた前提1，3の少なくとも一方は偽であるはずだ。1は明らかに真である。すると3が偽であるはずだ。しかるに、3の否定は真でありえない。すると3は真なのか？ だとするとどうして4などが導かれてしまったのか。不合理だ！

不合理が生じた以上、どこか別の部分に間違いがあるはずである。そのどこかとは？

疑わしいのは、3が真でないからといって、ただちにその否定が真であるはず、とした思い込みではないだろうか。「禿である」「禿でない」という述語は、きちんと定義されておらず（頭の何パーセントが露出すれば禿なのか？）漠然とした概念である。したがって、「Xは禿である」「Xは禿でない」は必ずしも真とも偽とも決められない。

したがって、1「毛髪が10万本の頭は禿でない」2「毛髪が0本の頭は禿である」は明らかに真と言えるとしても、その中間、たとえば「毛髪が7500本の頭は禿である」は真とも偽とも言いようがないだろう（毛の分布

の仕方にもよるだろうし)。つまり、3「いかなる自然数ｎについても、毛髪がｎ本の頭が禿でないならば、(ｎ－１)本の頭も禿でない」というとき、ならばの前後「毛髪がｎ本の頭は禿でない」「毛髪が(ｎ－１)本の頭は禿でない」の真偽がたいていの場合決まらないので、全体としての真偽も決めようがない、というのが真相だろう。つまり3が真でないというのは、否定したら真になるという意味ではない。否定しても依然として真とも偽とも言えない状態なのだ。

「3の否定を真としなければならない」という反直観的な負担は、無用だったのである。こうして心置きなく、3は真でないと宣告できる。よって、4は導かれない。

つまるところ「禿である」というのは程度問題であり、白黒・真偽決められるような性質ではないということだ。そういう場合は真偽で割り切る通常の論理法則を当てはめることができない。もしかりに「禿である」が真偽はっきり決められる明確な性質だと仮定すると、Ａ100000〜Ａ１のうちどれかが真であるはずだが、実際はそうでない以上、(背理法によって)「禿である」は明確でない程度問題だったということになる。

083 ゼノンのタネのパラドクス
millet seed paradox

LEVEL ＡＩＴＺ 1 1 1 1

　タネが１粒落ちても音はしない。なのに１万粒落ちるとドサッという。いつから音がするように？　これも、色のパラドクスや禿頭のパラドクスに似た「滑りやすい坂論法」系のパラドクスだ（あの005【アキレスと亀】以下４つのパラドクスでお馴染みのゼノンの議論の１つ)。

1　タネが１万粒落ちると音が聞こえる。
2　タネが１粒落ちても音は聞こえない。
3　いかなる自然数ｎについても、タネがｎ粒落ちて音が聞こえないならば、(ｎ＋１)粒落ちても音が聞こえるようにはならない。
4　タネが１万粒落ちても音は聞こえない。

> 　　　　　（2に、3を繰り返し適用することにより）
>
> 　さて、1と4の矛盾はどう解決すべきだろう。

　答え◎081【色のパラドクス】、082【禿頭のパラドクス】と同じ方針で解決できるだろうか？　いや、別の方針が正解である。色や禿は、状態や性質の変化の問題だった。しかしここでは、音の**変化**ではなく、音の**有無**が問題になっている。聞こえるか聞こえないかは程度の問題ではなく、オールオアナッシングの問題だ。音がしたかしないか確信がない、といったあやふやな場合はありうるが、そういう場合は聞こえていないと認定できる。色や禿とは違い、音が聞こえたという状態そのものは曖昧な状態ではない。どんなにかすかでも聞こえれば、完全に聞こえたことになるのだ。

　よって、3がはっきり偽である。3の否定が真なのだ。ｎ粒を越えると音が聞こえる、という特定のｎが存在するのである。ｎの正体は実験してみないとわからないが、湿度・気圧・距離など特定条件下で特定の人が特定のタネを落として実験すれば、ｎは紛れなく一通りに定まるはずである。

084 ビゼー-ヴェルディのジレンマ
Bizet-Verdi dilemma

LEVEL A1 I2 T1 Z1

　この問題は、フランスの作曲家ビゼーとイタリアの作曲家ヴェルディが起用されるのが慣わしだが、ただの例であって、彼らの人格や具体的業績とは何の関係もない。ここでは別の例を使ってもいいのだが、いちおう慣例どおり両人にご登場願っておこう。
　さて問題はこうだ。次の問いに、正解を与えていただきたい。
　「もしビゼーとヴェルディが同国人だったとしたら、彼らの国籍は何だっただろう？」

　答え◎現実にはビゼーとヴェルディは同国人ではないのだから、事実に反した反実仮想を考えることになる。その場合、どうせ事実に反しているのだか

らどうでもよい、ということにはならない（028【プロタゴラスの契約】072【カリーのパラドクス／応用編】などで見た**普通の「ならば」**と**反実仮想の「だったとしたら」**は意味が違うことに注意しましょう）。「もしビゼーとヴェルディが同国人だったとしたら、彼らの国籍は日本だっただろう」「ベネズエラだっただろう」「タンザニアだっただろう」などはとうてい正しいとは認められまい。「ドイツだっただろう」ですらダメだ。それでは？

　候補は2つしかない。「彼らの国籍はフランスだっただろう」「彼らの国籍はイタリアだっただろう」この2つだけである。「もし〜〜だったとしたら……」という反実仮想は、〜〜が起こっているという点で現実世界とは異なる世界のありさまを推測する作業だが、「〜〜が起こっている可能世界」は無数にある。そうした無数の可能世界のうち、「現実世界に一番近い（似ている）」世界を考えることが必要だ。そうでないと、**この現実世界**でその反実仮想を考えているという意味がなくなってしまう。

　こうして、「ビゼーとヴェルディが同国人である可能世界のうち、現実世界に一番近い世界」は何か、と考える。2人とも国籍を変更して一致させるよりは、一方だけ変更して一致させた方が変更点が少なく、現実世界にそれだけ似ているだろう。つまり、2人ともフランス人である世界、2人ともイタリア人である世界、この2種類だけが残る。

　正解はこの2つ。互いに矛盾するが、これ以上絞ることはできない。ヴェルディがフランス人であるためには現実世界をどれほど変更することが必要か、ビゼーがイタリア人であるためには現実世界をどれほど変更することが必要かをそれぞれ厳密に突き止めて、変更点の定量的比較を行なって、決着をつける、ということもできなくはないかもしれない。しかしそのためには、現実世界の多様な特徴のそれぞれに重み付けをして、どの変更が大きな変更でどれならば小さな変更、という無数の前提を設けなければならない。この問題ではそうした前提は一切与えられていないので、答えられるのはここまでである。

　……しかし、次の問題でもう一歩だけ進んでみよう。

ウィラード・V.O.クワイン『論理学の方法』（岩波書店）

085 ジレンマをパズルに変える方法
how to change dilemma into puzzle

LEVEL A2 I1 T1 Z1

前問を次のように変更してみる。
次の問いに、**ただ1つの**正解を与えていただきたい。
「もしビゼーとヴェルディが同国人だったとしたら、彼らの国籍は何だっただろう？」

答え◎前問の正解は、こうだった。
「彼らの国籍はフランスだっただろう」**または**、「彼らの国籍はイタリアだっただろう」
　こんどは、ただ1つの正解を与えよ、と言っている。上の「または」で挟んだ2つの文のうち一方を与えたのでは、恣意的になってしまう。ではどうすればよいか。
　次のようにするしかないだろう。すなわち、
「彼らの国籍はフランス**または**イタリアだっただろう」
　そう、「または」を正解の外部から正解の内部へと組み入れて、「フランスまたはイタリア」というただ1つの答えを与えるのだ。
　「または」が入っているから1つの答えとは言えない、という不満が聞こえてきそうである。しかし違う。これは1つの答えと言ってよいのだ。「正解はフランス、または正解はイタリア」と答えればこれは2つの正解を出している（あるいは迷っている）ことになるが、「正解は、フランスまたはイタリア」と答えれば、1つの正解を出したことになるのである。2つ以上の相容れない正解候補が残る「ジレンマ」を、唯一の正解が決まる「パズル」にしてしまう裏技だ。
　（ただし、いつでもこの裏技が使えるとはかぎらない、ということを、次の問題で見ることにします。）

086 ラムジー・テスト
Ramsey test

1 いまあなたの手もとに、アルミの缶がある。あなたは引越してきたばかりでこの地域のゴミの分別の仕方がわからない。缶はたしか処理場で磁石で選り分けると聞いたからいっしょでOKかな、などと考え、連想を拡げてぼんやりと「もしこの缶がスチールでできていたら……」と呟いて2つの反実仮想文が思い浮かんだ。

　A．もしもこの缶がスチールでできていたら、この缶は磁石についたことだろう。
　B．もしもこの缶がスチールでできていたら、スチールは磁石につかないことになるだろう。

　「この缶は（本当はアルミだが）スチールである」という反実仮想で現実をかりに変更した場合、変更がそこだけで済むということはありえず（現実は諸々の要素が密接に絡み合っているから）、文面で言われない他のところでも現実を変更しなければならなくなる。逆に言うと、現実のどの側面を変更せず保持するか、という決断が迫られる。
　A．は、「スチールは磁石につく」という事実を尊重して保持し、「この缶は磁石につかない」という事実を軽視して変更した。B．は逆に、「この缶は磁石につかない」という事実を尊重して保持し、「スチールは磁石につく」という事実を軽視して変更したわけである。
　さて、A．B．どちらが自然な立場だと思いますか？　つまり、どちらが真ですか？

答え◎A．の方が自然だろう。B．が尊重した「この缶は磁石につかない」は個別の事実にすぎず、ちっぽけな事実である。それに対して、A．が尊重した「スチールは磁石につく」は一般的な事実であって、範囲が広い。084【ビゼー-ヴェルディのジレンマ】で見たように、必要以上に現実世界から離

れてしまわないのが反実仮想の方針なので、個別的事実よりも一般的事実の方を尊重しなければならないのである。

2 それでは、次の反実仮想はどうだろう。「120歳まで生きた双子はいない」「きんさんぎんさんは双子である」という２つの事実をもとにした反実仮想である。Ｃ．Ｄ．どちらの方が自然だろうか。そしてその理由は。

　Ｃ．もしもきんさんぎんさんが120歳まで生きたとしたら、きんさんぎんさんは双子ではなかったことになるだろう。
　Ｄ．もしもきんさんぎんさんが120歳まで生きたとしたら、120歳まで生きた双子がいたことになるだろう。

答え◎直観的に、Ｄ．の方が自然である。しかしこれは、**1**の解答「個別的事実よりも一般的事実の方を尊重しなければならない」という原則に反している。なぜなら、Ｄ．は、「きんさんぎんさんは双子である」という個別的事実を尊重して維持し、「120歳まで生きた双子はいない」という一般的事実を捨てているからである。そしてＣ．は逆に、「120歳まで生きた双子はいない」という一般的事実を尊重して維持し、それにあわせて「きんさんぎんさんは双子である」という個別的事実を捨てている。「きんさんぎんさんが120歳まで生きた」という反実仮想では、Ｃ．「一般的事実を維持」の方針こそ推奨されるべしというのが**1**の教訓ではなかったか？

3 この矛盾を説明してください。

答え◎ひとことで「一般的事実」とはいっても、「スチールは磁石につく」という一般的事実は、法則的事実でもある。つまり、単に広く成り立っているというだけでなく、物理学的な説明をすることのできる、ハードな事実なのである。それに対して、「120歳まで生きた双子はいない」というのは、たまたま広く成立している事実というだけであって、法則的事実ではない。双子でない人に比べて双子は長生きしない、というような生物学的根拠が発見されているわけでもないし、これから人間の寿命が延びて、今世紀中にも

第7章◎合理的な判断とは？（その2）

「120歳まで生きる双子」が現われるかもしれないだろう。
　しかし、法則である一般的事実と、法則でない一般的事実の区別というのは案外難しそうだ。法則なのか法則でないのか紛らわしい一般的事実もあるだろうし、もう一方の「個別的事実」の方にも、容易には変更できないハードな事実もある。
　たとえば、現実の個別の人間について成り立つ「◎◎は人間である」という事実は容易に変えられない。他方、「人間は300歳まで生きない」はほとんど法則的事実と言えるだろう。さてそこで、「もし蟹江ぎんさんが300歳まで生きたら、300歳まで生きる人間がいることになるだろう」「もし蟹江ぎんさんが300歳まで生きたら、蟹江ぎんさんは人間ではなかっただろう」のどちらを選ぶべきか？　生物的法則を尊重して後者か？　しかし人間でないとしたら（ロボット？　宇宙人？）それは現実の蟹江ぎんさんと同一の存在とは言えまい、つまり「蟹江ぎん」なる名で呼ぶことに意味がなくなるだろう。かといって、法則をひっくり返して「300歳まで生きる人間がいることになる」と認めることにも抵抗がある。これはどちらとも決められない微妙な場合だ。
　なお、注意すべきは、【ビゼー-ヴェルディのジレンマ】の場合とは違って、085【ジレンマをパズルに変える方法】は使えないということである。
　問「もし蟹江ぎんさんが300歳まで生きたら？」
　答「300歳まで生きる人間がいることになるだろう、または蟹江ぎんは人間ではなかっただろう」
はダメなのである。「または」を挟んだ2つの選択肢が、同等かつ同質の真実度をもって並んでいるとは言えないからだ。ここは、文脈を違えた2つの答えを別個に提示するしかない。
　答「300歳まで生きる人間がいることになるだろう」または、**答**「蟹江ぎんは人間ではなかっただろう」……というふうに。
　事実に反することをあからさまに想定する反実仮想は、それ自体がすでにしてパラドクス同然であり、哲学の中で最も難しい分野のひとつである。

Lewis, David. *Counterfactuals*（Blackwell, 1973）

087
デュエム-クワインテーゼ
Duhem-Quine thesis

　手もとに烏龍茶の340ml缶がある。「スチール」と書いてある。そこに磁石をつけてみた。ポロリ。くっつかない。さて、この事態を説明するために、「仮説演繹法」の論証の形に書き出してみた。

仮説１　（理論）　　　　スチールは磁石につく。
仮説２　（個別事実）　　この缶はスチールでできている。
　　　　演繹
―――――――――――――――――――――――――――
結論　　（予言）　　　　この缶は磁石につく。
……………………………………………………………………　矛盾
観察事実　　　　　　　　この缶は磁石につかなかった。

１　この「矛盾」を説明するために、可能な説明をすべて挙げてみてください（076【韓非子の矛と盾】が参考になります）。

答え◎仮説から予言されたことが観察によって否定されたのだから、ふつうは、仮説のいずれかを捨てることになる。ただしそのためには、適切な実験状況・観察状況が得られているという条件が必要である。問題の論証の、――――より上の前提部には、実は「正常な条件が成り立っている」という「補助仮説」が隠されていたのである。変則的な状況のもとでは、何らかの妨害要因による説明ができてしまうかもしれないからだ。こうして、可能な説明は次のように分類される。

A．仮説の否定　　①理論が間違っていた。（スチールの物理学の訂正）
　　　　　　　　　②個別事実の認識が間違っていた。
　　　　　　　　　　　　　　（缶の「スチール」記載が誤りだった）
B．補助仮説の否定　③磁石が正常でなかった。
　　　　　　　　　④磁気を中和するような電磁波が作用していた。

⑤缶の丸みを帯びた部分で磁石が滑った。
⑥缶表面のコーティング素材が磁力を遮断していた。
　　　　　　　　　　　　　　⋮

C．観察事実の否定　①磁石は缶についたのに、実験者が測定間違いをした。
　　　　　　　　　②測定器具が故障していて、ついたのにつかないと記録した。
　　　　　　　　　③実験者が磁石の付着認定について厳しすぎる基準を採用していた。
　　　　　　　　　　　　　　⋮

D．論理法則の修正　①仮説1，2と補助仮説を合わせても「この缶は磁石につく」という予言は導かれない。
　　　　　　　　　②「この缶は磁石につく」と「この缶は磁石につかなかった」は両立する。

　これらのうち、通常の科学研究では、B．C．A②．A①の順で嫌疑がかけられ、修正されてゆくようだ。逆に言えば、補助仮説を否定しさえすれば、どんな理論でも守ることができる。「スチール」を「アルミ」に読み替えてみよう。「アルミは磁石につく」という理論を、B．C．A②のどれかを主張することで守れるのだ。あなたの目や耳や触覚が正常だという補助仮説を棄てることによって、「あなたの背中にいまコアラがしがみついている」という仮説を維持することもできるだろう。

2　ただし、D．「論理法則の修正」というのは、現実にはめったに、というよりまず行なわれない。しかしクワインによると、観察事実も論理法則も、原理的に修正可能という意味では同資格なのである。実際、矛盾に直面したとき、人が論理法則を棄てることにあまり抵抗を覚えない場面もある。どういう場面だろうか。

答え◎現実世界の理解に関しては「論理法則の修正」がなされることはまず

ない。が、小説や映画などフィクションを解釈するときに、「論理法則の修正」が頻繁に行なわれる傾向がある。作者がうっかりミスをして矛盾したことが書かれる場合もあるし、ナンセンスストーリーやタイムトラベルものなどでは意図的に矛盾（らしきもの）が導入される。そうした作品に対して、「ま、フィクションだからいいか。よくわからないが現実とは違う不思議な論理法則にしたがっているってことだ」と納得して矛盾を追認する読者や批評家は少なくないだろう。しかしこれは安易な納得だと思われる。補助仮説や隠喩の意味を解釈し直すことで出来事の無矛盾性を回復する工夫にこそ、フィクション読解の醍醐味があるのではないだろうか。

　　　　　　　　　　　　　三浦俊彦『虚構世界の存在論』（勁草書房）

088 解釈学的循環のパラドクス
hermeneutic circle

LEVEL　A 1　I 2　T 1　Z 1

　単語の意味は、文の意味、あるいはもっと広い範囲の文章の意味がわからなければ理解できない。たとえば、「金」という単語は多くの意味をもち、文脈が決まらないとその意味は確定できない。「火、水はＯＫ、金は午後だけ、あとはふさがってます」という文を読んで初めて、「ああ、黄金でもなく金物でもなくゼニでもなく将棋の駒でもなく睾丸でもなく女真族完顔部の首長阿骨打の建てた国でもなく楽器でもなく人名でもなくこの意味なんだな」と理解できる。言葉の理解に関するこの仕組みは「文脈原理」と呼ばれる。

　一方、当然のことながら、単語の意味がわからなければ文、さらにはそれ以上の範囲の文章を理解することができない。「火、水はＯＫ、金は午後だけ、あとはふさがってます」と読んでも、「火」「水」「金」が物質現象の種類のことだと思い込んでいると、この文はちんぷんかんぷんだろう。

　このように、単語の意味を知るには文の意味を知っていなければならず、文の意味を知るには単語の意味を知っていなければならない。すると、本を読み始めるとき、私たちはその本の内容を理解できないことに

なりはしないか。単語の意味も文の意味も最初から与えられておらず、互いに他方がまず与えられていることが必要だというのだから。

しかし現実には、私たちはふつう、本を読むことができる。内容を難なく理解するではないか。この矛盾をどう説明したらいいのだろう。

答え◎このパラドクスは、一種の背理法である。単語や文の「意味を理解する」というのを、真偽はっきり決められる明確な状態だと**仮定すると**、「私たちは本が読めない」という、事実に反した結論が導かれてしまう。したがって、この仮定が誤りであることが証明されたのである。

「意味の理解」は、オールオアナッシングではなく、程度問題だということだ。私たちは、単語と、文と、さらに広い文脈とを相互に参照しながら、理解を**次第に**高めてゆく。本が読めるといっても、その理解は常に「ある程度」の理解であり、文であれ本全体であれ1つの単語であれ「完全に理解した」などということはありえないだろう。

081【色のパラドクス】、082【禿頭のパラドクス】と、形式は異なるが教訓は同じだ。性質や状態を表わす述語の多くは、オールオアナッシングの適用範囲を持たない漠然とした表現である、ということなのである。

Hoy, D.C. *The Critical Circle*（U. of California P., 1978）

第 8 章
確率のミステリー
コインとサイコロから始める超トリップ術

089
マーフィーの法則
Murphy's law

1 マーフィーの法則は言う。損な立場になりうる場合、まず必ず損な立場になる、と。

マーフィーの法則は色々なところで実感を込めて語られるが（「僕がバス停に辿り着くといつもバスが行っちまった直後なんだ」「エレベーターがいつも通り過ぎたところなんですよ」「目的地はいつも道の反対側にあるんだよなあ」……）、ドライバーの間で言われるとされるマーフィーの法則に、次のようなものがある。

「二車線を走っていると、たいてい隣のレーンの方が速い」

隣のレーンの方が速い……。しかしこれは、直観的に言って真実ではないように思われるだろう。隣というのは相対的な概念だから、隣から見ればこちらが隣ということになる。したがって、「上り坂と下り坂はどちらが多いか」という問いと同じく、こちらも隣も速さは平均して同

程度、ということになるはずだろう。
　しかし、たいていのドライバーが、「隣の方が速いことがはっきり多い」と言うらしい。なぜだろうか。2通りの説明を考えてください。
　（ちなみに日本の道路交通法には、「右のレーンが追い越し車線」と決められているようだ。そういう法律がほとんどのドライバーによって守られているなら（私は運転しないので知らないのだが）どちらのレーンが速いかは予めドライバーの間で承知されていることになり、この問題は成立しない。ここではとりあえず、そうした「キープレフト」の決まりのない社会を考え（この車線問題を論じた📖の調査国であるカナダにはそういう法律がないのかもしれない）、そこで上記のマーフィーの法則的不平が生ずる理由を考えてください。）

答え◎さしあたり、次のような解答が思い浮かぶ。
　「隣のレーンの方が速い」というのは、錯覚である。人はたいてい、自分が追い越したときのことは覚えておらず、追い越されたときのことはよく覚えている。自分が追い抜いた車はすぐ視界から消えるのに対して自分を追い越した車はしばらく視界前方にとどまるので、印象が残りやすいからだ。しかも、「こちらの方が速い」と感じるときはさほど気にとめないのに対して、「隣の方が速いな」と感じたときはこだわりが続く。人はどうしても、優位の状況よりも劣位に立たされた状況の方を鮮明に感ずるからだ。
　こうして、自分のレーンと隣のレーンとは平均して同じくらいの速度でありながら、どうしても隣のレーンの方が速い場合が印象に残る率が高い。われわれの認識装置（ここでは記憶と感情）の性質が、偏ったサンプルを選んでしまうこの仕組みを「選択効果」という。心理的な選択効果によって、たいていのドライバーが「隣のレーンの方が速い」と言うのである。
　このように「隣の方が速い」というのは錯覚なのだから、ドライバーにはこの心理学的事実を徹底的に教育し、「あっちが速いから車線を変えよう」などと安易に車線変更しないように教育しなければならない。むやみに車線変更すると事故のもとになる。決してこちらの方が遅くはないのだ、ということに気づかせるのが事故防止の第一歩である。
　……もっともらしい答えですね。

しかし……？　この答え、正しいと思いますか？
次の問題でさらに深く考えましょう。

📖 Redelmeier, D.A., Tibshirani R.J. "Why cars in the other lane seem to go faster" *Nature* 401（1999）

---

090 車線問題
next lane problem

LEVEL **A2 I1 T1 Z3**

2　前問の続きである。

マーフィーの法則は、心理学的に説明されるのが普通だ。つまり「気のせい」と。

しかし、1つの説明が与えられると、もっと深い別の説明が覆い隠されてしまい、かえって盲目になってしまうことがある。福本伸行『賭博破戒録カイジ』（講談社）では、囮の説明を敵に思いつかせることにより真の説明を覆い隠すという戦略を「脱臭」と呼んでいる。心理学的説明が得られたからといって満足せず、「実在論的説明」がないかどうか、一度は疑ってみた方がよい。「気のせい」ではなく、「本当にそうなのではないか」という疑問を持つことだ。

前問の心理的な説明で、全面的に解決できたのだろうか？　とくに、「自分のレーンと隣のレーンとは平均して同じくらいの速度なのだが」というところ。数学的に言って、これは正しいだろうか。

実を言うと、「隣のレーンの方が、たいていの場合、**本当に早い**」のである。理由を考えてください。

答え◎2つのレーンが全く同じ速度ということはまずなく、どちらかの方が多少なりともスムーズに進んでいる。さて、**あなた**はどちらのレーンにいる確率が高いだろうか。

どちらも同じ確率だろうか？　違う。速い方のレーンはなぜ速いのかを考えてみよう。たいていの場合、そのレーンを走る車の数が少ないから速いのだろう。車の数が多いと、どうしても全体の速度は遅くなりがちだからだ。

ということは、いつも多数派のドライバーが「遅い方の車線」を走ってい

ることになる。つまり運転中のランダムな瞬間をとると、あなたはそのとき、遅い方の車線の一員である確率が高い。たいていのドライバーが「隣の方が速い」とぼやくのは、決して錯覚ばかりではなく、事実にもとづいた認識の側面もあるということだ。

　多数派が認識する事柄をあなたもいま認識している確率が高い。これは、認識者のいる位置によって認識内容が確率的に限定されるという現象で、「観測選択効果」と呼ばれる。前問のような単なる知覚装置や記憶の性質による選択効果ではなく、観測者の存在そのものという根本条件によって自ずと偏ってしまう選択効果が観測選択効果だ。「隣のレーンの方が速い」というのは、心理学的な選択効果と、数学的な観測選択効果という、**二重の選択効果の結果**だったのだ。心理学的な方は、1人の心の中での観察結果の主観的淘汰であり、数学的な方は、集団の中での多数派への所属という客観的統計であって、全く別種のものである。

　そうすると少なくとも、数学的な観測選択効果は客観的事実を反映しているわけだから、「隣の方が速い」と感じたドライバーは、速く走りたければ車線を変えた方がよいことになる。みんながさかんに車線変更することによって、2つの車線の速度差（車の密度の差）が小さくなり、平均して多数のドライバーが速く走れるようになるわけだ。

❸　「向こうのほうが早い」という似たような印象として、スーパーのレジはどうだろうか。なんだかいつも自分の並んでいるレジの列は進みが遅いような気がするのだが……。混雑した駅の切符自動販売機の行列なども。
　この場合は、❶の選択効果、❷の観測選択効果、どちらで説明しますか？

答え◎レジや自動販売機の行列は、たいてい、どの列も長さがほぼ等しいはずである。後から並ぶ人はたいてい短い列のあとにつき、差異が均されるからだ。さてそうすると、ある瞬間をとると、各列にはほぼ等しい数の人間が並んでいると考えてよかろう。ということは、一定の時間をとってみると、速く前へ進んでいる列の方が、並んでいた人の数が多いことになる。多数派が、早い方の列にいるはずだ。道路の場合とは逆である。つまり❷の観点からは「自分の列はよそより早い」と感じられるはずで、逆に「よそより遅い」

と感じるとしたらその原因はもっぱら**1**にある。

　実際には、1人1人の買物の量などはでこぼこがあって平均するとどの列も似たようなものだろうから、列の進みにはっきりした差が出るとしてもほんの一瞬の間（1〜2分程度）にすぎまい。数学的観測選択効果はほとんどないと考えられる。したがって、ますます心理学的選択効果が強く出て「よそのレジの方がいつも速い」と感ずることになるのだろう。

📖 Bostrom, Nick. *Anthropic Bias: Observation Selection Effects in Science and Philosophy* （Routledge, 2002）

---

091 デルタ t 論法
delta *t* argument

LEVEL A3 I1 T3 Z1

　ふらりと部屋に入っていったら、デスクの上にコンピュータがあった。何かソフトが作動中らしく、ディスプレイ上で模様がぐるぐる回っている。このプログラムが始まってから経過した時間が、右隅に表示されている。そこであなたは、このプログラムが何分何秒まで表示されて終わるかを推測しようと思った（あなたはこのところ転職するかどうかで迷っていて、身辺の何でも即席の占いとして使う癖がついているのだ）。ディスプレイを見ると、「4分33秒」をちょうど示したところである。さて、このプログラムがあと T 秒以上作動しつづける確率はいくらだろうか。T を含んだ式で表わしてください。

答え◎「そんな確率わかりっこない」と感じられたかもしれないが、とりあえず図などを描いてみると道が開けたりする。実際、下のような図を描けば簡単に計算できるのだ。

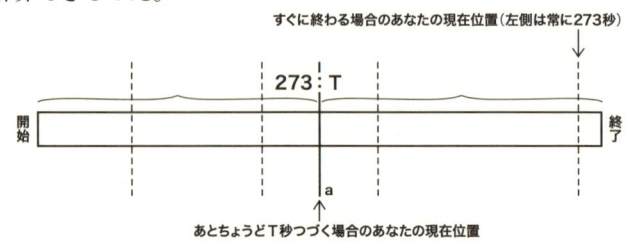

　　　　　　　　　　　　　すぐに終わる場合のあなたの現在位置（左側は常に273秒）
　　　　　　　　　　　　　　　　　　　　　　　　　　↓
　　　　　　　　　　　273 ： T
　開始　｜　　｜　　｜　　　｜　　　｜　　｜　　｜　｜　終了
　　　　　　　　　　　　　　↑
　　　　　　　　　　　　　　a
　　　　　　　　　あとちょうど T 秒つづく場合のあなたの現在位置

LEVEL……**A**[難易度] **I**[知名度] **T**[マニア度] **Z**[メンタル度]

これからT秒より長く続くというのは、言い換えれば、これからの時間が過去の時間（273秒）の$T/273$以上ということである。それは、図の全長の中で、273：Tの分割線ａより左にあなたの現在位置（273秒）がある場合だ。その確率は、$273/(273+T)$に他ならない。

もちろん、コンピュータソフトというものが普通どのくらいの時間作動し続けるものかとか、この部屋は何時になったら電源の供給がストップするとかいった推測の手掛りがある場合にはそちらが優先されることは言うまでもない。この純粋論理的な計算は、何も知識がない場合か、もしくは既知情報の補正として使われる。

ある未知の時間続くプロセスの中の、あるランダムな一瞬にあなたが行き逢った場合（テレビ番組でも火山の噴火でも政権でも映画の興行でも）、そのプロセスがこれまでどのくらい続いてきたかを知れば、これからどのくらい続くかを、**ある程度**推測することができる。

一般に、過去の継続時間から未来の継続時間を推測するとき、次の関係が成立するはずだ。

確率 $\dfrac{1}{N+1}$ で、$\dfrac{未来の継続時間}{過去の継続時間} > N$

ただし、現在の自分が「ランダムな時刻」にいることが条件である。始めからそのプロセスに入ろうと意図して入った場合には、ランダムな時刻でなくなることがあるので要注意だ。意図せずにたまたま入ったプロセスをあとから評価する場合でも、自分がそのプロセスの外にもいられる場合と、プロセスの中にしかいられない場合（人類、民族の存続など）とでは事情が異なり、適切な確率計算が違ってくるのではないか、という論争もある。

「ランダム」という概念が意外とくせものであることを思い知るのに最適のパラドクスを次に見ることにしよう。

Gott, J.R. "Implications of the Copernican Principle for our Future Prospect" *Nature* 363（1993）

092
ベルトランのパラドクス
Bertrand's padadox

1 与えられた円に任意の弦を引くとき、それがこの円に内接する正三角形の一辺よりも長くなる確率を求めよ。

答え◎まず弦Cをランダムに引いてみよう。正解と思われるものが少なくとも3通りある。

●**解1**（図1参照）

どの内接正三角形であれ一辺の長さは同じなので、代表として、弦Cに平行な辺Sを持つ内接正三角形を考えよう。弦Cの中点Mを含む半径rを描いてみると、rとSの交点Aと、円の中心Oとの間にMがある場合に、そしてその場合にのみ、弦CはSより長くなることがわかる。Mがr上のどこに来るかはすべて同じ確率であり、OAの長さはr/2だから、弦CがSより長くなる確率は、1/2。

（OA＝r/2の理由は？　Sを底辺、Oを頂点とする三角形の面積は内接正三角形の3等分だから、その高さOAが内接正三角形の高さの1/3。つまりOA＋r＝3OA）

●**解2**（図2参照）

どの内接正三角形であれ一辺の長さは同じなので、代表として、弦Cが円と交わる2点のうち一方Aを頂点とする内接正三角形を考えよう。残りの頂点をF，Gとする。このとき、弦Cと円との、Aでない方の交点が円弧FGの間にある場合、そしてその場合にのみ、弦Cは内接正三角形の一辺より長くなる。円弧FGは円周の3分の1なので、求める確率は、1/3。

（Aにおける円の接線を考えて、弦Cが接線との間に作る角がどうなるかはすべて等確率だから、正三角形内に入る角度の割合から $60°/180° = 1/3$ と考えてもよい）

●**解3**（図3参照）

内接正三角形に内接する円Pを描こう。円Pは半径がr/2の同心円である（解1のOAにあたるから）。弦Cが円Pの接線になった場合に、弦C＝Sと

なる。すなわち、弦Cの中点Mが円P内にある場合、そしてその場合にのみ、弦CがSより長い。その確率は、円の面積の比から $(1/2) \times (1/2) = 1/4$。

（弦Cを、大きな円上にランダムに落ちた直線が円周で切られた線分と考える。その中点Mがどこに落ちるかはすべて等確率だから、大小の円の面積比こそが求める確率だろう）

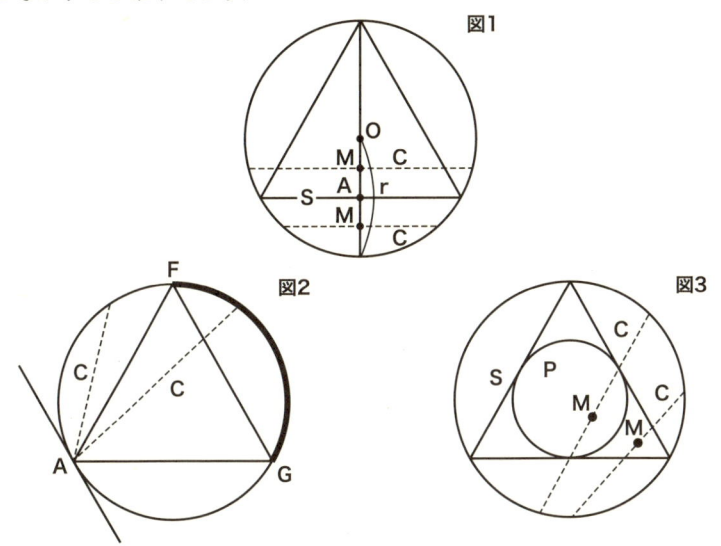

図1　図2　図3

2　はて……？　3つの矛盾する答えが出てきてしまった。

ラプラス以来の古典的確率論では、Xの起こる確率とは、互いに等確率の諸結果全体の中でXとなる諸結果の数の比率、これだったはずだ。解1、2、3は、どれもこの原則にしたがって確率を求めている（解1と3は中点の位置について、解2は円周の長さ（または、弦と接線とが作る角度）について）。はて、それなのにこの矛盾した結論。どこが変だったのだろう？　本当の正解はどれだ？

答え◎ちなみに、解1と解3の関係についてもう少し見てみよう。解3の中点Mの位置というのを、「円全体のどこか」と考えずに、「円の半径上のどこか」と考えてみる。その半径はどれを選んでもまったく同じだから、特定の1つの半径を定めて考えると、同心円Pの半径の長さ＝大きい円の半径の長

さ×$1/2$、よって円Pの半径の範囲上にMが乗っている確率は$1/2$。これは解1と同じ理屈である。

のみならず、半径の代わりに任意の曲線を設定して同じ理屈を使えば、確率の値はいくらにでもできる。解は1，2，3だけでなく、無数にあるのだ！

このパラドクスの完全な解決は、数学的にも哲学的にも得られていないようである。

まあ最も妥当な解決は、こうだろう。「任意の」とか「ランダム」とか「等確率の結果」とかいう概念は曖昧で、文脈を決めないと意味が定まらない概念だ、ということ※。つまり、解1，2，3そして他の多くの可能な解のうちから、端的に1つを「正解」として選び出すことはできない。手続きや文脈に相対的に「正解」が決まるということである。

確率を定めるには、「あれこれ理屈で考えてないで、実際にやってみて数えればいいじゃないか」という立場もあるだろう。しかしこのパラドクスの場合、「弦を任意に決める」とは弦を円の上に転がすのか（解1）、グルッとまわすのか（解2）、円内にダーツを投げて中点を決めるのか（解3）、やり方そのものをまず決めないことには「実際にやってみて数える」ことすらできはしない。じゃあやり方そのものをランダムに決めよう——とは言っても「やり方をランダムに決める」というのは意味不明である。行きずりの人に適当に決めてもらう、それを1万回も繰り返せばいいのだろうか？　しかしランダムとは人の直観による多数決で実現できるものなのか？

この難問に直接に取り組み続けるかわりに、同じような2つのパラドクスを考えて理解を深めることにしよう。【ワインと水のパラドクス】【無限列のパラドクス】である。

※「任意の」をめぐっては、073【定項のパラドクス】でも垣間見ましたよね。あそこでは全然違う種類の曖昧さでしたが、それだけにほんとこのコトバ、複数の罠を隠し持つ要注意対象ってことです。

von Mises, Richard., *Probability, Statistics and Truth*（Macmillan,1957）

093
ワインと水のパラドクス
wine and water problem

水とワインが混ざった液体がある。水の量は、ワインよりも少なくなく、2倍を超えることはないことだけがわかっている。水とワインの分量比をRとしよう。さしあたり、$1 \leq R \leq 2$ である。この範囲のどの数値も同じ確率を持つと考えられるから、水の量が中間の値 $3/2$ よりも少ない方の半分を考えると、「確率50%で、Rは1と $3/2$ の間にある」と言っていいだろう。

間違いないだろうな。

念のため逆に、ワインと水の分量比を考えてみようか。これは $1/R$ で表わされる。問題の条件により、$1/2 \leq 1/R \leq 1$ である。この範囲のどの数値も同じ確率を持つと考えられる。すると、先ほどと同じくRの低い半分（水の量が少ない方の半分）を考えると、これはワインが中間の値 $3/4$ より多い方の半分ということだから、「確率50%で、$1/R$ は $3/4$ と1の間にある」と言っていいだろう。これは、水とワインの比Rに読み替えるならば、逆数をとって「確率50%で、Rは1と $4/3$ の間にある」ということである。

ん？　さっきと違うな……。「確率50%で、Rは1と $3/2$ の間にある」はずだったのに。ワインと水の比を先に考えてからRに戻したら「確率50%で、Rは1と $4/3$ の間」となってしまったよ。あ〜あ、検算などしなければよかった。どっちが正しいんだ？

答え◎これは、計算では解決できない。「連続的な値がある範囲に入る確率」を考えるときには必ず、量り方、視点、文脈といったものによって正解が左右されるからである。この問題の正解は、あえて言えば、次のようにして実験的に求められるだろう。

世界の歴史の中で作られた〈水-ワイン混合液〉のうち、この問題の条件（$1 \leq R \leq 2$）を満たすようなすべての〈水-ワイン混合液〉を調べ、水の比率が少ないものから順に全体数の半分になるまで数え上げる。その結果、

「Rは1とXの間にある」ことが判明するはずだ。さしあたりそれが正解なのである。

確率の判断は、母集団の数が多ければ多いほど信頼できるので、ある町の〈水-ワイン混合液〉とか今年の〈水-ワイン混合液〉に限らず、調べられるかぎりの〈水-ワイン混合液〉をありったけ調べるべきである。確率は、計算で求められない場合、最後の手段として経験的実験によって求めるしかない。

ただし注意しなければならないことがある。「水の量は、ワインよりも少なくなく、2倍を超えることはない」という条件は、結果としてそうなっていた〈水-ワイン混合液〉をすべて母集団とせよという意味なのか、その条件を満たすように意図して調合された〈水-ワイン混合液〉だけを母集団とせよという意味なのか、はっきりさせなければならないだろう。その2種の母集団では、Rの分布はかなり異なっているはずだ。

さらには、上記のいずれにせよ1≦R≦2であるような〈水-ワイン混合液〉を選んできたのか、デタラメに持ってきたらたまたま1≦R≦2であることがわかったのかによっても、目前にある〈水-ワイン混合液〉のRのとりうる値の分布は異なるはずである。確率はつくづく難しい。選ばれたものの性質は同じでも選ばれ方の経緯によって確率判断が違ってくるという問題については、後の100【多数派と少数派のパラドクス】を参照。さらに、三浦俊彦『論理パラドクス』（二見書房）の038【2人の受講生】、041【3囚人問題】、042【モンティ・ホール・ジレンマ】、044【観測選択効果】などを参照してください。

von Mises, Richard., *Probability, Statistics and Truth*（Macmillan,1957）

094 無限列のパラドクス
infinite series paradox

LEVEL A3 I3 T2 Z1

　自然数の全体からランダムに1つ選択したとき、素数を選ぶ確率はいくらだろうか。
　素数は無限個あり、個数でいうと素数以外の自然数と同じ数だけある。しかし、数が大きくなるにつれて、自然数全体の中で素数の出現はまば

らになることがわかっている。
　素数と非素数が同じ数だけあることを考えれば、素数が選ばれる確率は $1/2$ だろうし、非素数の只中で素数がまれになってゆく自然数列を考えると、確率はゼロということになりそうだ。見やすいように、次のような2つの数列を作ってみる。N_i は i 番目の非素数、P_i は i 番目の素数を表わす。

(A)　$N_1 P_1 N_2 P_2 N_3 P_3 N_4 P_4 N_5 P_5$ ……
(B)　$N_1 P_1 N_2 N_3 P_2 N_4 N_5 N_6 P_3 N_7 N_8 N_9 N_{10} P_4$ ……

「ランダムに1つ選択するときの確率」というのは、しばしば「試行を無限回に近づけた場合に収束してゆく頻度の比の極限」と定義される（ミーゼス-ライヘンバッハの相対頻度説）。その方針で考えてみよう。
　(A)の場合、最初から素数で終わるまでのどの範囲をとっても N_i と P_i の数はともに全体の $1/2$ で定数だから、i を次第に大きくしていって無限大に近づけても（自然数全体から選ぶ試行に近づけていっても）、素数を選ぶ確率は $1/2$ のままである。
　(B)の場合、P_i は i 個の非素数の後にくっついているから、最初から素数で終わるまでのどの範囲をとっても、i 個の素数に対して $(1+2+3+……+i)=(1+i)i/2$ 個の非素数がある。つまり素数の比率は

$$\frac{i}{\frac{(1+i)i}{2}+i} = \frac{2}{i+3}$$

これは、i を次第に大きくしていって無限大に近づけるにつれ（自然数全体から選ぶ試行に近づけるにつれ）ゼロに収束する。よって、素数が選ばれる確率は0。
　(A)と(B)はともに同数の素数と非素数を含んでいるのだから、確率は同じになるはずだ。しかるに両者の答え、$1/2 \neq 0$。これはどう理解したらいいだろう？

答え◎（A）も（B）も、列の中から自然数を1つ選ぶ仕方はランダムに設定してあるにせよ、列の並び方自体はランダムではない。本当にランダムな選択を実行するためには、母集団の配列もランダムになっていなければならないだろう。しかし、ランダムな並び方とはどういう並び方のことなのか、明らかではない。自然な並び方ということでいえば、自然数を大きさの順に並べることとなり（B）に類似するが、自然さとランダムとは違う。本当にデタラメに混ぜ合わせることを無限回繰り返せば、素数と非素数のように個数の等しいものどうしは（A）的な均等の並びに近づくだろうか。しかしこれも定かでない。

　前問【ワインと水のパラドクス】のように、たくさん試行をやってみればわかる、というわけにもいかない。私たちは常に、母集団として有限個の自然数しかそろえることはできないからだ。もしかすると、無限個の要素からランダムに選ぶということは無意味であり、確率の概念は要素が有限である場合に限定されるべきだ、ということだろうか。そのように言う哲学者もいる（前々問【ベルトランのパラドクス】の発見者であるフランスの数学者J.L.F.ベルトランの立場もそれだったらしい）。063【トリストラム・シャンディ】、064【ヒルベルトのホテル】、067【カントールのパラドクス】で、有限に対して使える直観が無限に対しては通用しない例を見たが、確率においても無限は難敵であるようだ。【ベルトラン】【ワインと水】【無限列】は、無限や連続量を扱う場合にはランダムとか任意とかいう概念が大変危うくなることを実証している。

　……いや、もしかすると「無限」以上に、「確率」そのものがトリッキーなテーマなのかもしれない。確率は純粋数学的に定まるとは限らず、そのつどの定義や文脈、選択の視点といった、いわば人間的な要因に左右される哲学的な概念装置なのだろう。

　ここまでの3問は「サンプルの選び方で確率が変わる問題」だった。それの反転図として、「確率の選び方で選択が変わる問題」を次に考えよう。

095
ドクター・サイコ・パラドクス
Dr. Psycho paradox

あなたの友人の中で最も風変わりなドクター・サイコは、まことに迷惑なマッドサイエンティストだ。ことあるごとに罠やサクラや隠しカメラを使ってあなたを実験台にし、ジレンマ状況への人間の対処能力を調べているのである。あなたを繰り返し実験台にしたおかげで、ドクター・サイコはあなたの行動パターンについてはすっかり熟知しており、ジレンマ状況に置かれたあなたについてすっかり予言者のようなつもりでいるらしい。

さてある日、一緒に食事をした直後に、ドクター・サイコはとんでもないことを言った。

「この錠剤に見覚えがあるだろう。このあいだ馬の安楽死に使った毒物Aだ。これは単独で飲むと1錠で人間は確実に死ぬが、面白いことに、別の致死毒物Bに対する確実な解毒剤なのだ。つまり、AとBを両方飲んだ人は、命に別状ないということだ。ただしちょいとばかし不愉快な吐気寒気といった副作用を催すことになるがね。ところで実は、君が今飲んだコーヒーの中に、私は予めBを入れておこうと思ったんだ。そして、どうしたと思う、ほんとに入れたと思うかい？」

あなたは真っ青になった。ほんとにそういうことをしかねないドクターだからだ。

「いや、心配いらないよ。私はこうしたんだ。ほら、このAの錠剤をあげよう。君がこの錠剤を飲むだろうと私が予測した場合、コーヒーにBを入れておく。そして、君がこの錠剤を飲まないだろうと予測した場合、コーヒーにBを入れないでおく。この方針にもとづいて、Bを入れるか入れないか決めたのさ。そして実際そうした。いや、安心したまえ、君の行動に関する私の予測はほぼ当たるということを君も知っているだろう？　だからいずれにしても君が死ぬことはないよ」

あなたはドクターに尋ねた。「それで……、君は結局どう予測したんだ、Bをコーヒーに入れたのかい、入れなかったのかい」

「あはは……」ドクターは自動車に乗り込んで、「それを教えたら私の実験が台無しになるじゃないか。じゃあ幸運を祈る、というより賢明な判断を祈るよ」走り去ってしまった。

取り残されたあなたには、次の4つの可能性が残されている。

あなたの行動	ドクター・サイコの予測		あなたが飲む物質	結果
	真偽	内容		
①錠剤を飲む	正しい予測	飲むという予測	A, B	命に別状ない不快な副作用
②飲む	間違った予測	飲まないという予測	A	死ぬ
③飲まない	正しい予測	飲まないという予測	なし	無事
④飲まない	間違った予測	飲むという予測	B	死ぬ

さて、あなたはどうしますか？ 錠剤を飲みますか、飲みませんか？

1 ドクター・サイコの予測が正しい確率をPとして、賢明なのは飲む飲まないどちらか、計算してみてください。

2 ドクター・サイコの予測が「あなたは錠剤を飲む」であった確率をPとして、賢明なのは飲む飲まないどちらか、計算してみてください。

答え◎意思決定理論の計算によれば、次のようになる。あなたが錠剤を飲むこと、飲まないことからそれぞれ得られる期待効用を計算しよう。

まず**1**、ドクター・サイコの予測が「あなたは錠剤を飲む」であったか否かにかかわらず、**予測が正しいかどうか**に注目し、正しい確率をPと表わした場合である。

単純化して、無事であることを1、死ぬことを−1、副作用をこうむることを1'（1よりわずかに少ない効用）と設定することにしよう。

飲むことの効用　　＝　$P \times 1' + (1-P) \times -1$　　　（①+②）
飲まないことの効用　＝　$P \times 1 + (1-P) \times -1$　　　（③+④）

両者を比較すると、P×（1−1'）というわずかな差で「飲まないことの効用」の方が大きい。この優劣は、Pがどのくらいの確率であっても変わらない。したがって、あなたは錠剤を飲まない方がよい。

　次に**2**、ドクター・サイコの予測が正しいか否かにかかわらず、「**あなたは錠剤を飲む**」であったかどうかに注目し、そうである確率をPと表わした場合である。

飲むことの効用　　　＝　P×1'＋（1−P）×−1　　　（①＋②）
飲まないことの効用　＝　P×−1＋（1−P）×1　　　（④＋③）

　飲むことの効用−飲まないことの効用＝3P＋P'−2
　3P＋P'≒4P'　だから、この差が0より大きいのは　4P'＞2　つまり　P'＞1/2
　ということは　P＞1/2＋α

　すなわち、Pが1/2よりわずかに大きい数よりも大きい場合――1/2よりもはっきり大きいということだが――には、「飲むことの効用」の方が大きいということだ。
　Pが1/2よりはっきり大きい場合とは？　それは、ドクター・サイコが「あなたは錠剤を飲むだろう」と予言した確率が五分五分よりもはっきり大きな場合である。たとえば、もしもドクター・サイコがあなたに錠剤Aを飲ませてその副作用を観察したがっているのならば、ドクター・サイコはあなたが錠剤を飲んだとき死ぬのではなく副作用を経験するように、中和毒物Bをコーヒーに入れておいたはずである。そしてその場合にはドクターの予言は「あなたは錠剤を飲むだろう」であったはずだ……と、そういう見込みが大である（そしてドクター・サイコの性格からしてそれは実際もっともらしい）とあなたが考えるならば、Pが1/2よりはっきり大きいことになり、あなたは錠剤を飲んだ方がよい。

3 しかしおかしいではないか？ **1**と**2**とで矛盾した結論が出てしまっている。どちらも、意思決定理論の標準的な期待効用の計算にもとづいた結論のはずだ。ところが、ドクター・サイコの予言の**真偽の確率**と**内容の確率**、どちらを基本とするかによって、なすべき合理的な行動が食い違ってしまった。一方の計算では錠剤を飲むなといい、もう一方の計算では飲めという。命にかかわるのだからこれでは困る！ **1**か**2**のどちらかが間違っているのか、それとも何か別の説明がありうるのだろうか？

答え◎この深刻な状況ではおそらく、**1**か**2**の少なくとも一方が誤りである、とは言えない。どちらもが、本当の正解への近似値であろう。では本当の正解とは？ それはわからない。与えられている情報が少なすぎるからだ。もっと詳しい情報がわかれば、**1**と**2**の分析を組み合わせて、真に合理的な選択を突き止められるだろう。ありきたりな他の例を見よう。
1．Aさんは18歳である。Aさんの身長を推測したい。
2．Aさんは女性である。Aさんの身長を推測したい。
3．Aさんはロシア人である。Aさんの身長を推測したい。
4．Aさんは体操選手である。Aさんの身長を推測したい。

　1．～4．のうち1つだけがわかっている場合に合理的な推測も、他の情報が付け加わると変化する。しかしそのつど、Aさんについての「合理的な推測」でありうる。互いに矛盾した推測でありながらだ（034【両義的な証拠のパラドクス】参照）。

　ドクター・サイコの予言の真偽を重視すべき状況であれば**1**の計算の方に重きが置かれるし、予言の内容を重視すべき状況であれば**2**の計算の方が重んじられるだろう。それぞれを勘案し調整した結果が真の正解だが、ドクター・サイコの予言のどちらの側面が重視されるべきかは、状況の具体的細部が決まらないと判断できない。確率の概念が曖昧だというよりは、確率をどのように意思決定に応用すべきかを左右する要因が未決定であることがここでのトラブルのもとである。

　　Rescher, Nicholas. "Predictive Incapacity and Rational Decision" *The European Review*, vol.3（1995）

096
悪魔の提案
devil's offer

LEVEL 2

　生前のさまざまな悪行の報いで、あなたは死んですぐに地獄に落ちた。苦悶の毎日を永遠に強いられるのだ。業火に焼かれ毒針に刺し貫かれる大苦痛の最中のある日、悪魔が荘厳な口調であなたに言い渡した。
　「一度だけゲームをするチャンスを与えよう。このゲームに勝てば、おまえはここを脱して天国へ昇り、無上に幸せな日々を**永遠**に過ごすことができる。負ければ地獄にとどまって**永遠**にこのとおりの毎日だ。さて、このゲームだが、単純なクジ引きなのだ。当たりを引けば勝ち、はずれを引けば負け。ただし、当たりクジの数は次のように1日ごとに1本増えてゆく。

　　1日目（きょう）……当たりクジ1本、はずれクジ1本
　　2日目　　　　　　……当たりクジ2本、はずれクジ1本
　　3日目　　　　　　……当たりクジ3本、はずれクジ1本
　　　　　　　　　　　　　　⋮
　　n日目　　　　　　……当たりクジn本、はずれクジ1本
　　　　　　　　　　　　　　⋮

このクジはいつ引いてもいいぞ。どのみちおまえには永遠の時間があるのだからな。5日待とうが10日待とうが100年待とうが100億年待とうが自由だ。ただしクジを引けるのは**一度だけ**だからな」
　さて、あなたは考える。「俺は一刻も早くこんな苦しみから逃れたい。きょうにでもクジを引きたいところだが、うーん……。確率が半々では、ちょっと待った方がいいな。では明日にしようか？　しかし3分の2か……。まだまだだ。外れたらおしまいだからな。では10日くらい待つか？　$10/11$。いいオッズだが、それでもまさかということもある。まだ万全ではない。それでは……」
　このように考え続けると、あなたは毎日、「きょうよりは明日の方が

勝つ確率が増える……」と自重し、いつになってもクジを引くことができず、結局永遠の苦しみの中にとどまることになってしまう。これは単に迷いから来る引き延ばしではなく、論理的に考えれば考えるほど、クジを引く日が先延ばしになってしまうのだ。

1 さてしかし、論理的に考えると常に先延ばしになる、というのはどうしてだろう。

答え◎天国に行ったときに得られる幸福は無限大である、というところがポイントである（ただし悪魔の言葉を信ずることが前提だが）。地獄の苦しみは、たとえ天国の快楽がそのままマイナスに転化したすさまじい苦痛だとしても、時間的に有限（クジに勝てば）なので、無限の時間経験できる天国の快楽に比べれば大きさは無に等しい。

さて、クジ引きを1年間待てば、勝つ確率は $365/366$ で、ほぼ1に等しくなっている。まず勝てそうだ。しかし負ける確率はあるので、慎重にあと1日待つとする。翌日は勝つ確率が $366/367$ となり、前日よりもわずかだが増えている。増加分は10万分の1以下だが、確かに増えている。このわずかな確率の増加は、そのために1日クジ引きを延ばす価値があるだろうか？

それが大ありなのだ、論理的には。なぜなら、勝ったときに得られる利益は無限大。そうすると、$(366/367 - 365/366) \times \infty = \infty$ であり、1日待つことによる効用増加分は無限大。それにひきかえ、地獄で1日余計に味わう苦痛は有限の苦しみにすぎない。1日待つことによる損失増加は有限。効用から損失を差し引いて期待値を計算すると、無限大の効用が残るのだ。

待てば待つほど勝つ確率の増加分は少なくなってゆくが、それでも天国行きという無限の利益を掛け合わせると無限の期待効用増なので、常に、あと1日待った方が得という結論になる。これが「論理的な判断」である。

2 しかし、論理的に正しいはずのこの方針に従うと、あなたはいつまでたっても地獄から出ることができない。どこがおかしかったのだろう？

答え◎期待値計算によると常にあと1日待った方が得、というのは正しい。

その結果、クジ引きの実行をずーっと引き延ばし続けた方がトク、というのは、実は正しいのである。

　なぜ正しいのか？　いくら引き延ばして地獄にとどまり続けても、地獄にとどまって苦しんでいる時間は有限である。それに対し、クジを引くのがどんなに遅くなったとしても、勝てばそれ以降には無限の幸福が待っているので、クジ引きの遅れとは関係なく、無限大の幸福が保証される。それまでの苦痛を差し引いても、どうせ無限大なのだから、幸福の量はまったく減らない。

　いったん天国へ行けば無限の時間が約束されている、という非現実的な前提が、直観に反するこの奇妙な結論を正当化しているのである。むろん、天国にいられる時間がどんなに長くてももし有限であれば、地獄での苦しみがあまり続かないうちにさっさとクジを引いた方がいいのは当然である。勝つ確率が95％くらいあれば十分すぎるだろう。しかし無限の時間が約束されている場合はこの常識が通用しないのだ。

　なお、問題の本質にはあまり関係ないが興味深い考察がひとつ残っている。あなたは、地獄にとどまり続けても、クジをまだ引いてないかぎりは、「いつかクジを引いて天国へ行く可能性がある」という希望を持ちつづけることができよう。この希望は、クジを引いて負けてしまったら永久に失われてしまう貴重な希望である。この希望のおかげで、あなたの地獄の日々は苦痛が大幅に軽減されるかもしれない。このことが、クジ引きを引き延ばす1つの根拠（数学的根拠というより心理的根拠）となっている、という事情もあるはずだ。しかし本問のように、あなたの持ち時間が無限の場合は、この「希望による癒し」は無意味ではないが、不必要である。

　　　Gracely, Edward J., "Playing Games with Eternity: The Devil's Offerr" *Analysis* 48（1988）

097 射撃室のパラドクス
shooting-room paradox

LEVEL A3 T1 Z2 1

1　恐ろしい実験が行なわれている。

　まず10人の人間を部屋に送り込む。部屋の外の実験者は仕掛けのないサイコロを2つ振る。6-6の目が出たら、その10人を射殺して実験終

了。6-6以外の目が出たら、その10人を釈放し、次に別の100人を部屋に送り込む。またサイコロを振って、同じ手続きにしたがう。この要領で、N番目には新たな（10のN乗）人の人間を部屋に送り込んで、6-6が出れば全員射殺しておしまい。6-6が出るまで続く実験というわけだ。

部屋はとてつもなく広い（あるいは、人数が増えると自動的に拡がる）ので、被験者たちの人数がどんなに増えようとも収容できる。

あなたはいま、自分がこの実験に選ばれて、部屋にいることがわかった。あなたが射殺される確率はいくらだろうか。

答え◎まわりを見回して、部屋に100人いるのか、1万人か、1億人いるのかを見きわめることで推測しようとしても無駄である。あなたが何番目のグループに入っているとしても、あなたのいるグループが射殺される確率は、$1/36$だ。3％弱。だから心配するには及ばない。

2 実験者が**1**のように1回ごとにサイコロを振るのではなく、初めにまとめて振って、6-6が出るまでの系列を記録しておいた。たとえば1回目は3-5、2回目は1-6、……というふうに目の列を記録したのである。そのうえで**1**と同様の手順でN回目に（10のN乗）人を部屋に送り込みつづけ、6-6が対応している回において全員射殺し、実験終了。

このような設定のもとで、あなたはいま、自分がこの実験に選ばれて、部屋にいることがわかった。あなたが射殺される確率はいくらだろうか。

答え◎今度は、**1**とは事情が違っている。ここでは、全部で何人がこの部屋に入れられるかが初めから決まっている。その決まった人数のうちの、大多数が射殺されることもわかっている。たとえば3回目に6-6が出たのであれば1110人中1000人射殺、6回目に6-6ならば1111110人中1000000人射殺。少なくとも90％が射殺されるのである。とすれば、この実験のために選ばれた人間のうち、あなたは別段えこひいきされているわけではないだろうから、多数派に属する、つまり最後の回のグループに割り振られている可能性が一番高い（090【車線問題】参照）。あなたが射殺される確率は90％

以上である。

3 よく似た状況なのに、**1**と**2**では、射殺される確率が「3％未満」対「90％以上」と劇的な差がある。これは変ではないだろうか？ サイコロをいつ振るかということは、6-6が出る確率そのものには何の変化ももたらさないはずである。なのにこの違い。**1**と**2**でこれほど確率の相違が出るのはどうしてだろう。理由を述べてください。

答え◎1の場合は、実験がオープンである。**2**の場合はクローズドだ。
　どういうことか。**1**の場合は、実験が現在進行形なのである。あなたが部屋に入れられたときには、実験はまだ終わっていない。つまり、永遠に6-6が出ずに、人数ばかりが10倍10倍に増えつついつまでも銃が火を吹かない可能性が残っているのである。無限に人間が増えてゆく**かもしれない**のだ。
　一方、**2**の場合は、6-6が出るまでサイコロを振りつづけ、6-6が**出てから**、人々を部屋に入れ始めている。つまり、いつかは6-6が出ることが保証されている。これが決定的な違いだ。
　現実には**1**の場合も必ず6-6が出るときがくるはずだが、**理論的には**いつまでも6-6以外の目ばかり出続けることはありうる。現実的ではないが、理論的なこの可能性が、**1**の場合に「無限に続くかもしれない……」楽観主義を正当化するのである。**2**ではその望みはない。したがって自分はまず9割方、多数派すなわち殺され組に入っているだろう、という推測が正しい。**1**の場合にはその多数派（殺され組）がまだ単なる可能性に過ぎないので、実は永遠に存在しないままかもしれないのである。

4　**1**と**2**を次のように合体させてみよう。
　まず、**1**のように、N回目に（10のN乗）人の人間を部屋に送り込むたびにサイコロを振り、6-6が出たら全員射殺して終了。次に、たった今終わったその実験のサイの目の系列記録にしたがって、**2**と同じ要領で進める。6-6に対応した回で全員射殺、終了。
　この連続した2つのパートから成る実験は、全く同じサイコロの目の系列によって進められるので、結果的に同一の実験と言っていいのではないだろ

うか。系列の作り方が違うだけで、それは全く実質的な違いとは思えないからだ。しかし、**1**、**2**の正解にしたがうならば、パート１に参加させられた場合は楽観的になるのが正しく、パート２に参加させられた場合には死ぬ覚悟を決めるのが正しいということになるのだ……。

　あなたが参加させられた実験がこのようなパート１＋２から成る連続実験だったとしよう。いまあなたは部屋に送り込まれた。パート１とパート２のどちらが進行中なのかはわからない。さあ、あなたが射殺される確率はどのくらいだろうか？

答え◎パート１の場合は射殺される確率３％未満、パート２の場合は90％以上なのだから、その中間の46％程度だろうか？　パート１とパート２には全く同じ人数が参加するから、この中間値46％が正しそうにも思える。

　しかし、46％が正解となるのは、むしろ次のような状況だろう。パート１とパート２という形ではなくて、**1**と**2**の実験が別個に行なわれており、あなたがどちらに入れられたかはわからないという状況。あるいは、実験は一方しか行なわれていないが、**1**、**2**どちらのシステムでなされているかあなたは知らないという状況である。この場合は、**1**の正解である３％未満と、**2**の正解である90％以上との間で選ぶ根拠がなくなり、その中間のどこかに正解を求めなければならなくなるだろう。

　しかしここでは、パート１とパート２は別個の実験でもなければ二者択一の選択肢でもなく、パート２がパート１を正確にコピーするという単なる反復実験になっている。パート１でいつまでも６-６が出ない可能性が残っており、パート２が始まるという保証がないのだ。したがって、あなたが射殺される確率は、**1**と同じ「３％未満」である。

　納得ゆくだろうか？　このパート１＋２実験が、**1**の実験を次のように変更した実験に等しいということを考えれば、納得できるだろう。すなわち、６-６が出たら、そのときの室内の人間と同数の人間を新たに追加して全員射殺する、という条項を付け加えた実験だ。最後の殺され組の人数がいかに増えようとも、それまでの経過には全く影響がない。あなたが射殺される確率は、**1**と同じである。

　前問【悪魔の提案】とこの問題は、「無限」と「確率」とが絡む問題だっ

た。かりに無限が関係してこなければ、確率問題は曖昧さを残すことなくきっぱり解決できるだろうか？ そこで次に、有限の選択肢の中での「ランダム」に関わる確率問題に進もう。

ジョン・レスリー『世界の終焉』(青土社)

098 眠り姫問題
sleeping beauty problem

1 あなたは日曜日に睡眠薬で眠らされ、実験者はコインを投げる。仕掛けのない、表裏どちらも同じ確率で出るコインだ。表だろうが裏だろうがあなたは月曜日に一度起こされることになっている。10分後にあなたはもう一度睡眠薬で眠らされ、コインが表の場合はあなたは火曜日のあいだずっと起こされずに眠り続け、コインが裏の場合は火曜日にまた10分間だけ起こされる。火曜日に起きたときには、あなたはすでに一度起こされたかどうか記憶していない（睡眠薬に記憶消去作用があるとか、眠りの始めからずっとあなたは「起こされては眠りにつく」夢を繰り返し見ていて、すでに本当に一度起こされたかどうか不確かになっているとか、どれでも設定をお選びください）。

	月曜	火曜
表	○	
裏	○	○

どの覚醒のときも、周囲にはカレンダーやその種のものが置いてないので、月曜なのか火曜なのかあなたには見分けはつかない。コインの表裏に関わりなくあなたは水曜日まで眠りつづけて、起こされたときに実験終了を告げられる。

あなたは、以上の実験の仕組みをすべて教えられており、睡眠薬の記憶消去作用は実験の仕組みの知識には影響を及ぼさない（あるいは覚醒のたびに仕組みを再び説明される）ものとしよう。さて、あなたの課題はこうだ。

> 「覚醒したとき、『コインは表だったと思いますか』と問われるので、それに合理的な答えをする」
>
> 　表か裏かを「当てろ」ではなく「合理的な答えをせよ」だから、あなたは「コインが表である確率」を答えるしかない。さてそれでは、表である確率がいくつと答えたら「合理的な答え」になるだろうか？

答え◎これは案外難しい問題で、「確率」という概念が数理哲学者の間でも一致していない好例である。大まかに言って、２つの説がある。

　理論Aはこう答える。もし実験開始前に、コインが表である確率を問われたら、$1/2$だと答えるべきだろう。そして、実験開始後に少なくとも一度は起こされることが初めからわかっていたのだから、実験開始後にいざ起こされてみたときになって、コインが表である確率について何ら新たな知識は付け加わっていない。したがって、実験前に問われたときと同じ答えをするのが合理的だ。答えを変えるための手掛りがないのだから。したがって正解は、$1/2$である。

　理論Bはこう答える。起こされて質問される解答者は、可能性として３つのステージがある。それぞれのステージが同じ問いを問われる。かりに、この実験を多数回繰り返したとしよう。そして全部のステージが「表」と答えたとする。すると、全ステージのうち$1/3$だけが正解となる。ということは、１つのステージである〈今起こされたあなた〉が「表」と答えたら正解である確率が$1/3$ということだ。言い換えれば、「表である確率は$1/3$」と答えるのが合理的である。

　さあ、どちらの理論が正しいのだろう？　ちょっと質問を変えてみよう。

2　あなたに課せられた仕事は**1**ではなく、実は次のようなものだという。

> 「月曜日に覚醒したとき、『きょうは月曜日です』と教えられ、『さて、コインは表だったと思いますか』と問われるので、それに合理的な答えをする」
>
> 　表である確率がいくつと答えたら「合理的な答え」になるだろうか？

答え◎理論A（**1**の$1/2$説）によれば、「今が月曜日である」という情報は、実験前にはなかった新たな情報である。もし表であるならば起こされるのは

月曜日でしかありえないのだが、裏ならば、火曜日でもよかったはずだ。なのに月曜日だったというのだから、裏である可能性は減ったはずだ。計算すると、月曜日だと告げられる確率（$1/2 + 1/4 = 3/4$）の中の、表である確率（$1/2$）の占める割合こそが、「月曜だと告げられたときの、表である確率」である。その確率は、$2/3$。

理論B（**1**の$1/3$説）によれば、やはり月曜という情報は表である確率を高める。計算すると、月曜だと告げられる確率（$2/3$）の中の、表である確率（$1/3$）の占める割合こそが、「月曜だと告げられたときの、表である確率」である。その確率は、$1/2$。

3 さあ、どちらが正しいのだろう？

答え◎これは、問題の条件の詳細がもっと整わないと、正確な確率が定まらない好例であろう。あなた1人だけについてこの実験がなされることがわかっているならば、あるいは他の多数の人についても同じ実験がなされているとしてもあなたの自意識がハッキリしていて自分が誰だかわかっているような場合には、理論Aが正しいだろう。他の多数の人についてもこの実験が繰り返され、そのうちの1人であるあなたが、他の人と主観的に区別がつかない心理状態にあるならば、理論Bが正しいだろう。つまり、あなたでありうる存在がひとりだけ（**明晰シナリオ**）なのか、それともあなたでありうる存在が多数実在する（**茫漠シナリオ**）のかという判定によって、確率判断が異なってくるのだ。この仕組みは、次の【分離脳】と101【森の射手】で舞台設定を改めつつ確認しよう。

Elga, A. "Self-locating Belief and the Sleeping Beauty Problem" *Analysis* 60(2)
Lewis, David. "Sleeping Beauty: reply to Elga" *Analysis* 61(271)

099
分離脳
split brain

ヒトの左脳と右脳をつなぐ連絡橋（脳梁）が切断された「分離脳」の

研究が進んでいる。てんかんの治療などで分離脳を持つようになる人もいるという。分離脳になると、左目で見て右脳に入った物の名前をどうしても発言できなかったり、右目で見て左脳にはいったポルノ写真で全く興奮しなかったりと、言語・論理を司る左脳、情緒・イメージを司る右脳という役割分担が顕著であることが改めて確認されるらしい。右脳と左脳はそれぞれ独立した意識を持ち、互いに無関係に反応し、別々の記憶を持つなど、私たちは脳の中に少なくとも２つの人格を宿していると言えるかもしれない。いずれは右脳、左脳という大きな区別よりもっと細かく、独立した人格を保てる最小部分を100個とか200個とかに分離する「多重人格化」が可能になるかもしれない。そこで、分離脳を使った思考実験。前問【眠り姫問題】の改訂版です。

1　あなたは日曜日に睡眠薬で眠らされ、実験者は仕掛けのないコインを投げる。表の場合は、月曜日にあなたは１号室で起こされ、10分後にまた眠らされて、火曜日に起こされて実験終了を告げられる。裏の場合は、あなたは昏睡中に分離脳手術を施される。そして、月曜日に左脳と右脳がそれぞれ１号室と２号室で起こされる。10分後にあなたの脳は両方とも眠らされ、脳を再び結合する手術を受けて、火曜日に目覚め、実験終了を告げられる。手術の痕跡や副作用は残らない。

　コインが表の場合も裏の場合も、あなた（の脳）は暗闇の部屋で起こされ、身動きはできないので、自分が完全な状態なのか、分離脳状態なのかについては確かめることができない。右脳と左脳の適性や能力に違いがあるとしても、この限られた状況では差異を自ら意識することはできない。どの場合も心理状態は基本的に同じである。

　あなたは、以上の実験の仕組みを教えられている。あなたの課題は次のことだ。月曜日に覚醒したとき、「コインは表だったと思いますか」と問われるので、それに合理的な答えをすること。これは、「あなたが分離脳状態でない確率は？」という問いに答えるのと同じことである。さて……？

	1号室	2号室
表	○	
裏	○	○

答え◎【眠り姫問題】では、可能的多数派が月曜と火曜というふうに時間的にずれた形で継起したのだが、ここでは、可能的多数派が月曜という同時間に共存している。それでも前問と同じ答えがあてはまる。明晰シナリオでは、正解は$1/2$。茫漠シナリオでは、正解は$1/3$。

2 実験は、実は次のようなものだった。あなたは日曜日に睡眠薬で眠らされる直前に、分離脳手術を受ける。そうして〈あなた右〉と〈あなた左〉が別々の体に移植されて眠りに入る。〈あなた左〉は入眠後にさらに〈あなた左上〉と〈あなた左下〉に分離される。月曜日に〈あなた右〉は1号室で、〈あなた左上〉は2号室で、〈あなた左下〉は3号室で起こされる。10分後に全員再び眠らされて、3者の脳を元どおり合体させる手術が施される。火曜日に、実験前の完全な1人のあなたが起こされて実験終了。

1号室	2号室	3号室
右	左上	左下

あなたと同じ心理状態の人間が、月曜日に目覚めたとき、3人に分裂しているわけだが、その3人のうち、現にここに目覚めている1人の自分(主観的には目覚めるのは必ず1人だけなので)がどれなのかはわからない。さて、月曜日に目覚めたあなたは問われた。「ここが1号室である確率は?」

答え◎明晰シナリオでは、自分自身が右脳か左脳かについて、眠る前の意識では五分五分であり、目覚めたときになっても何の情報も増えていないので、正解は$1/2$。茫漠シナリオでは、回答する時点での主観的視点が3つ存在するうち1つが自分だという事実にもとづいて、正解は$1/3$。問題の条件では、

自分以外の二者が**単なる可能性**ではなく**本当に実在している**ことがわかっており、しかもあなたは自分がその三者のうち誰であるか手掛りを持っていない。したがって、茫漠シナリオがあてはまる。正解は $1/3$ である。

---

100 多数派と少数派のパラドクス
large and small groups

LEVEL A2 I1 T3 Z2

1 100人の人間が無作為に２つの建物に入れられた。あなたもその100人の中の１人である。全員が一部屋を与えられていて外に出られないので、同じ建物の中に人間が何人いるかはわからない。ここで、建物の外にいる実験者がコインを投げ、適当に一方の建物を「表館」と名づけ、もう一方の建物を「裏館」と名づけたという。
　あなたが「表館」にいる確率はいくらだろうか。

答え◎他に情報がない以上、とりあえず $1/2$ と判断するしかありませんね。

2 100人の人間の分けられ方は、95人が「表館」、5人が「裏館」であることがわかった。あなたが「表館」にいる確率はいくらだろうか。

答え◎他の特別な情報がなければ、あなたは全員の中の平凡な（ランダムな）１人である。ランダムな１人があるグループに入る確率は、全体の中のグループの人数比と一致する。よって、あなたが「表館」にいる確率は、95%。

3 この実験には、あなたは恋人のタカシと誘い合わせていっしょに参加していた。タカシがどちらに配置されたかはわからない。タカシが「表館」にいる確率はいくらだろうか。（以下、「表館」に95人、「裏館」に5人という設定は共通とします）

答え◎タカシも全員の中のランダムな１人であるとすれば（実験者と懇意で自分の希望を伝えていたりするのでなければ）タカシも当然、「表館」にい

る確率95％。

4 あなたの恋人タカシがどこにいるかを実験者に尋ねたところ、あなたとは別の建物にいると答えた。実験者はウソを言わない。あなたが「表館」にいる確率はいくらだろうか。

答え◎あなたもタカシも、もともとは「表館」にいる確率は95％だった。しかし、離れ離れであることがわかったので、2人とも95％ということはありえない。いっしょに実験に参加しにきたあなたとタカシのどちらかを中心と考えるべき非対称性はないので、別々とわかった時点で、あなたが「表館」にいる確率は50％。タカシも同じ50％である。

5 **3**に戻って、状況を次のように変更しよう。この実験にはあなたはひとりで出かけたのだが、会場でたまたま恋人のタカシと会った。タカシとはこの実験のことを話題にしたことがなく、ここで会ったのは全くの偶然である。タカシがあなたと同じ建物か別の建物かはまだわからない。さて、タカシが「表館」にいる確率はいくらだろうか。

答え◎**3**からの変更は全く影響ない。正解は全く同じ、95％。

6 **4**に戻って、状況を次のように変更しよう。この実験の会場であなたはたまたま恋人タカシと会った。ここで会ったのは全くの偶然である。さて、会場でタカシに会った後で、タカシはあなたとは別の建物に入れられたことが判明した。あなたが「表館」にいる確率はいくらだろうか。

答え◎**4**からの状況変更は全く影響ない。あなたが「表館」にいる確率は50％。タカシも50％。

7 **4**に戻って、状況を次のように変更しよう。参加者100人が2グループに分けられたあと、あなたとは別の建物に入った参加者が1人、こちらの建物にテレビモニターで紹介された。見るとそれは驚いたことに、あなたの恋

人タカシだった。タカシとはこの実験のことを話題にしたことがなく、ここで彼を見たのは全くの偶然である。さて、あなたが「表館」にいる確率はいくらだろうか。

答え◎4からの状況変更は影響大ありである。あなたが「表館」にいる確率は95％。タカシは5％。あなたはそう判断すべきである。なぜなら、タカシは、2つの建物へのグループ分けがなされてから登場したから。

ちょっと違う状況を考えてみよう。グループ分けがなされてから、あなたとは別の建物の1人がテレビモニターで紹介された。それは全然知らない人だったが、名前は「タカシ」といった。さてあなたが「表館」にいる確率に変化は生じただろうか？

生じないはずである。たまたまタカシという名だったからといって、その人はあなたとは別の建物の中の母集団から**事後**に選ばれた人にすぎず、もともとあなたからみて5％の少数派である中から1人ピックアップされただけのことなので、何の情報も加わっていない。

そのタカシがたまたまあなたの恋人だったとしても、元カレだったとしても、親でも弟でも、予めその人が実験に参加していることがわかっていなかったのならば、その人は5％の中から選ばれた1人に過ぎない。あなたの所属については何の情報も付け加わらない。

8 この実験には、あなたはひとりで出かけ、参加者100人が無作為に2グループに分けられたあと、あなたは個室の中で「タカシといっしょに来ればよかったなあ」と考えていた。あなたは恋人のタカシとこの実験のことを話題にしたことはない。そのときあなたとは別の建物に入った参加者が1人、こちらの建物にテレビモニターで紹介された。見るとそれは驚いたことに、あなたが今考えていたタカシである。さて、あなたが「表館」にいる確率はいくらだろうか。

答え◎あなたはタカシがこの実験の100人の中にいるとは思っておらず、ただ彼のことを考えていただけで、それがたまたま偶然の一致で彼はあなたとは別の建物にいた、ということだから、**7**と同じ、依然としてあなたが表館

にいる確率は95%である。

たとえあなたが、「タカシもこの実験に参加しているのでは……？」という直感というか愛のテレパシーというか、根拠はないが強い予感にとらわれていて、そうしたらまさに、別の建物の参加者代表としてタカシがモニターに映った、ということであっても同じだ。あなたが表館にいる確率は95％。

9 あなたはタカシといっしょに来たわけではないが、タカシもこの実験に参加していると推測するだけの根拠がある場合はどうだろうか？ 70パーセントの確率でタカシがこの実験に参加している（たとえばタカシは、あなたがひとりで出かけるとき後をつけてくるストーカー体質であるとか、タカシもこの実験のことを話していたとか）ような場合だ。そうして案の定というか、別の建物の参加者代表としてタカシがモニターに映った。
　さて、あなたが「表館」にいる確率はいくらだろうか。

答え◎これも、依然として95％と判断すべきだろう。なぜなら、しょせんはあなたのグループとは別のグループから１人が選ばれたことが始めからわかっているので、それがたまたまタカシであったからといって、あなた自身のいる位置についての確率は何も変化しない。

10 あなたはタカシといっしょに来たわけではない。そして、なんとなく「タカシが参加しているかどうか」が気になりはじめた。そこで実験者に、「住所どこどこのイトウタカシという人がもし参加していたら、私と同じ建物か別の建物か教えてください」と頼んだ。実験者が参加者名簿を調べて答えるには、「あなたとは別の建物にいる」ということだった。実験者はウソを言わない。さて、あなたが「表館」にいる確率はいくらだろうか。

答え◎今回は、50％。なぜなら、あなたのグループとは別のグループから１人が選ばれるという条件なしに、たまたまタカシについて尋ねたら別の建物だった、ということだからだ。同じ建物の一員としてタカシが提示される**可能性もあった**のに、違う建物に振り分けられていた。この情報は当然、あなたが「表館」にいる確率を変化させるのだ。

11 この実験には、あなたとあなたの恋人タカシとが誘い合わせていっしょに参加し、2人は別々の建物だとわかった。つまり状況は**4**とほとんど同じだが、判明の経緯が違う。**4**では実験者にタカシのことを尋ねたのだが、今度は、別の建物の中から1人モニターに映った、それがたまたまタカシだったのである。あなたが「表館」にいる確率はいくらだろう。

答え◎4の場合は、あなたもタカシも50%と判断された。今回は、あなたが「表館」にいる確率は依然として、95%と判断すべきである。

4～**11**を総合すると、次のようなことになりそうだ。
　A　タカシはどちら？　と問うこと
　B　タカシは別の建物にいると判明すること

Aの結果として、Bがもたらされた場合、あなたが「表館」にいる確率判断は、Bがわかった時点で95%から50%に変化する。

Aとは無関係に、Bがもたらされた場合、あなたが「表館」にいる確率判断は、Bがもたらされた時点でも95%のままである。

「タカシはどこにいるかというと、たまたま別の建物である」という認識と、「別の建物にいる1人が誰かというと、たまたまタカシだった」という認識では、得られた情報内容は同じ「タカシは私とは別の建物にいる」なのだが、あなたの判断にもたらす効果が全然違うのである。

なぜか？　解説のかわりに、上の原理を応用した次の問いを考えよう。

12 100名の参加者名簿が手元にある。「表館」「裏館」の所属別は書かれていない。名前だけだ。その中からあなたは適当にひとり「サトシ」という人を選んで、「この人は私と同じ建物にいるでしょうか、違う建物にいるでしょうか」と実験者に尋ねた。答えは、「違う建物だ」。実験者はウソを言わない。さて、あなたが「表館」にいる確率はいくらだろうか。

答え◎11の答えを参照すればおわかりだろう。「サトシ」がどんな人間かあなたは全然知らないが、特定の1人として事前にピックアップしたことは確かだ。そのサトシについて**問うた結果**、別の建物にいると判明したわけだから、あなたが「表館」にいる確率判断は、95%から50%に変化したはずである。

13 あなたは、自分とは別の建物の人々の中からヒロシという人物に引き合わされた。2人とも、互いに別々の建物から選ばれたことを教えられている。ここで実験者は2人に言う。

「きみたち2人のうち、どちらの方が表館なのか、2人でいっしょに推理してください」

さて、あなたとヒロシは、2人とも「自分の方が表館」と主張するはずだ。なにしろ相手は、もともと自分とは別の建物の人々から選ばれているのだから。**11**で見たように、そういう場合ははじめの「95%」という判断は変更されないはずである。

しかし状況は対称的であり、あなたもヒロシも、全く同じ推理を採用するはずだ。すると、あなたは次のことを認めざるをえないだろう。

「ヒロシが、『95%の確率で自分は表館』と考えるのは合理的である」

あなたは、他人の「合理的な推理」とあなた自身が認めるものを合理的に否定はできないだろう。すると、あなた自身の「自分こそ95%の確率で表館だと考えるのは合理的」という信念と矛盾するのではないだろうか?

答え◎「自分は誰であるか」という知識があなたとヒロシとでは異なるので、矛盾していない。知識のストックが異なる場合は、推論の結論が食い違っていても両者とも合理的でありうる(034【両義的な証拠のパラドクス】参照)。あなたにとっては、あなた自身はランダムに(この実験で表館に入るかどうかとは関係なく)選ばれたサンプルである。しかしヒロシというサンプルは、あなた自身とは違う建物の中から、という**ランダムでない**選び方をされている。よって、あなたの視点からすれば、あなた自身とヒロシに非対称性がある。これはヒロシの視点からしても同様である。

あなたが「Aさんにとって☆☆と考えるのは合理的だ」と認めることは、Aさんでないあなた自身が☆☆と考えるのも合理的だと認めることには必ずしもならないのである。

14 2人が互いに異なる建物に入っている場合のみ考えてきたが、2人が同じ建物という場合はどうだろう。タカシとあなたは、いっしょに実験会場に行き、ランダムに振り分けられて、同じ建物に入ることがわかった。さて、

あなたとタカシが表館に入ることになった確率はいくらだろうか。

答え◎あなた1人だけの場合は95%だったが、あなたとタカシが2人とも同じ建物に入ったという場合は、当然、95%よりも確率が増えるはずだ。2人揃って少数派の裏館に入ったという確率は大変小さいはずだから。そう、2人揃って5人の方に振り分けられたという偶然の確率を1から引けば正解となる。$1 - (5/100 \times 4/99) = 494/495 ≒ 99.8\%$

15 あなたは他の誰にも知らせず1人で実験会場へ行き、ランダムに振り分けられて、同じ建物の人たちと会わされた。まず会ったのは、なんと恋人のタカシだった。あなたが「表館」にいる確率はいくらだろうか。次にヨシコと会わされ、さらにヒデオと、ミホと、キミエと引き会わされた。あなたが「表館」にいる確率はそのつどいくらになるだろうか。

答え◎タカシと会った時点で、あなたが表館にいる確率は95%のまま。**14**の場合とは違って、タカシが同室かどうかという情報より先にタカシについて問うていなかったからである。同室者の中からヨシコ、ヒデオ、ミホと会わされた時点でも95%のままだ。しかし、キミエに引き会わされた時点で確率は100%に変化する。なぜなら、裏館のメンバーは5人しかいないはずなのに、キミエの登場によって、同じ建物内に少なくとも6人いることがわかったからだ。あなたがいるのはもはや裏館ではありえない。

16 では、締めの問題。**12**の変奏です。これはぜひ正解してください。
　100名の参加者名簿の中からあなたはランダムにひとり「サトシ」なる人を選んだ。そして「この人と違う建物にいる人を誰でもいいから紹介してください」と実験者に頼んだ。
　答えは、「紹介するまでもありません。あなたがそうですよ」。実験者はウソを言わない。あなたが「表館」にいる確率はいくらだろうか。

答え◎ランダムにサトシを選んだあと、「私はサトシと同じ建物か？」と問うて「違う」と判明したなら、ランダムな2人各々が表館である確率はともに

50％（**12**参照）。しかし今回は、サトシと違う建物にいる人々に**限定した上でその中から**あなたが選ばれた。つまりあなたの選ばれ方は「100人からランダムに」ではなく、少数派と推定されたグループからだった。あなたが表館にいる確率は5％だ。理屈は基本的に**11**のとおりである。

 Leslie, John. "Observer-relative Chances and the Doomsday Argument" *Inquiry* 40 （1997）

101
森の射手
archer

1 神が森を創り、そこに人間を創造した。あなたは今、森で目覚め、神に創られた人間であることを自覚している。さらに、神の声によって次のことが教えられた。

「私は、2つの森のうちどちらか一方を作ろうと思った。どちらの森にも天使が1人住んでおり、人間を見つけると、ただ1人を、ただ1回だけ、弓矢で射る。さて、1つの森は、その天使のほかに、5人の人間を含んでいる。もう1つの森は、天使のほかに、500人の人間を含んでいる。人間たちは互いに出会うことはない。この2つの森の構想を抱いて私はサイコロを振り、どちらを創るかを決めた。そうして一方だけを創り、その結果、この森は誕生したのだ」

神の声が消えてからしばらくして、木々のむこうから矢が飛んできて、あなたの肩に突き刺さった。ここで神の声がした。

「天使の矢に射られたな……。さて推測せよ、私はどちらの森を創ったのだと思うか？　5人を含む森か、500人を含む森か」

2 あなたが目覚めた状況は**1**と同じだが、神の声は次のように言った。

「私は、2つの森を作った。どちらの森にも天使が1人住んでおり、人間を見つけると、ただ1人を、ただ1回だけ、弓矢で射る。さて、1つの森は、その天使のほかに、5人の人間だけを含んでいる。もう1つの森は、天使のほかに、500人の人間を含んでいる。人間たちは互いに出会うことはない。この2つの森を創り、この森はそのうちの1つなのだ」

神の声が消えてからしばらくして、木々のむこうから矢が飛んできて、あなたの肩に突き刺さった。ここで神の声がした。
「天使の矢に射られたな……。さて推測せよ、おまえのいるこの森はどちらの森か？　5人を含む森か、500人を含む森か」

「どちらか」可能性の高い方を答えるわけだが、**1**と**2**は、正解は同じだろうか、違うだろうか。理由とともに答えてください。

答え◎**1**の場合は、5人の森にいるか、500人の森にいるか、矢に射られる前の段階では、あなたの可能性は五分五分だ。さて、5人の中のひとりである場合は、天使の矢に射られる確率は$1/5$。500人の中のひとりである場合は、矢に射られる確率は$1/500$。比較すると、前者の方が100倍も起こりやすい。現に矢に射られた以上は、ここはまず間違いなく、5人の森であると判断すべきである。

2はどうか。この場合は片方の森が単なる可能性というのではなく両方ともに実在するので、矢に射られる前のあなたは「5人の森にいるか、500人の森にいるか、可能性は五分五分」ではない。あなたは実在する505人のうちの1人なのだ。当然多数派に属すると推測すべきだろう。すなわち5人の森よりも500人の森にいる可能性の方が100倍も高い。しかしあなたは、天使の矢に射られた。**1**で見たとおり、このことが起こる確率は、500人の森にいる場合は5人の森にいる場合の$1/100$にすぎない。こうして、もともとの多数派への所属確率の高さと、多数派の一員が矢に射られる確率の低さとが相殺しあう。あなたが5人の森にいるか、500人の森にいるかは、今やまったく五分五分の確率であると判断すべきである。

三浦俊彦『論理パラドクス』（二見書房）⇒ 040【遺伝子検査】

102 多世界説の経験的証拠
observational evidence of many-worlds

LEVEL　A3　I2　T1　Z2

前問【森の射手】や099【分離脳】で見たように、選択肢が単なる可

能性である場合と、**実在物**である場合とでは、現実に何が真実らしいかという確率が違ってくることがある。逆にいえば、現実がどういう姿をしているかを観察することから、現実以外の可能性が**単なる可能性なのかそれとも実在なのか**を検証することができるのである。

　神が次のように言った。

　「私はこの世界１つだけを創った（シナリオ１）か、この世界を含めありとあらゆる可能性が各々実現された無数の諸世界を創った（シナリオ２）か、どちらかである。いずれにせよ、世界を創るさいに私が行なった作業Ｑを教えよう。仕掛けのないフェアなサイコロを50個一度だけ振って全部６の目が出れば、自意識ある存在を6^{100}人住まわせてそのしるしにＺ銀河に大ブラックホールを永遠に置き、「50個全部６」以外のどれかが出れば、自意識ある存在を6^{20}人住まわせてそのしるしにＺ銀河に大ホワイトホールを永遠に置いたのだ。シナリオ１ならば、この作業Ｑを私はたった一度だけ行なったのだし、シナリオ２ならば、私は世界を１つ創るたびに作業Ｑを一度行なったというわけだ」

　いま科学者たちは、現実世界の姿を調べるべく、Ｚ銀河を観測している。究極理論である神の言葉を信ずるならば、もしＺ銀河に大ブラックホールが発見されれば、この世界には6^{100}人が生きていることになる。大ホワイトホールが発見されれば、この世界には6^{20}人が生きていることになる。

　さて、Ｚ銀河に大ブラックホールが発見された。この世界は、神がサイコロを50個振って全部６の目が出たために6^{100}人の観測者が創られたという、そういう世界だと判明したのである。さあここで推測してほしい。神はこの世界１つだけを創った（シナリオ１）か、それともこの世界を含めありとあらゆる可能性が各々実現された無数の諸世界を創った（シナリオ２）か、どちらだろう？

答え◎シナリオ１では、神はサイコロを一度しか振っていない。つまり、「50個全部６」が出る確率は$1/6^{50}$。その他の目が出る確率は$1-1/6^{50}$で事実上１に等しく、6^{20}人の観測者が創られたことがほぼ確実だ。その観測的な証拠として、大ホワイトホールが発見されるのがほぼ確実である。

シナリオ2の場合は、この世界の候補として、6^{100}人が住む世界と6^{20}人が住む世界とが、$1/6^{50}:1-1/6^{50}$という比率で実在することになる。2種類の世界に住む全人数の比は、$6^{100}/6^{50}:6^{20}/(1-1/6^{50})\fallingdotseq 6^{30}$。私たちが$6^{100}$人の世界にいる確率は、私たちがランダムな存在だとすると人数比に一致するので、6^{20}人の世界にいる確率よりも6^{30}倍大きい。つまり、この世界は6^{100}人の世界である確率が圧倒的に高い。その観測的な証拠として、大ブラックホールが発見されるのがほぼ確実である。

実際にはZ銀河に大ブラックホールが発見された。ここから圧倒的に推測できるのは、神の創造はシナリオ2に従っていた、ということである。「多世界説」は、こうして、観測的に検証可能なのである（そして偽であるならば反証可能なのである）。

宇宙物理学や量子物理学における多世界説・多宇宙論に対する典型的な批判はこういうものだ。「他の宇宙がたとえ実在するとしても、この現実世界と因果関係を持たないとされるかぎりは検証不可能だ。検証不可能な理論は無意味だ」。そんなことはない。直接の因果的関連がなくても、確率的な証拠関係によって「多世界説」が検証（反証）されうることが、本問のモデルによりおわかりいただけるだろう。

📖 Page, Don N. "Can Quantum Cosmology Give Observational Consequences of Many-Worlds Quantum Theory？" *General Relativity and Relativistic Astrophysics* eds.by C.P.Burgess, R.C.Myers,（Eighth Canadian Conference, American Institute of Physics, 1999）

📖 三浦俊彦『論理学入門』（ＮＨＫ出版）

---

103 アダムとイブの思考実験
Adam and Eve thought experiment

LEVEL A3 I1 T1 Z3

1 アダムとイブは、セックスすれば楽園を追放され、必ず子どもが生まれて自分たちが何百兆という人間の先祖となることがわかっている。神のいいつけを守って無垢に暮らしていれば、この楽園で平穏な生涯を終えるだろう。2人きりの生涯を終えれば、神の定めに従うごく平凡な人間（2人だけの人間の中の全員＝平凡な存在）だったことになる。し

第8章◎確率のミステリー

かしセックスすれば、何百兆の膨大な子孫たちの最初の先祖という、特別な人間（全人間の中で超少数派）ということになるだろう。そしてアダムとイブ自身は、神の庇護を離れて苦難に満ちた人間文明創始に責任を持つなどという面倒を背負い込みたいとは思わない。平凡な楽園人生を送りつづけるつもりだ。

　しかし、楽園といっても楽なことばかりではない。アダムは、食糧を探してくるのが億劫になってきた。そしてある日イブに相談した。

　「もう森に食べ物を取りに行かなくてすむかもしれないぞ。こう考えたんだ。明日の朝、この洞窟の入口に傷ついた鹿が迷い込んでこなかったら、僕たちはセックスすることを誓おう。鹿が迷い込んできた場合にかぎり、セックスしないでおく、と。なあに心配いらない、セックスしたら何百兆もの人間が生まれてしまうが、結果的にそんなたくさん人間が生まれるはずであるなら、僕らがそのうちの誰かではなく最初の2人だなんて確率はものすごく低いはずだからね。だから、僕たちはセックスするはずがない。つまり、鹿がやってくるに違いないということさ。難なく捕まえられるような傷ついた鹿がね」

　傷ついた鹿がたまたま洞窟にやってくる確率は小さいが、何兆分の1よりはずっと大きいだろう。鹿が現われないことと、2人が何百兆分の2の低確率の特別な先祖になることの間に密接な相関関係があるとしたら、確率的に言って、鹿が現われる可能性が高いのではないだろうか。

　しかし、こんな方法でラクに獲物を捕まえられるとしたら、いかに楽園とはいえ話がうますぎる。アダムの論法のどこが変なのかを指摘してください。

答え◎確率的に低い事件Aについて、次のことがわかったとする。もっと確率の低い出来事Bが、Aが起こらない場合にのみ起こる、と。そうなると私たちは認識を改め、Aの起こる確率は実は高いのだと考えるようになる。これは合理的な推論である。そしてアダムの推論である。

　ただしその条件は、①ほんとうにBの確率がAより低いことと、②Aの否定とBとの相関が確かであることである。アダムとイブの話では、①は成り立っていそうだが、②は疑わしい。なぜなら、翌朝鹿が現われなかったときに

２人が、苦難に満ちた文明の先祖となる「固い覚悟」を実行する保証はないからだ。もともと鹿を得るための策略だったのだから、実際には鹿が得られずに落胆したとき、そのうえさらに苦難を引き受けるバカがどこにいるだろう？

　低確率の出来事をちょっとした誓いひとつで実現できる見込みは乏しいのだ。アダムの安易な戦略はうまくいきそうにない。

２　しかしアダムとイブの「固い覚悟」が本物で、翌朝鹿が現われない場合２人は誓いどおり本当にセックスするのだとしたら？　彼らは特別な存在になってしまうが、それはありそうにないので、その実現を防ぐため、鹿が現われてくれるのだろうか？

答え◎鹿はやはり現われないだろう。鹿が現われる確率はもともと低いのだから。では、そのために何百兆の人間が生まれてアダムとイブが鹿出現よりもっと低確率の存在になってしまってもよいのか？

　よいのだ。アダムとイブ自身の視点からすると、自分たちが特別というのは奇妙なことかもしれないが、客観的な視点からは全然奇妙ではない。本当に誓いを実行してしまうような２人は、本当に「特別な存在（人類最初の２人）」だというだけの話なのだから。いずれにせよ誰かは特別なのだ。そして２人の後に生まれてくる何百兆人のうち誰も、アダムとイブのような特別な立場にはいない。平凡な存在が大多数を占めることになる。確率の法則（平凡の原理）は保たれており、何の不思議もないのである。

Bostrom, Nick. *Anthropic Bias: Observation Selection Effects in Science and Philosophy*（Routledge, 2002）

第 9 章
形而上学と社会
現世と天空を一望のもとに

104 定常宇宙論の矛盾
contradiction in steady-state cosmological model

LEVEL A3 T2 T1 Z1

　宇宙が一点からの爆発で始まったというビッグバン理論に対立するパラダイムとして、「定常宇宙論」というのがしばらく支持を得ていたことがある。完全宇宙原理、つまり、宇宙は空間的に一様・等方・斉一であるだけでなく、時間的にもそうである、つまり時間のどこをとっても同等であり、始まりや終わりのような特殊な瞬間などない、という徹底した宇宙観である。宇宙膨張の証拠として挙げられる赤方偏移や2.7K宇宙背景輻射などの観測事実は、定常宇宙論にとって不利な証拠だが、新たな物質が銀河間に絶えず生成される等々といった補助仮説によって、定常宇宙のモデルは命脈を保つことができていた（087【デュエム-クワインテーゼ】参照）。

　しかし、定常宇宙論には、どうしても説明しがたい決定的な弱点がある。私たちが日常よく知っているある事実、というよりも、ある「出来

> 事の欠如」が、始まりも終わりもない、大きく姿を変えることのない定常宇宙という概念と矛盾するのである。さて、その出来事の欠如とはなんだろうか？

答え◎人類は宇宙時代に突入している。近い未来に、太陽系外そして銀河系外に探査船を、そしていずれは有人ロケットを飛ばすだろう。銀河は、さらには銀河間空間も、生物やロボットの植民地でいっぱいになるだろう。少なくともその可能性はある。しかし、もし定常宇宙論が正しいならば、知的生物が最近初めて地球だけに生まれたということはありえず、無限の過去から何度も知的生物が生まれているだろう。そして宇宙植民という、可能性ゼロでない事業を成し遂げているはずである。つまり、私たちが生まれたときにはすでに宇宙は、この太陽系の近傍も、人工物がいっぱい飛び交っていなければならなかったはずだ。現実にはそうなっていないということは、宇宙が誕生してから、あるいは知的生命が誕生してから有限の時間しか経過していない証拠だろう。つまり、宇宙には始まりがあったに違いないのである。

Tipler, Frank J. "Anthropic-Principle Argument against Steady-State Cosmological Theories" *Observatory* 102（1982）

105
胡蝶の夢
pan-fictionalism ~ butterfly dream

　『荘子』斉物論篇の、有名な胡蝶のエピソードに、誰もが一度は魅了されたことがあるのではなかろうか。自分は蝶である。のびのびと楽しく飛び回っている。ところが、ふと目が覚めてみると人間である。はて……、いったい人間である私が蝶となる夢を見ていたのか、それとも蝶が人間になった夢をいま見ているのだろうか……。

　……これは、「自己と他者の区別がつかない一体の境地」を語った寓話と解されることもあるが、むしろ、「十分明晰なつもりでいるこの現実が、実は夢か虚構の中ではないと確信できるのだろうか」という問いかけと解釈した方が面白い。

第9章◎形而上学と社会

　自分のいるここは、実はナマの現実ではなく、その外側に本当の世界がある。本当の世界の中にシミュレーシュンゲームとして作られた虚構世界が、今私たちのいるここなのだ。……この「現実は実は虚構」という世界観——汎虚構主義——に、あなたはどれほど説得力を感じるだろうか。大半の人は、この汎虚構主義は可能性としては認めても、真偽を実際に確かめることは不可能だ、と思うだろう。ここがナマの現実であるどんな証拠を持ってきても、虚構としてそのように作られているのだ、と言われればおしまいなのだから。逆に言えば、ここは虚構の内部だという仮説の方も、確かめようのない、証拠のありえない非科学的な妄想だということになる。

❶　しかしである。汎虚構主義は、証拠を持ちうるのだ。つまり、もしもこれこれのことが事実であれば、この現実と呼ばれるここは虚構の中に違いない、と結論できるような、そういう証拠というものが考えられるのである。それはどういう事柄だろうか？

答え◎空から「本当の世界」の神様の声が降ってきたとか、作者のメッセージが字幕やフキダシの形で時々日常生活に介入してくるとか、そういったことがもし起これば、ここはナマの現実ではなく、何物かに作られた一種虚構の世界だ、という証拠になると思われるかもしれない。しかしそれは間違っている。そのような「現象的証拠」は、あくまでこの世界と**同水準**に位置しているので、**外側**に何かがあるという証拠にはなっていない。手の込んだ大掛かりないたずら（異星人の？）かもしれないではないか。

❷　つまり、現実と同レベルの直接の証拠めいた奇跡的出来事では、別レベルの超現実世界が存在する証拠には決してなりえない。だから、汎虚構主義の信頼できる証拠は、間接的な**確率的**証拠だけということになる。さてそうすると、ここが実は虚構内である確率が高いということを示すであろう証拠とは？

ヒント：102【多世界説の経験的証拠】と同系統の発想を使います。

答え◎私たちのIT文明が進歩して、コンピュータシミュレーションが浸透し、日常的にパソコン内で人工世界の知性体を作って動かせるようになったとしよう。シミュレーションはきわめてリアルで、現実世界と同じくらいのディテールを持ち、その虚構世界内の住人たちは、内面的自意識を経験しているとしか思えないほどにリアルな自律的生活を営んでいる、というところまで発達したとしよう。世界中の各家庭でそのような人工世界を何百個も電脳空間内に自由に作り出しているならば、主観的意識を持つ知性体の数は、現実世界の中よりも電脳空間内の方が何兆倍も多いことになる。

さて、現実にそのようなことが可能だと証明された以上、私たちがやる以前にすでによそでこうした電脳空間が作られていた可能性が高い。すると、私たち自身がその圧倒的大多数派の「虚構内存在」である確率が高いだろう。「虚構の中の虚構の中の虚構の中の……」第何段階目の虚構かわからないが、一番外側のナマの現実なるところに住んでいる知性体の数は一番少ないはずだから。私たちは確率的に、圧倒的多数派に属しているはずだ。したがって、一番外側のナマの現実の一員であることはまずありえない。

リアルなコンピュータシミュレーションの虚構構築が物理的に実現したら、いや、**実現する確率が小さくないと判明しただけでも**、それはすなわち、私たちのいるここもまたシミュレーター内部である確率を圧倒的に高める証拠となるのである。

　　　三浦俊彦「可能世界とシミュレーション・ゲーム――オメガ点理論の人間原理的解釈」
（『大航海』No.42、2002年3月）

106 単純追加のパラドクス
mere addition paradox

LEVEL A2 I1 T1 Z3

　社会Aには、きわめて高水準の幸福を享受する1億人のグループaが住んでいる。

　社会Bは、社会Aに、次のような1千万人のグループbをただ付け加えた社会である。bの人々は、グループaの人々に比べれば水準が劣るが、それでもかなり水準の高い、幸福な文化的生活を楽しんでいる。b

の人々が付け加わったことで、もともとのaの人々の生活水準は影響を受けない。

社会Cは、社会Bのメンバーであるa、b両グループの生活水準を均等にならした社会である。aの人々はやや生活の水準が下がり、bの人々はかなり水準が上がっている。結局、生活水準の平均値は、社会B、Cは同じで、社会Aが一番高い。

1 社会AとBとはどちらの方が「よい」だろうか？　その理由は？
2 社会BとCとはどちらの方が「よい」だろうか？　その理由は？
3 社会CとAとはどちらの方が「よい」だろうか？　その理由は？

答え◎「よい」「悪い」という直観的判断を他人に押しつけても仕方がないといえば仕方がないが、倫理学者の意見はおおかた、次のような判断で一致している。

1 Aに比べて、Bは、よりよいかどうかはともかく、悪いということはない。なぜなら、もしAよりBが悪いとすれば、新たに付け加わったbの人々は存在しない方がよいということになるが、bの人々はかなり高水準の生活を営んでいるのだから、彼らがいない方がよいということはありえないだろう。こうして、A≦B

2 Bに比べて、Cはよりよいだろう。なぜなら、幸福度の平均値が同じであるならば、不平等があるよりは、平等な方がよいから。しかも、aの1人が失う分よりも、bの1人が得る分の方が大きいのだ。こうして、B＜C

3 CとAはともに平等な社会であるが、生活水準の平均値はAの方が高い。したがって、Aの方がよい社会であるはずだ。こうして、C＜A

さてしかし、**1**　**2**の結果を合わせると、A＜Cでなければならないのでは？　**3**は**1**＋**2**と矛盾している……。

4　この矛盾をどう解決したらよいだろう。4通り以上示してください。

答え◎1．A≦Bを否定する。しかしそうすると、一番幸福な恍惚状態の少数者を残してあとは全部抹殺すれば、それだけよい社会が実現できる、とい

うことになりかねない。それは極端であるにしても、その系統の不合理な含みを持った解決法である。

　2． B＜Cを否定する。全体にある程度以上の生活水準が保たれているならば、多少の不公平があった方が社会に活気が出るかもしれない。助成金の「傾斜配分」とか「英才教育」といった政策は、この方針にのっとっているように思われる。

　3． C＜Aを否定する。平均値が多少下がろうとも、人口が多い方がよき社会である。任意の者について、それが存在しないままになるよりも存在するようになる方がよいのだから。（キリスト教やイスラム教のような、「生むこと」を美徳とする倫理規範ではある程度成立する方針かもしれない。）

　4． A≦BとB＜CからA＜Cがでてくる、という「推移律」を否定する。「よい」「悪い」という価値判断は、数の大小のように客観的な基準を持たない、とするわけだ。079【コンドルセのパラドクス】参照。

　5． もともと、異なる種類の社会は比較できない、とする。AとCは似ているから比較できるにしても、Bは違う種類の分離型社会なので、AやCとは善し悪しを比較できない。

　6． 平均値を基準とする価値判断か、平等をよしとする価値判断か、どちらかに統一すべきである。2つの基準が別々に使われたために、矛盾が生じたのだ。

5　以上6通りの解答例のうち、1．と3．を除く4つは見込みがあるだろう。3．がダメな理由を述べてください。

答え◎社会A→B→C型の推移が繰り返し起こるとしてみよう。次第次第に人口が増えて、きわめて生活水準の低い社会Zに至るだろう。Zはもう、100億人の人々がみな同じような惨めな生活を営んでいる社会である。3．の方針でゆくと、ZはAよりも悪くないことになるが、それは明らかにまずいだろう。3．を採ってなおこの不合理を避けるためには、望ましい生活水準の必要最低ラインを定めねばならない。

　　　　　　　　　デレク・パーフィット『理由と人格』（勁草書房）

107 クローン人間
human cloning

1 ラエリアン・ムーブメントという「世界最大のＵＦＯ関連非営利団体」が、2002年12月26日に世界初のクローン人間を誕生させた、と発表した。女児で、イブと名づけられたという。本当にクローン人間かどうかは検査を待たねばならないが、いずれにせよ21世紀中には必ずどこかでクローン人間が誕生することだろう。

さて、クローン人間を作ることを先進国の多くが法律で禁止しており、国連も禁止条約を作る協議を続けている。クローン人間を作ってはいけないとする根拠は、細かく分ければきりがないが、だいたい3種類に大きく分類できる。それぞれどういう根拠であるかを挙げ、批判に値するところがあれば批判してください。

答え◎ 1つは、国家・国連レベルというよりも一般人の持つ根強い情緒的反応で、「不自然であるから」という反対論。遺伝子組み換え食品に対する一般消費者の反応に共通するものだ。しかし、技術的にはともかく結果的には、遺伝子組み換えは従来ずっと行なわれてきた動植物の品種改良と同じことだし、クローン人間は時間差のある一卵性双生児のようなものである（ミトコンドリアＤＮＡが一致するぶん、一卵性双生児の方がより正確なクローンである）。新しいテクノロジーというだけで情緒的な反発を引き起こすというのはよくあることである。しかし、何が自然であるかを人間的観点で決めて「不自然」を断罪するのはそれこそ不自然だろう。陸に上がった魚、森林から草原に出て二足歩行を始めたサル、食物に火を通した原始人、ヨーグルト菌やイースト菌で作られた新しい食物、文字、貨幣、美術品、骨董品、電気、帝王切開や出生前診断や人工授精、等々歴史は「不自然」に満ちている。不自然こそが自然だったとすれば（056【無為自然のパラドクス】参照）、「自然の掟」はクローン人間への妥当な反対論にはならない。

2つめは、羊や牛や豚でクローン作りが成功してきたが、高い確率で奇形が発生し、短命も多いということ。「深刻な障害を持つことがほぼ確実であ

りながら誕生させるのか」という疑問がクローン人間をめぐって生ずる。しかしこのことからは「クローン人間禁止」ではなく、「クローン技術の発達促進」という結論しか出てこない。クローン技術で生まれた人間の方が、自然な有性生殖で生まれた人間よりも致死率・障害発症率ともに低いというところまでクローン技術を洗練することすらできるかもしれない。

　さて、倫理的には最も興味深い第三の反対根拠は、「**人間の尊厳**」だ。代理出産などに関しても生じた問題だが、よく言われる例はこうである。

- A 「自分が実は、他人の『分身』だと知ったとき、本人の心の傷は計り知れない」
- B 「人を道具として扱うことになる」
- C 「親と同レベルの業績を期待され、開かれた未来を奪われる」

2　これらの倫理的批判は、「**マッチポンプ論法**」と呼ばれる典型的な詭弁である疑いがある。どこが詭弁だろうか、的確に批判してください。

答え◎「クローン人間は『分身』であって、独立した人格の価値を持たない」という前提が真であれば、批判Aは妥当な論証となるだろう。しかしこの前提が真であるということは、どうしてわかるのだろうか。誰がそれを真だと言っているのか。あるいは、真たらしめているのか。そう、この倫理的批判Aを唱える人たち自身である。

　「クローンはただの分身だ」という考え方・感じ方のない社会、すなわちクローン人間が従来の人間と平等に扱われる社会であれば、この倫理的批判が憂慮する事態は生じず、批判の根拠がなくなる。クローン人間が、左利きの人や帝王切開で生まれた人や臓器提供を受けた人などと同じく、普通の人と何ら変わらぬ人権を持った人として当り前のように扱われる社会であれば、自分が実はクローン人間だと知ったときに「心の傷を受ける」などということは起こらないはずだろう。

　「人を道具として扱うべからず」という反対論Bは、〈クローン人間ならば臓器移植に使われても仕方ない〉といったイメージを暗示し、その実現への嫌悪感に訴えるという構造になっているが、本来間違っているそのイメージ

を自明視させ普及する役を果たしている。臓器移植用の人間を育てるなどということは、クローンだろうがそうでなかろうがそもそもあってはならぬことで、クローンを論ずる以前の問題のはずなのに。

批判Cは、遺伝子が人生を決定するという誤った偏見（遺伝子決定論）に依拠している。現行の誤解の方を尊重して正しい理解を抑圧するというのは本末転倒だろう。

「クローン人間の尊厳」にもとづく倫理的批判は、批判自らがクローン人間の尊厳を否定し、偏見を育んでおいた上で、「尊厳を持たぬ人間など作るな」と主張している疑いがある。自分でトラブルのタネを撒いて、それを盾に反対論を展開する——自らマッチで火をつけて、ポンプで放水して消して回る——これが世に言う「マッチポンプ論法」である。

自己再生産的なこの種の議論は、069【ポアンカレ-ラッセルの悪循環原理】で見た悪しき自己言及の一種であり、何も証明していない。自らの主張で初めて作り出した問題を撤回しさえすれば、問題そのものが消滅するのである。

上村芳郎『クローン人間の倫理』（みすず書房）
松沢呉一、スタジオ・ポット編『売る売らないはワタシが決める——売春肯定宣言』（ポット出版）

108 輪廻転生を証明する
arguing for reincarnation

1 次の命題Pは、宇宙人探索プロジェクトを推進していたカール・セーガンの持説である。命題Pの非論理的なところを指摘してください。

P「私たちの惑星・地球には、私たちのような知的生命が生まれている。地球がたまたま特別な惑星ということはないだろう。つまり確率的にいって、この宇宙に知的生命はたくさん生まれているに違いない」

答え◎知的生命が生まれる確率が高く、宇宙に知的生命はたくさん生まれている場合（シナリオ1）と、知的生命が生まれる確率が低く、宇宙に知的生命は1カ所にしか生まれていない場合（シナリオ2）とを比較してみよう。

どちらのシナリオにおいても、**私たちの**惑星に知的生命が生まれているという事実は確率1で成り立っていなければならない。そうでないと、Pのようなことを考える主体がいないことになるだろう。地球に知的生命がいるという事実は、したがって、知的生命の発生しやすさについては何の証拠にもなっていない。

2 命題Pを主張する人は、次の命題Qを前提していることが多い。命題Qを批判してください。

Q「この地球と呼ばれる太陽系第3惑星に生まれなければ、私たちは存在しなかった。どこか他の場所、第4惑星や、アンドロメダの惑星に知的生命が生まれても、それは『私たち』ではない。ところが現に**ここに**生命が誕生したために、私たちは生まれた。これはとてつもなく確率の低い幸運だ」
（……だから、本当はよそでもたくさん生命が生まれているということであれば、私たちもそれだけ生まれやすかったはずで、不思議さが減る）

答え◎「確率の低い幸運」を前提せねばならない説明は、まずい説明である。よく考えてみれば、私たちが生まれる前に、私たちの唯一の場所としてこの太陽系第3惑星が指定されていたなどというのは、単なる直観である。逆に、「もし他の惑星が宇宙唯一の知的生命誕生の場所となっていたならば、私たちはそこに生まれていた」という想定にも同程度の根拠があるだろう。「私」がどのような存在であるかということは実際生まれてみるまでは決まっていなかったのだから（014【ナーゲルの「超難問」】参照）。私たちはどこにでも生まれえたと考えれば、「とてつもない幸運」などという神秘を前提せずにすむ。おそらくは、宇宙に自意識が1つでも生まれていれば、その自意識は「私」だったのだ。「私」の偶然的特徴を次々に剥ぎ取ってゆけば、最終的には「自己を意識する存在」という要素のみ残ることを考えれば、これは納得のゆく見方ではないだろうか。

3 **1**の答えは「観測選択効果」（090【車線問題】参照）、**2**の答えは「逆観測選択効果」と呼ばれることがある。両方あわせると、任意の心の存在は

「この私」の存在のための**必要十分条件である**、ということになる（**1**が必要条件、**2**が十分条件）。これは輪廻転生観だ。宇宙の歴史を通じて、人間のような自意識的存在が1つでも存在しているかぎり、この同じ「私」が存在しつづける、という考えだからである。しかし、輪廻に対しては多くの反論がなされてきた。最も論理的な反論として、「この世に存在する自意識の数は時代によって変動する」というのがある。地球人口の激増ぶりを見よ。これは、「私」たちが「全員」「つねに」身体を持って転生しつづけているという輪廻転生観と矛盾するではないか。

輪廻転生観の支持者になったつもりで、この批判を撃退してください。

答え◎大多数の霊魂はこの世と無との境目の「アストラル界」で待機しているのだ、などというニューエイジ輪廻説もあるが、余計な仮説は付け加えるべきでないのはいうまでもない。

そこで099【分離脳】を思い出していただこう。1個の脳に宿る意識は、複数の意識へと分離可能であることがわかっている。これを突き詰めれば、こう考えることに無理はない。すなわち、1つの脳の中に、たまたま同じ場所で同じ経験をしている複数の、もしかしたら無数の別個の人格が共存しているのだ、と。この世にそのつど誕生してくる有限個の脳の中に、無限大の数の人格が散開して宿っている──このモデルを採用すると、人口がいかに増えようが減ろうが、人格たちは常に現世で身体を持って生活することができる。アストラル界などに漂っている必要はない。

Zuboff, Arnold. "One Self: The Logic of Experience" *Inquiry* 33, 1991
White, Roger. "Fine-Tuning and Multiple Universes" *Noûs* 34:2, 2000
Olum, Ken "The Doomsday Argument and the Numbers of Possible Observers" *The Philosophical Quarterly* 52, 2002
渡辺恒夫『輪廻転生を考える』（講談社現代新書）
ポール・エドワーズ『輪廻体験──神話の検証』（太田出版）
三浦俊彦「多重人格と輪廻」（『ユリイカ』2000年4月号）

★ 「矛盾」について ★

　日本語の「矛盾」は多義的で、少なくとも2つの意味があるので、注意が必要です。前著『論理パラドクス』に対する読者の質問（というか指摘）※にもとづいて、以下、「矛盾」の2つの意味を区別しておきたいと思います。

　まず標準的な意味では、「矛盾」とは、「AかつAでない」という形をした文。「明日東京に雨が降りかつ降らない」「私は人間でありかつ人間でない」のような文です（048【ムーアのパラドクス】参照）。この意味での矛盾は、真か偽かと考えると、はっきり〈偽〉です。「AかつAでない」は、「A」と「Aでない」の両方がともに真だと主張していますが、どちらか一方が必ず偽ですから、その主張は誤りで、全体として必ず偽になるのです。

　もう1つの意味の「矛盾」は、「この文は偽である」「この文は真でない」のような文。いわゆるパラドクスですね。こういった文は、〈真〉とも〈偽〉とも決めようがないことは、本書でも再三見てきました。

　第一の意味も第二の意味も、ともに「真になりえない」という点で同類ではありますが、厳密には別ものです。本書では、「矛盾」というコトバをほとんど第一の意味で用いましたが、ときおり（とくに第2章では）第二の意味で「矛盾」を使っています。それぞれの文脈内では混乱は起きないでしょうが、細かい議論になると混乱しかねませんね。意味の区別を意識しておくことが大切です。

　「矛盾」とならんで、「無意味」というコトバもまた、多義的で注意が必要です（027【真実のジレンマ】参照）。これについては別の機会に述べることにいたしましょう。

※P.21の「矛盾」の用法が曖昧なのでは、という的確な指摘でした。

論理サバイバル
議論力を鍛える108問

付　録

◇ レディメイド運勢占い ◇

―― 今日から1年間の運勢 ――
（計算法は巻頭）

0 ────── R．D．レイン『結ぼれ』みすず書房
1 ────── キャサリン・テート『最愛の人　わが父ラッセル』社会思想社
2 ────── 日本自然保護協会編『野外における危険な生物』平凡社
3 ────── P．ヒューズ、G．ブレヒト『パラドクスの匣』朝日出版社
4 ────── 矢沢サイエンスオフィス編『知の巨人』学習研究社
5 ────── ジャレド・ダイアモンド『銃・病原菌・鉄』草思社
6 ────── ミスター高橋『流血の魔術　最強の演技』講談社
7 ────── P．C．W．デイヴィス『魔法の数10^{40}』地人書館
8 ────── ヤマダ・マサミ『ウルトラQ伝説』アスキー
9 ────── A．ソーカル、J．ブリクモン『知の欺瞞』岩波書店

【実践】　件の本の全頁中最もあなたの魂を弾いた一文があなたの運勢です
【実行】　現在購入不可の場合、図書館・古書店等で入手のうえ通読が必須です

◇ フ リ ー 占 い ◇

　「レディメイド運勢占い」は、**26**の「〜度」のうち**A**, **I**, **T**, **Z**だけを使った占いでしたが、あなた自身のカスタムメイド占いを試すこともできます。
　まず、「本質の軸」「制度の軸」「精神の軸」「機能の軸」から**1**つずつ計**4**つ「〜度」を自由に選んでください。たとえば「**E**　蒸留度　**M**　膨張度　**U**　繊細度　**V**　頭脳度」を選んで、**108**問各々について自己流に**3**段階評価し、**4**桁の数を新たに割り当てます。そして、同じ計算によってラッキーナンバー（**0〜9**）を得ます。
　下の、あなたのラッキーナンバーの覆面タイトルを見てください。正解した問題の文中（解答文も含む）から好きな文字・語句を組み合わせて▼に入れ、実在の書名・著者名・出版社名を作りましょう。そうして出来た本の全頁中最もあなたの魂を弾いた一文が、あなたの運勢を自由意思の軸で司る呪文となるのです。

```
0 ……… ▼田▼▼『▼と▼の▼』▼堂
1 ……… ▼▼▼子『▼としての▼』▼社
2 ……… ▼▼木▼▼『▼論』▼書房
3 ……… ▼川▼▼『▼から▼へ』▼書店
4 ……… 大▼▼『▼における▼』▼出版
5 ……… ▼▼▼彦『▼▼』▼局
6 ……… ▼山▼▼『▼を▼て』▼館
7 ……… ▼▼和▼『言語▼▼▼▼』▼▼▼▼▼
8 ……… 白▼▼▼▼『▼▼▼入門』▼会
9 ……… ▼▼▼美『▼▼▼を▼▼て』▼書館
```

最終問題

LEVEL A3 I3 T3 Z3

　本書の占いが当たらない人はどういう人？　本編の問1～108をヒントに、それら少数派の人々の性格を指摘してください

論理サバイバル
議論力を鍛える108問

著 者	三浦俊彦
発行所	株式会社 二見書房 東京都千代田区神田神保町1-5-10 電話　03(3219)2311［営業］ 　　　03(3219)2316［編集］ 振替　00170-4-2639
ブックデザイン	ヤマシタツトム
DTPオペレーション	横川 浩之
印　刷	株式会社 堀内印刷所
製　本	株式会社 明泉堂

落丁・乱丁本はお取り替えいたします。定価は、カバーに表示してあります。

© Toshihiko Miura 2003, Printed in Japan.
ISBN4-576-03077-9
http://www.futami.co.jp

「論理サバイバル」姉妹編
2冊合わせれば世界で類のない「パラドクス百科全書」になります。

論理パラドクス
論証力を磨く99問

三浦俊彦［著］

定価◎本体**1,500**円＋税

議論には必須の教養がある！
哲学・論理学の伝統的パズルを使って、ロジカルセンスを鍛える画期的問題集

【収録問題タイトル】

- 001 パズル？ ジレンマ？ パラドクス？
- 002 文の否定
- 003 対偶
- 004 4枚カード問題
- 005「ならば」の論理
- 006 鏡の部屋
- 007 嘘つきのパラドクス
- 008 外れない予言
- 009 逆らえない命令
- 010 解けない問題
- 011 必ず正解の出る質問
- 012 床屋のパラドクス
- 013 サンチョ・パンサの絞首台のパラドクス
- 014 ラッセルのパラドクス
- 015 グレリングのパラドクス
- 016 ベリーのパラドクス
- 017 バベルの図書館～対角線論法
- 018 リシャールのパラドクス
- 019 天国への道
- 020 ニワトリか卵か
- 021 矛盾律
- 022 排中律
- 023 矛盾した命令
- 024 ルイス・キャロルのパラドクス
- 025 ギーチのパラドクス
- 026 同一人物であること
- 027 人間転送機
- 028 悲劇のパラドクス
- 029 待ち遠しさのパラドクス
- 030 意志の弱さのパラドクス（アクラシア問題）
- 031 行為の原因
- 032 忠誠のパラドクス
- 033 4枚カード Part 2
- 034 パスカルの賭け
- 035 ペテルブルグ・パラドクス
- 036 同じ誕生日
- 037 大数の法則
- 038 2人の受講生
- 039 男の子と女の子
- 040 遺伝子検査
- 041 3囚人問題
- 042 モンティ・ホール・ジレンマ
- 043 逆ギャンブラーの誤謬
- 044 観測選択効果
- 045 くじのパラドクス
- 046 序文のパラドクス（誠実vs賢明）
- 047 約束のパラドクス
- 048 義務のパラドクス
- 049 スマリヤンのパラドクス
- 050 影のパラドクス
- 051 1001匹の猫のパラドクス
- 052 テセウスの船
- 053 山のパラドクス
- 054 ゲティア問題以前
- 055 無限個の知識
- 056 幸福と快楽
- 057 初めての計算
- 058 ゾンビ・ワールド
- 059 ゲーデル命題
- 060 知識の閉包性
- 061 ゲーデル命題 Part 2
- 062 確証バイアス
- 063 利口な馬ハンス
- 064 予知能力
- 065 ポパーのパラドクス
- 066 ヘンペルの鴉のパラドクス
- 067 グッドマンのグルーのパラドクス
- 068 クリプキの規則のパラドクス
- 069 抜き打ち試験のパラドクス
- 070 抜き打ち絞首刑をする方法
- 071 ホリスのパラドクス
- 072 瓶の中の小鬼
- 073 UFOの正体
- 074 インスペクション・パラドクス
- 075 終末論法
- 076 フェルミのパラドクス
- 077 シンプソンのパラドクス
- 078 子供はほめるより叱って育てよ？
- 079 タイムトラベルのパラドクス1（親殺し）
- 080 タイムトラベルのパラドクス2（無からのループ）
- 081 ニューカム問題
- 082 囚人のジレンマ
- 083 核戦略のパラドクス
- 084 投票のパラドクス
- 085 アンスコムのパラドクス
- 086 二重効果のジレンマ1～医師の決断
- 087 二重効果のジレンマ2～運転士の決断
- 088 二重効果のジレンマ～解決編
- 089 たぬき・むじな事件、むささび・もま事件
- 090 死刑廃止論
- 091 未来世代のパラドクス（非同一性問題）
- 092 功利主義のパラドクス
- 093 選択自由のパラドクス
- 094 相対主義のパラドクス
- 095 自殺する権利
- 096 反差別という差別主義
- 097 ドーピング
- 098 科学の信頼性
- 099 この本の中の……